장애 형제자매와 동행하기:

● 형제자매를 위한 안내서

장애 형제자매와 동행하기:
형제자매를 위한 안내서

초판발행 2021년 7월 15일

저자 Katie Arnold | Meghan Burke | Tamar Heller | Marilyn Jaffe-Ruiz
         John Kramer | Angela Martin | Kitty Porterfield | Barb Sapharas | Rachel Simon
편집 Emily Holl | Don Meyer
번역 김유리 | 진은총 | 장세진 | 임수지

디자인 · 편집 피치마켓

주소 서울시 강남구 논현로168길 39, 2층
전화 02) 3789-0419
이메일 peachmarket@peachmarket.kr
홈페이지 www.peachmarket.kr
발행인 함의영

ISBN 979-11-89712-56-3

ⓒ 2021 피치마켓
본 도서의 내용 및 디자인의 저작권은 피치마켓에 있습니다.
이 책은 저작권법에 따라 보호받는 저작물이므로, 무단 전재와 무단 복제를 금합니다.

장애 형제자매와 동행하기:

● 형제자매를 위한 안내서

목차

8 형제자매
12 책 소개

1 유년기 형제자매　　　　　　　　　　　　　　　18
불공평 / 수치심 / 죄책감 / 정보의 필요성 / 고립감 / 완벽주의 / 감사

2 청소년기 형제자매　　　　　　　　　　　　　58
압박감 / 소외감 / 미래에 대한 걱정 / 교류의 필요성 / 청소년기 형제자매를 위한 자원들

3 연애, 결혼, 출산　　　　　　　　　　　　　　78
사랑 공식 / 연인 선택 기준 / 연인의 태도 / 거절의 두려움 / 연인 선택의 어리석은 기준 / 불균형한 연인관계 / 사랑 포기 / 출산 / 유전자 상담 / 유전자 상담가 / 장애 형제자매 유전자 검사 / 형제자매 유전자 검사 / 자폐성장애 유전자 검사 / 태아 유전자 검사 / 유전자 검사 비용 / 연애, 결혼, 출산: 연구결과

4 성인기 형제자매   106

딜레마 수용 / 내적 자원 활용 / 정확한 판단력 / 미래계획 / 형제자매가 이룬 가정 / 가족 간의 의사소통 / 자기관리 / 장기적 안목

5 노년기 형제자매   130

돌봄에 대한 고민 / 거주시설에 사는 장애 형제자매 지원 / 가족 간의 갈등 대처 / 임종 결정 / 도움 요청 / 결론

6 형제자매 연구   148

아동기 / 성인기 / 후속 연구를 위한 제언

7 형제자매 지원 서비스　　　　　　　　　　　　164

스트레스 대처 / 다른 형제자매와의 교류 / 성인기 형제자매 지원 모임 / 전문가 상담 / 가족휴식지원서비스 탐색 / 참고서적 / 형제자매 멘토링

8 발달장애인 지원 서비스　　　　　　　　　　　198

지원 서비스 정보의 필요성 / 지원 서비스의 시작 / 발달장애인법 / 발달장애인법의 기여 / 자립생활운동 / 국립 자립생활협회 / 권리옹호 운동 / 지원 서비스 / 장애 정의 / 지원 서비스 자금: 의료부조 / 의료부조가 보장하는 지원 서비스 / 장애인 지원 서비스 / 21세 이하의 아동 지원 서비스 / 성인 지원 서비스 / 가족 지원 서비스 / 유용한 정보 / 동료지원 / 미래 돌봄 계획 / 결론

9 권리 옹호　　　　　　　　　　　　　　　　　278

권리옹호 역사 / 변화 요구 / 권리옹호의 출발점 / 옹호 활동 조력 / 옹호 사례 / 옹호 활동

10 미래계획 298

위기 대비 / 부모님과의 의논 / 가족 간의 의견 조율 / 장거리 거주 시 돌봄 / 법률계획 / 적절한 지원 선택 / 재무계획 / 주거계획 / 지원 네트워크 / 서류 정리 / 동의서 / 참고자료

356 **결론**

359 **부록**

넘어울림 소개

Emily Holl & Don Meyer

형제
자매

이 모임에 온 것을 환영한다. 이 모임의 규모는 놀라울 정도로 크다. 미국에서는 전체 인구 중 1.2%~1.6%정도, 즉 3,684,000명에서 4,912,000명에 해당하는 엄청난 수의 사람이 발달장애를 가지고 있다. 발달장애인에게 적어도 한 명의 형제자매가 있다고 가정한다면 미국에만 적어도 400만 명에 달하는 발달장애인의 형제자매가 있다고 추정하는 것은 억지가 아니다-이는 로스앤젤레스, 시카고, 오레곤, 코네티컷, 오클라호마, 네바다주의 인구보다도 많다.

오랫동안 형제자매를 지원해야 하는 구성원들의 모임에 온 것도 환영한다. 형제자매는 장애인의 삶 속에서 그 누구보다-확실히 어떤 서비스 제공자보다도 심지어는 부모보다도-오랫동안 그들과 함께할 것이다. 형제자매 관계는 65년은 가볍게 넘어 지속되는 관계이다. 결과적으로 형제자매의 이슈는 형제자매가 나이 듦에 따라 변화하고 점진적으로 발전하는 전 생애의 쟁점이다. 유치원에 다니는 형제자매는 그들만의 독특한 이슈를 가지며, 이는 십 대, 성인, 및 노인도 마찬가지다.

우리 모임은 다양한 구성원을 포함하고 있다. 우리 구성원은 다양한 경제적, 종교적, 문화적 배경을 가지고 있다. 우리는 자폐성장애, 지적장애, 뇌성마비, 다운증후군, 이분척추, 약체X증후군, 그 밖의 장애가 있는 형제자매와 함께 한다. 우리 중 누군가는 장애 형제자매가 있다는 것을 한 개인에게 일어날 수 있는 가장 고귀한 사건이라고 생각한다. 또 다른 누군가는 장애 형제자매가 있다는 것을 인생의 고통스러운 측면이라고 생각하기도 한다. 하지만 대부분의 사람에게 그 감정들은 뒤섞여있다.

우리 중 누군가는 장애 자녀와 우리의 미래까지도 준비한 훌륭한 일을 해낸 부모를 두었다. 또 다른 누군가는 의도는 좋으나 아쉬운 부분이 많은 부모를 두고 있다. 어떤 누군가는 장애 자녀가 자신보다 더 오래 살 것이라는 사실에 직면하는 것을 거부하는 부모를 두고 있다.

우리의 삶과 고군분투는 영화 제작자(예를 들면 길버트 그레이프, 사랑하고 싶은 그녀, 러브 액츄얼리, 메리에겐 뭔가 특별한 것이 있다 까지)뿐만 아니라, Mary McHugh(Special Siblings), Rachel Simon(Riding the Bus with My Sister[1]), Kate Strohm(Being the Other One)과 같은 작가에 의해 인정받아 왔지만, 정책입안가와 장애인 지원 단체, 심지어는 가족에 관심이 있다고 공언하는 사람들로부터는 대부분 간과되고 있다.

---

1. 역자주: 한국에서는 <세상에서 가장 큰 유리창이 있는 버스를 탔다>로 출판

여러분이 이 책을 읽고 있다는 사실은 여러분이 다른 많은 형제자매처럼 여러분의 장애 형제나 장애 자매의 미래와 그 미래에서 여러분의 역할이 무엇인지에 관해 고민하고 있다는 것을 말한다. 우리는 여러분에게 장애, 자원, 서비스, 지원, 비슷한 길을 걸어온 다른 형제자매의 경험에 대한 정보를 제공하고자 한다.

책 소개

여러분이 이 책을 읽고 있다면 여러분은 아마 지적장애, 발달장애, 또는 그 외의 장애 유형을 가진 사람의 형제자매일 것이다. 여러분은 아마 인생의 특정 영역과 관련하여 형제자매를 도와줄 정보를 찾고 있을 것이다. 어쩌면 여러분은 여러분 자신을 위한 지원을 찾고 있을지도 모른다. 혹은 소소한 자기성찰을 하고 있을 수도 있고, 장애 형제자매를 갖는 것이 장애가 없는 형제자매에게 어떤 영향을 미칠 수 있는지, 실제로 어떤 영향을 미치고 있는지 궁금할 수도 있다. 또는 단지 여러분이 혼자가 아니라는 것을 알고 싶을 뿐일 수도 있다.

이 책에서 우리는 여러분에게 유용한 정보와 검증된 내용을 제공하고자 한다. 여러분은 절대 혼자가 아니다.

우리는 또한 발달장애, 장애인을 위한 서비스(또한 그것에 접근하는 방법), 미래계획에 관한 일반적인 정보, 아울러 더 많은 정보를 얻는 방법에 대한 의견을 공유하고자 이 책을 썼다. 우리는 특별히 지식이 풍부한 형제자매에게 부탁을 했는데, 그 상당수는 장애 서비스 분야에서 일하고 있고, 옹호 및 정책 분야에서 활동하며, 형제자매 이슈에 대한 저명한 연구자다. 그들은 전에 형제자매에 관한 책을 집필한 경험으로 이 책의 주제들에 대해 솔직하게 말해주었다.

우리의 목적이 형제자매의 경험을 안내해줄 '형제자매를 위한, 형제자매에 의한' 유용한 안내서를 만드는 것에 있기는 하지만, 우리는 이 책이 특히 법률 및 재정적인 측면에서는, 백과사전이나 단계적인 사용 설명서보다는 일종의 지도로써 더 많이 활용되기를 원한다. 서비스, 법률, 서비스 자격 요건이 주마다 상당히 다르고 시간에 따라 변화하기 때문에, 모든 독자의 특별한 개별적인 요구를 충족하는 종합적인 안내서를 만드는 것은 불가능하다(만약 우리가 그걸 만들어냈다고 하더라도 여러분은 그것을 찾기를 원치 않거나 찾지 못할 것이다). 우리는 어떤 선택지가 이용 가능한지에 대한 감을 제공하고, 여러분의 요구를 충족시켜줄 수 있는 선택지를 찾도록 올바른 방향을 제시하려 한다.

이 책은 또한 장애인의 형제자매로서 경험했던 어떤 공통된 이슈, 걱정, 도전, 보상을 그들의 말 그대로 연대순으로 기록하려고 한다. 유년기 혹은 청소년기 형제자매에 관한 장에선 그들만의 독특하고 진솔하며 정직한 목소리로 유사한 감정과 경험을 표현하는 많은 인용문을 포함하고 있음을 보게 될 것이다. 우리가 앞서 언급했듯이, 데이트부터 임종, 돌봄 다루기까지 성인기의 주제에 대한 장은 자신의 개인적, 직업적인 경험 덕분에 전문가가 된 형제자매가 작성했다.

우리의 저자 중 대부분은 국립 형제자매 리더십 네트워크(National Sibling Leadership Network, SLN)의 구성원이다. 형제자매 리더십 네트워크는 전국 형제자매의 작은 모임으로 2007년에 설립되었다. 이후 모임은 확장되어 전국에 주 지부를 갖게 되었다. 형제자매 리더십 네트워크의 목표는 형제자매에게 그들의 장애 형제나 장애 자매를 옹호할 수 있는 정보, 지원, 도구를 제공하고, 그들과 모든 가족에게 중요한 이슈를 홍보하는 것이다.

장애에 관한 경험을 공유하는 형제자매 네트워크와 형제자매 이슈로 고민하는 사람을 서로 연결해주고, 전 생애에 걸친 사회적·정서적 지원, 정부의 지원, 임시 지원에 대한 정보를 제공함으로써 형제자매가 장애 형제자매의 효과적인 옹호자가 되며 자신과 가족을 위한 변화의 주체자로서 기능하게 한다. 형제자매 리더십 네트워크에 대한 더 많은 정보를 얻거나 가입을 하려면, http://www.siblingleadership.org 에 방문하기 바란다. 이 책으로부터 나오는 모든 수익금은 형제자매를 계속해서 옹호할 수 있도록 전국 형제자매 리더십 네트워크에 기부될 예정이다.

어떤 형제자매도 완전히 똑같은 경험을 공유하지는 않지만(심지어 같은 가정에서 자란 두 명의 형제자매 역시 그렇다!), 우리의 많은 이야기를 관통하는 공통된 주제는 존재한다. 이러한 공통의 이슈를 읽음으로써 여러분이 형제자매로서 겪은 자신만의 경험에 관한 통찰력, 여러분 자신의 삶을 살 수 있는 선택을 가능하게 해주는 지원, 여러분이 혼자가 아니라는 것을 아는 것에서 오는 마음의 평온을 얻기를 우리는 바란다.

  이 책을 집필하면서, 우리는 여러분에게 정말로 유용한 책을 만들어내고자 노력했다. 이 책에서 다루는 주제는 실제로 장애 형제자매를 둔 이들에 의해 선정되었다. 우리는 형제자매에게 가장 중요한 질문과 걱정을 공유해줄 전국 곳곳에 있는 수백 명의 형제자매를 조사했다. 그들이 주는 정보는 굉장히 가치 있었다. 우리가 그 이슈-여러분의 이슈-를 알기 쉽게 다루었기를 바란다.

  여러분 중 누군가는 이 책을 처음부터 끝까지 읽을 것이다.-우리는 여러분이 그러길 바란다. 왜냐하면 이 책은 형제자매의 경험에 대한 종합적인 모습을 제공하고 여러분과 여러분의 형제자매를 도울 중요한 정보를 제공할 것이기 때문이다. 다른 누군가는 자신의 현재 삶에서 일어나는 일과 가장 관련 있는 특정 부분만 읽을지도 모른다. 그것 역시 괜찮다. 여러분은 언제든지 여러분에게 적용되는 장을 다시 읽거나, 새로운 질문과 고민을 다룰 것 같은 또 다른 장을 읽기 위해 돌아올 수 있다. 이 책은 언제나 여러분을 위해 있을 것이다.

우리는 여러분이 이 책을 즐기기 바라며, 읽은 후 여러분의 생각을 들려주기를 바란다: 어떤 것이 유용했는지, 여전히 궁금한 것은 무엇인지, 다른 형제자매와 공유했을 때 도움이 될 수 있는 여러분만의 경험에서 알게 된 것은 무엇인지를 우리에게 알려 주기를 바란다. 누가 아는가, 여러분의 피드백이 이 책의 개정판에 포함될 수 있을지! ssg@siblingsupport.org를 통해 우리에게 한 마디씩 해주었으면 한다. 만약 여러분이 읽은 내용이 맘에 들어서 또 다른 독자와 만나고 싶다면, SibNet이나 장애인의 성인 형제자매를 위한 우리의 페이스북에 가입하기 바란다. SibNet은 간단한 웹 검색이나 http://www.siblingsupport.org의 형제자매 지원 프로젝트(Sibling Support Project)를 방문함으로써 쉽게 찾을 수 있다.

Chapter

불공평 / 수치심 / 죄책감 / 정보의 필요성 / 고립감 / 완벽주의 / 감사

_19

Don Meyer

유년기
형제자매

Don Meyer

'양가감정'보다 형제자매 관계를 더 정확하게 묘사해주는 단어는 없을 것이다. 많은 형제자매에게 있어 그들의 관계는 '포옹과 다툼' 둘 모두가 종종 나타나는, 때로는 15분이란 짧은 시간 안에 둘 모두가 나타나는 특징이 있다. 특별한 상황이 그 관계 속에 들어오게 되면 그러한 양가감정은 더 강화된다: 양가감정이 컸던 경우는 더 커지고, 작았던 경우는 더 작아진다. 여기서 말한 특별한 상황에는 형제자매 중 장애를 가진 이를 둔 경우가 포함된다. 일반 집단에 비해 장애인의 형제자매는 자신이 경험한 개인적인 문제의 원인을 장애 형제자매로 인한 스트레스 탓으로 돌리는 경우가 많다. 하지만 그들은 또한 자신의 장애 형제자매가 인내심, 수용력, 조건 없는 사랑의 의미를 가르쳐 주었다고 말하기도 한다.

앞서 언급했듯이 장애 형제자매를 둔 어떤 아이는 풍부하고 보람차며 긍정적인 경험을 한다. 하지만 어떤 아이에게는 그 상황이 매우 어렵고, 심지어 가끔은 고통스러울 수도 있다. 대부분의 아이에게는 그 두 가지 경험과 입장이 뒤섞여있다. 태어나서 죽을 때까지 이어지는 형제자매 관계의 경험과 입장은 전 생애에 걸쳐서 변할 것이다. 당연히 형제자매의 경험은 결코 단조롭지 않다.

충분히 많은 형제자매의 이야기를 듣고, 또 충분히 오랫동안 그들의 이야기를 듣다 보면 반복되는 주제들이 있다. 모든 형제자매에게 반드시 나타나지는 않지만, 충분히 많은 형제자매에게 나타나는 주목할 만한 현상에 대해 듣게 된다. 여기 어린 형제자매가 경험한 몇 가지 쟁점이 있다. 이 중 일부는 성인이 된 형제자매에게도 친숙하게 들리리라고 생각된다. 우리는 그렇게 긍정적이지만은 않은 경험에서부터 시작하겠지만, 긍정적인 부분에 대해서도 이야기할 것이다.

1. 불공평

　　형제자매의 라이벌 관계는 대부분의 가정에서 흔하게 나타나지만, 장애 아동이 있는 가정에서는 시간과 관심을 차지하기 위한 형제자매간의 경쟁이 더욱 확연하게 나타날 수 있다. 형제자매의 입장에서 한 가족 구성원이 다른 가족 구성원보다 더 중요한 요구를 지니고 있음이 당연시될 때, "이건 공평하지 않아요!"와 같은 질투와 불평은 일반적인 일일 수 있다. 아이는 특별한 요구를 가진 그들의 형제자매가 집안일을 면제받거나, 다른 가족에게는 수용되지 않는 행동을 해도 허용될 때 자주 분함을 표현한다. 우리는 Sibteen(어린 형제자매를 위한 형제자매 지원 프로젝트(Sibling Support Project) 페이스북 페이지)의 회원을 포함하여 어린 형제자매에게 그들의 경험에 대해 물었다. 여기 그들이 말했던 몇 가지의 내용이 있다.

"전 J가 태어나기 전에도 관심받는 것을 좋아했었고, 관심을 나눠 갖는 것이 싫었어요. 더 어렸을 때, 그러니까 초등학교 1학년쯤 저는 학교에 가는 대신 집에 있고 싶어 했어요. 동생이 학교에 가고 저는 집에 있으면서 동생의 치료사와 공부하고 싶었어요."

"오, 네. 전 질투가 났어요! G가 처음 서비스를 받기 시작했을 때, 저는 엄마 방으로 올라가서 화를 내면서 베개를 끌어안고 소리쳤어요. 제가 조그만 우리 동네에 틀어박혀 있는 동안, 그는 모든 재밌는 것을 누리고, 모든 멋진 곳에 갈 수 있었지요. 하지만 지금은 그 모든 일을 돌이켜보고 웃어요. 이제 그런 건 저에게 아무 영향도 주지 않거든요. 지금은 그가 집에 눌어붙어 있고, 제가 멋진 곳을 돌아 다니고 있는데, 제가 어떻게 G를 질투할 수 있겠어요?"

"저는 제 자매를 정말 사랑하지만, 그녀가 우리 가족이라는 우주의 중심에 있다는 생각이 들 때도 있어요. 우리는 휠체어가 갈 수 있는 장소로만 놀러 갈 수 있어요. 또 우리는 그녀가 투덜대며 야단법석을 피울까 봐 밖에 오래 있지도 못해요. 일주일에 6일은 서로 다른 시간대에 가정방문 요양사와 활동보조인이 집으로 방문해요. 제 자매가 함께 할 수 없는 일을 우리는 자주 하지 못해요. 여름에 바닷가에 가기도 어렵고요. 우린 휠체어가 들어갈 수 있는 차가 있어야 하는데, 그런 차는 크고 투박하고 끔찍해요. 제 자매의 휠체어를 차에 실어야 해서 어딘가를 가려면 아주 오랜 시간이 걸려요. 이럴 때 저는 그녀가 우리 세계의 중심이라는 사실에 화가 나지만 어쩔 수 없죠. 전 거기에 익숙하고, 더 나아지지 않는다는 것도 아니까요. 그게 사실인걸요. 저는 그 외의 것은 전혀 알지 못하는데, 이것이 저를 도왔다고 생각해요. 그녀를 사랑하는 것과 그녀가 세상의 중심이라고 느끼는 것은 아주 별개의 것이지만 저는 이 두 가지의 느낌을 너무나 쉽게 한꺼번에 느낄 수 있어요."

"제 형제와 저는 평생을 싸워왔어요. 그에게 문제가 있다는 것을 아무도 모른 채 너무 오랜 세월이 흘렀고, 저는 그의 이상한 태도에 화를 냈었지요. 한 번은 친구와 있는데 그가 제 방에 발가벗은 채로 들어왔었어요. 그는 제 장난감을 망가뜨리고, 제게서 관심을 빼앗아갔어요. 아직 회복해야 할 상처가 있어요. 만약 여러분과 여러분의 형제도 그렇다면, 천천히 시작하세요. 저는 여전히 이 상황이 이해가 안 되거든요."

"제 형제를 대하는 방식과 저를 대하는 방식에는 큰 차이가 있어요. 우리 부모님께서는 항상 그의 주변만 맴도시고, 집안일을 하는 시간에는 항상 제가 대부분의 일을 하게 되죠. N은 제가 세차하는 것을 돕고는 했지만 그는 저를 흠뻑 젖게 만들었고, 결국 그는 곤란에 처해 집에 들어갈 수밖에 없었어요. 제가 더 어렸을 때는 질투가 나기도 했어요. 여전히 요즘도 '저에게도 관심을 좀 주세요! 엄마와 제발 잠깐이라도 함께 있고 싶어요!'라고 말하고 싶을 때가 있어요."

"제 자매의 요구가 제 요구보다 더 중요하다는 것은 너무 명백한 것 같아요. 제가 우리 둘을 위한 점심을 차려도 그걸 치우는 것은 항상 저죠. 부모님께서는 제 자매가 할 줄 모르거나 잘하지 못하는 것을 그녀에게 가르쳐주는 대신에, 항상 제가 그 일을 하기를 기대하세요. 게다가 저는 제 동생과 달리 학교에서도 잘하기를 기대받아요."

"제 형제는 자기 자신을 챙길 책임을 전혀 갖고 있지 않은 것 같아요. 저는 8살 때부터 그 애를 돌봐왔어요. 부모님께서는 종일 일을 하셔서 제가 요리, 청소, 빨래 모두를 해야 했어요. 이제 제가 훨씬 더 많은 일을 해야 하는 여름이 왔네요. 제 형제가 너무 우둔해서 온종일 TV만 보는 것 말고는 아무것도 못 하는 것처럼 부모님께서 그를 대하는 것과 부모님께서 그에게 할 일을 주려고 하면 그가 성질을 부려대는 것은 정말 화가 나요. 전 가사도우미와 보모의 역할에서 벗어날 수가 없어요."

"제 형제자매에 대한 기준과 저에 대한 기준은 완전히 달라요. 가끔은 분노와 질투를 엄청 느끼지만, 어느 정도 이런 것을 참고 받아들이도록 자라왔던 것 같아요. 제가 특별한 요구를 지닌 형제자매를 가졌다는 사실은 바꿀 수 없고, 저는 그것을 최대한 이해하려고 애쓰고 있고 받아들이고 있어요."

"제 형제자매들은 더 많은 관심이 필요하기 때문에 항상 그들이 더 중요하다고 느껴져요. 네, 항상 이해는 했지만 그래도 그건 여전히 불공평하다고 생각했어요. 저는 언제나 더 많은 집안일을 하고 더 높은 기대를 받아야 했는데, 그 애들에 대한 규칙은 늘 달랐어요. 그건 지금도 마찬가지예요. 저는 기본적으로 제 형제자매의 엄마가 되어 왔어요. 저는 연중무휴 보모예요. 엄마는 온종일 일을 하시고, 아빠는 다른 도시에 살고 계세요. 할머니와 할아버지께서 우리를 돌봐주시지만, 그분들은 60대이시기 때문에 제가 매일 엄마가 되어야 해요."

"우리에 대한 서로 다른 기대치가 있어요. 저는 학교에서 모범적이고, 별다른 도움 없이도 아주 높은 점수를 받도록 기대받아요. 하지만 제 형제가 어떻게 하는지는 아무도 신경쓰지 않고, 그의 일을 거의 해주거나 제가 그걸 하게 시켜요. 우리를 대하는 방식에는 두 가지 잣대가 있고, 그건 정말 저를 짜증나게 만들어요. 정말 화가 나지만, 아무것도 바뀌지 않을 테니 여러분도 그냥 그렇게 살아야죠."

"제 자매는 지난 몇 년 동안 많은 진전을 보였고 그전보다 훨씬 더 유능해졌지만, 부모님께서는 그녀에게 할 일을 주는 것을 망설이시는 것 같아요. 그녀는 혼자서 샤워하고, 옷 입고, 일상적인 일을 하는 것을 훨씬 잘 할 수 있게 되었지만, 그것 중 어느 하나도 해야 할 책임은 없어요. 대신 제가 그 모든 것을 해줘야 할 책임이 있죠."

"제가 6살인가 7살 때, 그 애가 태어나지 않아서 제가 부모님의 관심을 5분 만이라도 받을 수 있었으면 얼마나 좋을지 글을 썼던 것을 기억해요. 저는 그 애가 우리 집의 유일한 문제라고 여전히 느끼지만, 부모님께서는 그 애에게 너무 정신이 팔려서 저도 때로는 관심이 필요하다는 것은 잊으신 것 같아요. 확실히 다른 기대치가 있어요. 최고가 아닌 것은 부모님께 숨기거나 아니면 변명거리를 만들어내야 할 만큼, 제가 하는 모든 것은 항상 완벽하게 해내기를 기대하세요. 부모님께서는 제가 모든 것에 성공하기를 기대하시고, 제가 그러지 못했을 때는 정말 실망하신다는 것을 알고 있어요."

2. 수치심

　모든 사람이 자신의 움직임을 주시하는 것처럼 느껴지는 어린 시절은 창피함과 불쾌한 감정으로 기억된다. 쇼핑몰에서 늘 이성을 잃는 형제나 동네 수영장에서 상의를 벗어버리는 것으로 유명한 자매가 있다면, 여러분은 어떤 감정이 들 것 같은가? 다행히도 이러한 고통스러운 창피함은 대부분의 형제자매에게 죽을 때까지 계속되지는 않는다. 많은 이들이 시간이 지나면서 장애 형제자매의 행동과 지역사회의 반응을 거리를 두고 볼 수 있게 되었다고 말한다.

"전 가끔 창피해요. 제 형제가 분명히 남들과 다르기는 하지만 자폐성장애가 있다는 것이 그다지 뚜렷하지 않아서 사람들은 그를 무서워해요. 그들은 그가 왜 다르게 행동하는지 모르거든요."

"제 쌍둥이 형제와 저는 항상 같은 학교에 다녔어요. 우리가 같은 학년이 된 이래로 그 애를 아는 사람은 모두 저를 알았어요. 그 애는 종종 저를 창피하게 했어요. 그 애는 목발로 걷고 보조교사와 함께 다니는 것을 만회하기 위해 난리를 쳤어요. 그 애는 복도에서 사람들을 쫓아다니고, 사람들에게 목발을 휘두르고, 모두를 놀리고 괴롭혔지요. 이제 우리는 좀 더 자랐고, 사람들은 더 개방적이 된 것 같아요. 그래서 그 애는 난리를 칠 필요를 느끼지 못하게 되었고, 제가 부끄러울 이유가 그 전보다 줄었어요."

"저를 가장 부끄럽게 하는 것은 학교의 다른 아이들이 그녀를 쳐다보는 방식이었어요. 그들은 그녀가 이상하다고 생각했죠. 4학년 때 한 남자아이는 심지어 저에게 '네 누이가 무서워!'라고 말한 적도 있어요. 다른 아이들은 그녀를 이해하지 못했기 때문에 순전히 추측했어요. 제가 그 애의 자매이기 때문에, 그런 추측을 저에게도 역시 했어요. 그 애들은 우리가 완전히 다른 사람이라고 생각하지 않았어요."

"물론 제 형제는 셀 수도 없이 저를 부끄럽게 만들어 왔지만, 지금은 우리 둘 다 자랐기 때문에 저는 그런 것을 대수롭지 않게 여기고 그런 것에 흔들리지 않는 법을 배우게 되었어요."

"자폐성장애가 있는 저의 10살짜리 형제는 보통 영화와 장난감을 원하는데, 엄마가 안된다고 말하면 주먹을 날려요! 모두가 그 애를 버릇없는 녀석이라고 생각하면서 쳐다보기 때문에 저는 그 애가 그럴 때마다 엄청나게 부끄럽지만, 사실 그 애는 버릇없는 것이 아니에요! 전 사람들이 더 이해심이 있었으면 좋겠어요."

"가장 어려운 부분은 여러분이 마트에 갔는데 가끔 여러분의 형제자매가 '이야! 야호!'하고 외치면서 엘리베이터로 달려가기 시작할 때의 부끄러움이라고 생각해요. 맞아요, 그건 제 일상이죠."

"확실히 가장 힘든 것은 사람들이 '쟤들 도대체 왜 저러니?'라고 물어보았을 때 여러분이 형제자매가 왜 그렇게 행동하는지를 설명해야 할 때예요. 그건 창피해요."

"저는 오늘 제 형제와 함께 '누들스 앤 컴퍼니[1]'에 갔었어요. 제 형제는 이유 없이 자주 토를 해요. 그는 그 식당에서도 그랬고, 엄마는 그가 토할 수 있도록 포장용 상자를 얻어야 했어요. 정말 소란스러웠고 사람들이 모두 쳐다보았지요. 우리는 짐을 챙겨서 나와야 했어요. 지금 저는 엄청 화가 나 있고, 그게 지금 제가 컴퓨터를 하는 이유예요. 이제 가봐야겠어요..."

"제 형제는 재밌어요. 그는 정말 공손해서 방귀를 뀌고 나면 '죄송한데 저 냄새 나요.'라고 말해요. 전 창피해 했었는데, 지금은 너무 아무렇지도 않아서 의식도 못 해요."

"여러분이 제가 무엇을 말하는지 이해할지 모르겠지만, 저는 자매가 있다는 것이 너무 좋은데 때로는 좀 짜증이 나요. 그게 가끔 창피한 일일까요? 저는 그래요. 제가 친구와 놀러 나갈 때 R이 따라오면 그녀의 행동 때문에 전 부끄러워요. 그녀는 때로는 똑같은 것을 반복할 거고, 작은 댄스파티를 열면 그녀는 마치 화려한 음악을 틀어놓은 것처럼 춤을 출 거니까요."

---

1. **역자주**: 미국의 국수류 전문 음식점

"제 형제는 제 친구들, 심지어는 낯선 사람에게도 뽀뽀를 하려고 해요!!! 언젠가 그가 가게에서 비명을 지르자 누군가 '어쩜 그렇게 시끄럽게 구니?'라고 말하는 것을 들었는데 전 엄청나게 창피했어요!!!"

"제 형은 다운증후군이에요. 그는 15살이에요. 저는 13살, 7학년이고요. 가끔 형은 제 친구에게 포옹을 하려고 하거나 손을 잡으려고 하거나 심지어 뽀뽀를 하려고 해요. 그건 너어어어무 창피해요! 하지만 저는 형이 그렇게 나쁜 사람은 아니라고 생각해요. 가끔 제가 형을 진짜 화나게 하면, 형은 저에게 소리를 지르기는 하지만 절대로 저를 꼬집거나 제 머리카락을 잡아당기지는 않거든요."

"그가 주변에 있을 때 정적의 순간은 아마 절대로 없을 거예요. 가끔 우리는 그가 내는 소음에 소리를 쳐야 할 때도 있어요. 공공장소에서나 제 친구가 근처에 있을 때는 정말 부끄러워요. 저는 이런 행동이 자폐성장애가 있는 사람에게는 전형적이라는 것을 알고 있지만, '빨리 그 짜증나는 입 좀 다물어!!!!!'라는 소리가 목구멍까지 차오르는 건 어쩔 수가 없어요. 전 그걸 무시하려고 노력해요. 왜냐하면 그는 그 나름대로 의사소통을 하는 것이고 저는 그걸 참아야 하거든요."

"최근까지는 제 형제가 부끄러웠던 적은 없었어요. 하지만 그는 배변 훈련이 되지 않은 채로 이제 14살이 되었고, 그는 화가 날 때 옷이나 머리카락을 붙잡는데 낯선 사람들에게도 그러기 시작했어요. 그래서 저는 제 친구들이 똥 냄새를 맡거나 그가 화가 나서 친구들을 붙잡을까 봐 더 이상 친구를 우리 집으로 데리고 오고 싶지 않아요. 그를 학교 행사에 데리고 갈 때마다 그는 난리를 쳐요. 모든 사람이 그걸 이해해주지는 않기 때문에 정말 부끄러워요."

3. 죄책감

　　죄책감을 제외하고 형제자매 관계를 논하는 것은 마치 물을 언급하지 않고 바다를 논하는 것과 같다. 어린 형제자매는 생존자의 죄책감(survivor's guilt)[2]을 느끼거나 심지어 자신이 형제자매의 장애에 어느 정도 책임이 있다고 생각할 수도 있다. 옥신각신하거나 다투는 것이 대부분의 형제자매 사이에서 흔한 일임에도 불구하고, 그들은 특별한 요구를 가진 형제자매에게 그렇게 행동하는 것에 대해 죄책감을 느끼기도 한다. 장애 형제자매에 대해 때때로 가지는 너그럽지 못한 감정은 어린 형제자매가 죄책감을 느끼도록 한다. 또한 그들은 장애 형제자매가 누리지 못하는 사회적, 교육적 기회를 누릴 때 죄책감을 느낀다고 말하기도 한다.

---

2. **역자주**: 인명피해가 많이 발생한 재난에서 생존자가 느끼는 죄책감

"저는 Lauren을 있는 그대로 사랑하지만, 때로는 왜 저나 제 남동생이 아니라 그녀가 자폐성장애를 가지게 되었는지 궁금하기도 해요."

"제 형제는 수술 이후로 늘 침대에만 있었어요. 저는 그가 오줌을 눌 병을 가져다줘야 했어요. 정말 별로였던 것은 그가 어떤 운동도 할 수 없었다는 것이에요. 전 운동을 할 때마다 죄책감을 느꼈어요."

"친구와 밖에 나가 돌아다니다가 엄마와 G가 정말 외롭게 개를 산책시키는 것을 보았고, 죄책감의 파도가 저를 강타했어요. 심지어 2년간 무엇이 하고 싶은지를 계획하는 것조차도 저를 죄책감으로 고문했지만, 동시에 '왜 난 내 미래도 계획하면 안 되지?'라고 말하는 일종의 반항심이 생기기도 했어요."

"우리는 얼마나 자주 형제자매의 요구 때문에 무시당해 왔을까요? 우리 중 얼마나 많은 사람이 부모님의 관심과 인정을 받기 위해 필요 이상으로 스스로를 혹사하고 있을까요? 우리가 이런저런 이유로 형제자매를 미워할 때, 우리 중 얼마나 많은 사람이 방안에서 홀로 죄책감을 견뎌내고 있을까요? 우리 중 얼마나 많은 사람이 그들을 질투해왔을까요?"

"저는 스스로에게 많은 죄책감을 줘요. R이 저에게 그가 제일 좋아하는 TV 쇼의 에피소드에 대해 이야기하는 날이 있는데, 그것에 대해서 말하지 않을 때는 그 TV쇼를 보고 또 보고 또 보고 있죠. 저녁의 어느 순간에 그게 결국엔 절 너무 열 받게 만들어서 전 그에게 소리치며 그만 좀 보라고 말해요. 그러고 나선 전 늘 스스로 그러면 안 된다고 다짐하곤 하죠. 그가 저에게 말을 걸고 싶어 하는 것은 행운이에요. 그가 말을 할 수 있다는 것 역시도 행운이에요. 저는 한편으로 그에게 조용히 하라고 말하는 자신을 미워하고, 또 다른 한편으로 제가 화가 나는 것을 정당화하면서 짜증나는 감정 때문에 스스로를 미워하면 안 된다고 생각해요. 저는 그 중간 어딘가에서 빙빙 돌고 있어요."

"저는 장애인의 형제자매 된다는 것에는 심각한 죄책감의 문제가 포함되어 있다고 생각해요. 여러분은 형제자매와 함께 외출하기만 하면 부끄러움을 느끼게 되는데, 그 부끄러움을 느낀다는 것에 죄책감을 느끼게 돼요. 왜냐하면 사회적으로 수용 가능한 것(슈퍼마켓에서 엄마한테 '넌 우리 엄마 아니야'라고 소리치는 것이 당연히 괜찮은 것이라고 누가 말하겠어요?)에 대한 우리 사회의 매우 제한적이고 편협한 관점을 따르지 못하는 것은 그의 잘못이 아니라는 것을 알기 때문이지요. 그래서 여러분은 원망할 어떤 누군가를, 말하자면 부모님을 찾게 되죠. 하지만 여러분이 죄책감을 느끼거나 사람들이 어리석은 것은 부모님의 잘못이 아니에요. 결국 여러분은 신 혹은 다른 것을 원망하게 될 때까지 원망/죄책감/원망의 순환에 잠식돼요. 신(혹은 그 누구든)을 원망하는 것이 일종의 신성모독이라는 것을 알기 때문에 여러분은 그것에 대해서도 죄책감을 느끼게 돼요. 정말 잔인하죠."

4. 정보의 필요성

장애 형제자매의 정보에 대한 요구는 형제자매가 부모와 유사하게 경험하는 것 중 하나이다. 형제자매는 자라면서 자신이 가지고 있는 질문, 마땅히 답을 들어야 하는 질문에 답해줄 정보가 필요하다. 부모는 정보를 얻을 때 어린 형제자매에 비해 두 가지의 분명한 유리함을 갖는다. 첫째, 성인이기 때문에 세상에 대해 더욱 성숙한 이해를 하고있다. 둘째, 부모는 훨씬 더 많은 객관적인 정보의 자원을 가지고 있다. 부모는 치료사, 교사, 웹사이트, 의사, 자녀의 장애를 대표하는 단체 등과 같은 아주 다양한 정보원으로부터 자녀의 장애에 대하여 정보를 얻을 수 있다. 하지만 이와 같은 정보는 어린 형제자매가 장애 형제자매의 특별한 요구에 대해 배우는 것을 돕지 못한다. 어린 형제자매는 어떻게 정보를 얻는가? 운이 좋다면 부모로부터 그러한 정보를 얻기도 한다. 하지만 정보를 스스로 알아내야만 할 수도 있다.

"부모님께서는 제게 정말 아무런 정보도 주지 않으셔서 저는 스스로 그런 정보를 알아내야 했어요. 저는 늘 제가 제 자매의 옹호자였다고 생각해요. 여러분에게 꼭 장애의 명칭이 필요한 것은 아니에요. 제 자매는 저의 최고의 스승이에요. 지금은 '자폐성장애'라는 용어를 알게 되었는데, 저는 그 용어를 누군가가 그 용어를 듣거나 제 자매와 같은 사람을 만났을 때를 대비하여 인식 확산을 위한 작은 수단으로써 사용해요."

"어릴 적 저는 제 형제자매들의 장애에 대해 거의 최소한의 정보만 알고 있었어요. 하지만 제가 조금 더 크자 부모님께서 구체적인 것을 알려주셨죠. 저는 가끔 스스로 인터넷에서 정보를 검색해보고는 했어요. 저는 아주 조그만 동네에 살고 있었고, 동네 아이들은 제 형제자매들과 그 장애에 대해 알고 있었어요. 그 애들은 호기심이 생기면 저를 이용해 상상했어요."

"제 동생의 장애는 그가 두 살이고 제가 세 살이었을 때 생겼기 때문에 제가 알던 동생은 없어지고 새로운 동생이 생겼다고 생각했어요. 나이가 들면서 저는 그 애를 지금의 모습으로 만든 것이 뇌수막염이라는 것을 알았죠. 하지만 제가 열한 살쯤 되어서 동생에 대한 모든 것에 관심이 생기기까지는 어떤 것도 듣지 못했어요. 저는 (동생에 관한) 회의나 검사 등에 따라다니면서 서서히 배워갔어요. 여전히 부모님께서는 저를 앉혀놓고 모든 것을 말해주지 않고 계시죠. 전 아마 부모님께서는 평생 그러시지 않을까 싶어요. 말해 주셨다면 좋았을 텐데요."

그랬다면 모든 짐이 좀 덜했을 거예요. 저는 종종 제 친구와 그 가족에게 제 동생에 대해 설명해주어야 했어요. 그건 제가 피하고 싶었던 일은 아니에요. 자라면서 저는 항상 제 동생을 데리고 다녔고, 친구들에게 제 동생에 대해 궁금한 것은 무엇이든 물어볼 기회를 줬어요."

"부모님께서는 항상 제 형제의 장애에 대해 아주 개방적이셨어요. 그 애가 태어난 후부터 부모님께서는 우리의 삶이 어떻게 바뀔 것이며 우리가 어떻게 그 애의 생애에 걸쳐 그 애를 도와야 하는지를 설명하고자 애쓰셨어요. 저는 제 친구와 선생님에게 그 애의 장애에 대해 말해야 했어요. 우리는 작은 마을에 살았는데, 그건 결과적으로 아주 좋았어요. 모두 그 애에 대해 알고, 그 애를 사랑하고, 그 애의 주변에서 어떻게 해야 하는지를 알게 되었기 때문이지요. 편협과 오해로 문제를 일으켰던 것은 어른들이었어요. 저는 그들에게 그걸 설명하려고 노력했지만, 제 나이 때문에 제가 말하는 정보는 신뢰감 있게 받아들여지지 않았어요. 그들이 이해할 수 있는 방법이 있었다면 좋았겠지만, 그들이 마음을 열고 노력을 해야만 했을 거예요."

"부모님께서는 제게 아스퍼거 증후군이 있는 제 형제에 대해 절대 이야기하지 않으셨어요. 부모님께서는 저에게 그가 그냥 조금 다르며, 사회성에 있어 조금 도움이 필요할 뿐 그 이상은 필요 없다고 말씀하셨어요. 그가 고등학교에 들어갈 때, 제 자매도 자폐성장애를 진단받았어요(부모님께서는 이것도 저에게 숨기려고 하셨지요). 그때가 바로 제가 연결고리를 만들어냈던 순간이에요. 제 어린 시절의 대부분은 이해할 수 없고 혼란스러웠는데, 갑자기 앞뒤가 들어맞았어요. 어떤 측면에서 그것은 치유였어요. 하지만 그것은 또한 적어도 제 입장에서는, 하룻밤 새 '평범한 아이'에서 장애를 가진 두 아이의 형제자매로의 변화였기 때문에 혼란이기도 했어요. 제가 모든 것을 미리 알았더라면 좋았을 텐데 말이에요."

"부모님께서는 절대 저에게 M의 뇌성마비에 대해 구체적으로 이야기하지 않으셨어요. 그건 제가 그를 장애가 있는 사람이 아니라 완전히 저와 같은 사람으로 바라볼 수 있도록 했기 때문에 어떤 측면에서는 좋은 점이 있기도 했지요. 나이가 들면서 저는 뇌성마비에 대해 더 많은 궁금증을 갖게 되었고, 대부분은 답을 얻기 위해서 인터넷을 찾아보았어요. 사람들이 그가 사고 같은 것을 당했다고 가정하는 것 같아서, 저는 종종 그들에게 그는 원래부터 그렇게 태어났다고 설명해주곤 해요."

"저는 자매에게 무슨 문제가 있는지 정말로 들은 적이 없었고 지금까지도 직접적으로 들은 적이 없어요. 제가 직접 알아보았고, (나쁘게 들리겠지만) 그냥 놓여있는 편지, 컴퓨터에 있는 문서, 이메일 등을 읽곤 했어요. 언젠가 부모님께서 그녀가 뇌성마비라고 말씀하시는 것을 들은 적은 있지만, 저에게 직접 말씀하신 적은 없죠. 저는 그녀의 다른 장애에 대해 알게 되었고, 그래서 저는 그것에 대해 더 알아보기 위해 그저 인터넷을 찾아보았어요. 만약 제가 자매의 장애에 관해 물어보았다면 부모님께서는 분명히 이야기해주셨을 거예요. 부모님께서는 그저 제가 이미 알고 있거나, 혹은 제가 알 필요가 없다고 생각하시는 것 같아요. 제가 어렸을 때 부모님께서 저에게 이야기해 주셨더라면 좋았을 것 같아요. 사람들은 가끔 자매에 대해 제가 모르고 있는 것을 알고 있었어요. 초등학교 선생님께서 저에게 자매의 치료에 대해 물어보곤 하실 때, 저는 그것에 대해 몰랐기 때문에 바보처럼 느껴지곤 했어요."

5. 고립감

고립은 창피함과 마찬가지로 많은 어린 아이가 가지고 있는 감정이다. 아무도 자신이 겪고 있는 일을 이해하지 못하는 것처럼 느끼는 것이다. 장애를 가진 형제자매가 있고, 주변에 자신과 비슷한 상황에 놓인 다른 이들을 알지 못할 때 고립의 감정은 악화될 수 있다.

"저는 친구가 있지만, 그들은 이것을 이해하지 못해요. 저는 친구에게 전화를 걸어 '오, 나는 G가 싫어!'라고 말하고, 다음 날 전화를 걸어 'G를 너무 사랑해'라고 말할 수 없어요. 그러나 SibTeen에서는 그런 말을 할 수 있고, 그것을 이해해줘요. SibTeen에는 부모님보다도 나를 더 잘 이해해주는 친구들이 있어요. 전 그들을 만나본 적도 없지만요."

"제가 어렸을 때, 저는 친구들에게 가끔씩 분통을 터뜨렸지만, 확실히 내가 말하는 것들이 제대로 받아들여지지 않곤 했어요. 그들은 공감하기는 했지만, 온전히 이해하지는 못했어요. 그 때문에 저는 확실히 내향적으로 되었고, 사람들 주변에 있는 것보다 책이 손에 있는 게 더 행복했어요. 저는 외롭고 약간 우울했는데, 모든 감정을 어떻게 처리해야 할지 몰랐어요. SibTeen을 알았을 때(제 생각엔 열 여섯 살쯤 되었을 때) 그것은 생명줄이었어요. 저에게는 "그것을 알아주는" 사람이 있어요. -비록 만난 적은 없을지라도. 그들은 저의 가장 친한 친구들보다도 저의 일부를 더 잘 알아요."

"저는 사람들이 쌍둥이인 것이 어떠냐고 물을 때 가장 힘들어요. 사실 저는 정말로 쌍둥이라서 어떤지에 대해 아는 것 같지 않아요. 가끔 A와 저는 그저 손발이 잘 맞고, 그러면 저는 '아, 쌍둥이라는 게 이런 것이겠구나'라고 생각해요. 하지만 그런 순간이 그리 흔하지는 않죠."

"저는 우리 가족 중 장애가 없는 유일한 아이이기 때문에 항상 다른 가족으로부터 고립감을 느껴왔어요. 형제자매들의 장애와 증상으로 인해 가족 중 누구도 더 이상 정말 편안하지 않기 때문이에요. 우리는 기본적으로 안전과 사생활에 대한 감을 잃었어요. 저는 어린 소녀였을 때부터 우울증을 앓아왔고 지금도 여전히 그래요. 저는 나머지 사회에서 분리된 것처럼 느끼고, 놀림을 받아왔으며, 제 형제자매들이 "이상하다"거나 "정상이 아니다"라는 말을 들어왔어요. 저는 놀림에 맞서지만, 그것은 저를 매우 우울하게 해요. 특히 2학년 때 괴롭힘이 시작된 이후로는요. 심지어 제가 그렇게 어렸을 때도, 놀리는 것은 옳지 않다는 것, 누군가를 그렇게 헐뜯는 것은 옳지 않다는 것을 모르는 아이들은 없었는데 말이에요."

"저는 이것 때문에 어떤 식으로도 자매를 원망하지는 않지만, 저는 종종 고립되고 외롭다고 느껴요. 지난 1년 반쯤 동안 우울하고 불안했어요. 우울증은 사회적 상황으로 인한 스트레스와 불안감 때문이었어요. 대부분의 시간을 자매와 함께 보냈기 때문에 저는 다른 아이들과 정말 많이 친해져 본 적이 없어요. 저는 이 일에 대해 부모님께 말할 수 없고, 그래서 더 힘들어요. 한 번 걱정을 말한 적이 있는데, 부모님께서 제가 과장하고 있다고 말씀하시면서 화를 내셨어요. 그건 공평하지 않았을뿐더러, 제 자신을 의심하게 했죠. 그건 제가 아무렇지도 않으면서 이기적으로 행동하고 있다고 생각하게끔 했어요. 저는 그것이 어디서 비롯되었는지 알아요. 저는 겉보기에는 너무 행복하고 걱정이 없는 것처럼 보이지만 지난 1년 동안 이런 문제를 해결하기 위해 상담받느라 시간을 보냈고, 그래서 전 정말 혼자라고 느껴요. 그래요. 저는 제 자매에게 말을 걸지만, 그녀가 저에게 대답하지 못하고 아마도 제가 말하는 것의 상당 부분을 이해하지도 못할 때 힘들어요. 그녀가 할 수 있는 것이 아무것도 없을 때, 이런 문제들로 그녀에게 부담을 주어서는 안 되기 때문에 저는 죄책감을 느껴요."

"제 가족 모두(특히 엄마)가 스트레스를 많이 받고 있고, 이것은 많은 논쟁을 불러일으켜요. 우리는 가족으로서 무언가를 해야만 한다거나, 하고 있다고 이야기하지 않아요. 제 가족이 저를 이해하지 못하는 것을 느껴요. 저는(제 자매와 달리) '평범'하기 때문에 문제가 있어서도 안 되고, 제 문제는 이야기될 가치도 없어요."

"제 형제에 관한 한, 저는 친구가 함부로 판단하지 않고 제 얘길 듣는다는 생각이 들 때까지는 정말로 이야기를 안 해요. 심지어 그때도 저는 그다지 자세하게 말하지 않는데, 왜냐하면 그들은 아침에 자기 형제가 너무 흥분해서 있는 힘을 다해 지르는 소리에 잠이 깨는 것이 어떤 것인지 이해하지 못하기 때문이에요. 혹은 그가 감기라도 걸리면 가슴이 꽉 조여와 숨을 쉬기 어려워해 응급실로 급히 서둘러 가기 위해 한밤중에 잠에서 깨야 한다는 것을 이상히 여길 수도 있어요. 이건 매우 외로운 일이에요. 친구 대부분은 제 형제가 존재하는지조차 몰라요. 창피하기 때문이 아니라 그들이 이해하지 못하거나, 더 나쁘게는 그들이 우리를 불쌍히 여길 것을 알고있기 때문이에요. 만약 친구가 온다면, 저는 그들에게 경고하고 나서 그를 소개하겠지만, 결코 거기에 큰 기대를 걸지는 않을 거예요."

"저의 형제는 신체적 장애를 가지고 있었고, 저는 정서적 문제와 극심한 불안감을 느꼈어요. 제 친구 중 누구도 제가 겪고 있는 것에 대해 이해할 수 없었기 때문에 저는 몇 년 동안 치료사를 찾아갔어요. 친구들은 모두 제 형제를 알고 있었기 때문에, 또 우리가 같은 학교에 다녔기 때문에, 저는 그에 대해 터놓고 말하는 것이 불편했어요. 종종 제 형제에게 짜증이 나고, 상처를 받고, 화나고, 또 분노스럽기도 했지만, 친구들이 제 형제를 얕보거나 화나게 하는 것은 원치 않았어요. 부모님께서 보시기에 저에게는 학교생활, 운동, 다른 활동을 잘하지 못하게 하는 장애물이 없었기 때문에, 저의 성취가 항상 제 형제에 비해 낮게 평가되었다고 느껴요."

"저는 제 또래의 다른 아이들과 십 대들로부터 고립감을 느꼈어요. 저는 그들보다 감정적으로 성숙하거나 '숙성'되어 있었어요. 심리적으로 저는 집안의 외동이나 제3의 부모 같았어요. 저보다 나이가 많은 사람(성인)이나 훨씬 어린 사람들과 교류하는 것이 더 편하게 느껴졌어요."

"저의 십 대 이전의 시기는 분노, 원망, 부정, 질투로 가득 차 있었어요. '왜

나인가요?', '이런 일을 당할 만큼 제가 잘못한 게 뭐죠, 신이시여?'라는 질문을 하곤 했죠. 저는 어렸고, 제 형제에겐 제가 유일한 형제였기에, 저는 제 자신과 강요당하는 삶이 너무 유감이었어요. 제 친구들은 평범한 가정에서 자라고 전혀 문제가 없는데 왜 저는 형제 때문에 이런 일을 겪어야 하는지 이해가 가지 않았어요. 저는 모든 것을 혼자서 처리해야 한다고 항상 느꼈고, 제 나이 또래의 다른 아이에 비해 정서적으로 매우 독립적으로 성장했어요. 저는 제 감정에 대해 이야기를 나눌 사람이 없었어요. 엄마는 제 형제를 돌보느라 너무 바쁘셨고, 아빠는 온종일 일하셨어요. 엄마는 항상 저에게 화풀이를 했어요. 저는 화를 달래기 위해 일기장에 글을 썼는데, 이것은 정말로 도움이 되었어요. 하지만 돌이켜보면 저는 정말 대화할 사람(이 단체처럼)이 있었으면 하고 바랐어요. 지금도 저는 부모님과 제 감정을 이야기하기를 매우 꺼리고 더 깊은 차원의 대화를 거부해요."

"저는 자라면서, 특히 십 대 이전에 매우 고립되었다고 느꼈어요. 저는 장애 형제자매가 있는 친구가 없었고, 제가 겪고 있는 문제에 대한 경험을 비교해보거나 이야기할 사람도 없었어요. 저에겐 장애를 가진 남동생 외에도 세 명의 동생이 있어요. 부모님의 관심은 쌍둥이 어린 동생, 초등학교에 입학하는 동생, 발달장애를 가진 동생에 대한 것이었어요. 가장 연장자인 저를 위해 남아있는 시간이나 에너지는 많지 않았고, 저는 자주 혼자라고 느꼈어요. 저는 자주 슬프고 외로웠지만, 제가 어떻게 느끼는지에 대해 부모님께 말할 수 없었고, 제 친구 중 누구도 제가 어떤 상황인지 이해하지 못했어요."

6. 완벽주의

　마지막으로, 몇몇 형제자매는 그들의 형제나 자매의 장애를 어떻게든 보상해야 한다는 압박감을 느낀다. 또 그들 중 일부는 그 압박감이 그들의 부모나 다른 가족 구성원으로부터 온다고 느낀다. 하지만 대부분은 스스로가 그런 압박을 만들어냈다고 말한다.

"여러분이 완벽한 아들이거나 딸이 되어야 하고 여러분의 형제자매가 할 수 없는 모든 것을 메꾸어야 한다고 느끼게 하는 부모님이 계시나요? 제 부모님께서는 제가 똑똑한/튼튼한/친절한/예술적인/사교성이 뛰어난 사람이 되길 바라세요... 하지만 제가 그 모든 것이 될 수는 없어요."

"저는 어렸을 때와 십 대 때 제 형제의 상황과 관련해 우울증을 경험했어요. 제 형제의 발달지체는 암과 관련된 일이었기 때문에 부모님의 지원 체계는 암에 걸린 다른 아이들의 부모였죠. 그래서 저는 아이들이 병에 걸려 죽을 수도 있다는 것(덧붙여 장애와 발달지체를 갖게 되는 것)에 대해 잘 알고 자랐어요. 제 형제가 지체된 근원은 부모님께서 '이전'의 모습을 기억하시고 제 형제의 거짓 잠재력에 대한 이야기를 해주셨기 때문이기도 해요. 저는 두 가지를 매우 내면화 했는데, 그 두 가지는 제가 부모님을 위해 충분히 좋은 사람이어야 하고, 우리 두 자녀 모두에 대해 부모님께서 자부심을 느끼시도록 충분히 성취해야 한다는 것이었죠. 저는 또한 "특별한 아이는 이 세상에서 그들이 성취해야 할 모든 것을 성취했을 때 천국에서 부른다."라고 배웠어요. 이 모든 것이 또래 친구들은 달성 불가능한 성과를 이루기 위해 노력하도록 저를 이끌었어요. 전문적인 상담을 받은 후에야 저는 이러한 사고 과정을 분명하게 알 수 있었고, 부모님께서 정말로 저에게 그런 압력을 가하려고 했던 것은 아니었다고 말씀하실 수 있는 기회를 드릴 수 있었어요."

7. 감사

　　어린 형제자매의 경험을 단지 슬픔의 장황한 설명으로 묘사하는 것은 모진 짓이고-또한 정직하지 못한 일이다. 그들의 삶과 관계는 그것보다 더 복잡하고 미묘한 것이다. 대부분의 형제자매에게 '좋은 것'은 '매우 좋지 않은 것'과 공존한다. 많은 사람이 긍정적인 경험-하지만 반드시 쉽지만은 않은-을 해온다. 어린 형제자매의 말을 들을 때, 우리는 그들의 통찰력을 깨달으며 그들의 성숙함, 그들이 얻은 관용, 가족에 대한 그들의 감사를 확인한다.

"저는 부모님께서 참고 견디셨기 때문에 부모님을 매우 존경해요. 저는 대부분의 아이들보다 훨씬 빨리 성숙했어요. 저는 12살 때 어른처럼 행동했어요. 저는 제 형제를 아주 사랑해요. 저는 이 세상 무엇과도 그를 바꾸지 않을 거예요. 장애를 가진 사람을 보면, 저는 그들과 대화하고, 그들이 특별하다고 느끼도록 노력해요. 솔직히 말하자면, 저는 그들이 선물이라고 생각해요. 만약 J가 사람들이 '정상'이라고 여기는 그런 사람이었다면 알지 못했을 인내를 배웠어요. 저는 그의 많은 것을 참았고, 그것이 저를 강하게 만들었어요."

"대부분의 사람은 특별한 요구가 있는 아이의 형제자매를 생각하면 마음이 자동으로 그것의 나쁘거나 힘든 부분으로 움직이는 것 같아요. 그들은 인생에 그런 특별한 사람을 갖는 것이 완전히 새로운 세상에 눈을 뜨게 했다는 것을 깨닫지 못해요. 제 형제자매는 저에게 많은 경험을 할 수 있게 해주었죠. 확실히 지금의 저를 만들어 주었어요."

"저는 제가 그렇게 어린 나이에 어른이 되었다는 것에 대해 자부심을 느껴요. 그래요, 전 많은 것들을 잃었어요. 하지만 그래서 C를 가졌어요. 저는 그와 함께 한 제 인생의 어느 날도 그 무엇과 바꾸지 않을 거예요. 그렇다고 해서 형제가 장애인이 되는 것이 되지 않는 것보다 낫다는 말은 아니에요. 그건 말도 안되는 소리죠. 제 형제가 다른 사람들이 하는 것을 결코 할 수 없을 것이라는 사실은 엄청난 상실이에요. -그건 제가 매일 매 순간 육체적으로 망가지는 것처럼 느끼도록 만들어요. 하지만 제 생각엔 여러분의 형제자매가 변변치 못하다는 것을 알고서도 그들을 사랑하는 것, 어쨌든 신이 여러분에게 주시는 모든 날에 감사하는 것이 형제자매가 되는 것의 의미인 것 같아요."

"형제가 된다는 것은 여러분이 할 수 있는 작은 일들에 더 감사하게 만들고 다른 사람이 할 수 없는 작은 일을 이해하게 해요. 그들과 함께 얼마나 많은 날을 지낼 수 있을지 모른다는 것이 여러분이 가능한 한 오랫동안 그들에게 최고의 삶을 선물해 주고 싶도록 해줘요."

"만약 T가 있지 않았어도 저는 여전히 너그럽고 오늘의 저처럼 장애를 가진 사람의 권리와 수용을 옹호하는 사람이었을 거라고 생각하고 싶어요. 하지만 솔직히 장담할 수 없어요. 제 자매와 개인적인 유대관계 및 특별한 요구가 있는 사람들의 커뮤니티가 없다면, 저는 아무것도 아닌 것처럼 다른 사람의 장애를 놀리는 십 대 중 한 명으로 변했겠죠? 제가 확신하는 한 가지는 제 자매가 확실히 제 시야를 열어주고 저를 더 나은 사람으로 만들어줬다는 것이에요."

"형제자매가 된다는 것은 분명 여러분의 시야를 열어주고, 여러분이 누구를 위해 마음을 쏟을지를 결정하게 만들어요. 개인적으로는(많은 친구와는 다르게) 매일 그를 잃는 두려움을 경험하기 때문에 저는 형제와 가족에게 충실해요. 그리고 자신의 형제자매를 싫어하고 가족보다는 또래와 지내곤 하는 친구와 달리-제 형제와 함께 하기 위해 친구와 세운 계획을 그만두곤 해요."

"형제자매라는 것에는 말 그대로 좋은 점이 너무나 많아요! 제 형제가 있다는 것은 기적이에요! 그를 보고 그야말로 '너는 여기에 있는 것만으로도 역경들을 딛고 의사의 잘못을 증명하고 있는 거야.'라고 생각해요. 그들이 발달단계에 도달했을 때, 아무리 사소한 것일지라도, 그것은 벅찰 만큼 정말 큰 자부심으로 여러분을 채워줘요! 제 형제가 20까지 셀 때마다 마치 그가 중국의 만리장성을 건너는 것과 같은 느낌이에요."

"끔찍하게 진부한 것처럼 들리겠지만, 저는 진정으로 인정, 이해, 연민에 대해 많이 배웠다고 느껴요. A는 미래에 제가 하고 싶은 것에 영감을 주었어요. 제가 자폐성장애에 대해 연구하기로 했을때, 이것이 저를 어디까지 이끌지 결코 짐작할 수 없었어요. 저는 온 나라와 세계의 사람을 만나고 저에게 매우 중요한 것을 그들과 공유했어요. A는 또한 제가 학교에서 장애 학생을 돕기 위해 무언가를 하도록 영감을 주었어요. A가 제 인생에 없었더라도 여전히 과학과 의학에 관심을 가졌을 거라고 생각하고 싶지만, 제가 해온 것만큼 열정적으로 탐구하지는 않앉을 것 같아요."

"R 덕분에 저는 사람을 더 잘 이해하고, 아무도 미워할 수 없으며, 사람들이 서로 놀리면 견딜 수 없어요. 저는 누군가의 행동에는 항상 이유가 있다는 것을 깨닫게 되었어요. 저는 엄마, 자매, 형제가 자랑스럽고, 제가 아주 강해진 것과 우리가 희생한 것들이 자랑스러워요. 그때는 형편없었지만 뒤돌아보면 뿌듯해요. 제 형제 덕분에 저는 사람에 대한 열정을 찾았어요. 저는 어려움을 겪고 있어 특별한 도움이 필요한 사람 또는 문제가 있는 십 대를 위해 일하고 싶어요."

"저는 자신이 원하는 말을 할 수 없거나 자신이 하고 싶은 것을 하기 위해 몸을 움직이지 못하는 그에게 삶은 어떤 것인지 생각해요. 아니면 다른 사람으로부터 부당한 대우를 받는 것이나 마치 그가 거기 없는 것처럼 그에 대해 말하는 사람들에 대해 생각해요. 전 특별하다고 느껴요. 제 인생에 그가 있어서 축복받은 것 같아요. 가끔은 우리가 그를 위해 여기 있는 것이 아니라 그가 우리를 위해 여기 있으면서 우리가 성장하도록 돕는다고 생각해요. 비 오는 날 그는 다른 사람과 달리 제 세상에 빛을 가져와요."

"저는 또래보다 훨씬 빨리 성숙해졌고, 저는 그것이 좋은 일이라 봐요! 형제자매가 있는 것은 좋은 점도 있고 나쁜 점도 있지만, 제 형제자매들은 다양한 사람을 더 잘 이해하는 법을 제게 가르쳐줬다고 생각해요. 저는 확실히 다른 사람에 대해 훨씬 더 많이 공감하고 있어요. 저는 분명히 부모님을 존경해요. -부모님께서는 정말 멋지시고 강하시며, 무엇이든 잘 해내실 수 있어요."

"장애를 가진 형제자매가 있을 때 거의 자동적으로 그들을 돕고, 그들을 돌보고, 여러분의 부모님/양육자를 돕기 위해 할 수 있는 모든 것을 하는 것은 여러분의 책임이 돼요. 부모님께서 외출하실 때, 그분들이 없는 동안 집에서 형제를 지켜보는 것은 제 책임이에요. 열세 살쯤 되었을 때부터 그런 식이었어요. 항상 즐긴다고는 할 수 없지만, 그것은 가족 안에서 제 역할 중 하나가 되었어요. 또한 부모님이나 장애 형제자매를 돌보는 누군가가 세상을 떠났을 때, 여러분은 그들을 대신해 형제자매를 돌볼 책임이 있어요. 그 시점에서 여러분은 그들을 위한 결정을 내릴 준비가 되어 있어야 해요."

"이상하게 들릴지 모르지만, 동생은 저에게 그가 매혹되었던 것, 곤충의 아름다움을 보라고 가르쳤어요. 또한 모든 인간에 대한 깊은 감사를 가르쳐 주었어요. 그는 저의 세상이고 저의 전부에요."

"제 자매는 저에게 너무나 많은 것을 가르쳐 주었어요. -중요한 것 중에서도 도전에 대처하는 방법, 역경에 직면하여 용감해지는 방법, 한 가지 특정한 것에 오랜 시간 집중하는 방법, 그림 그리는 방법, 예술을 감상하는 방법, 충실함 등을 말이죠. 그녀는 강하고, 아름답고, 맹렬히 헌신적이고, 창의적이고, 상상력이 풍부하며, 하나의 완벽한 상자에 포장된 놀랍고 빛나는 모든 것이에요. 저는 그녀를 너무 사랑하고 그녀의 형제자매로서 믿을 수 없을 만큼 축복받았어요."

"저는 장애 형제자매를 둔 여러분이 더 빨리 성숙하고, 더 빨리 적응하고, 어른처럼 생각하기 시작한다고 생각해요. -제가 아는 한 그 모든 것은 좋은 일이에요. 여러분은 사물을 다르게 보지 않을 수 없어요. 자신이 가진 것에 감사하고 보다 긍정적으로 생각해요. 가장 중요한 것은 여러분이 차이를 받아들이는 법을 배우고, 모든 사람에게서 진정한 아름다움을 보는 것이에요. 제가 어렸을 때 저는 괴롭힘을 당했지만, 특별한 필요를 가진 형제자매가 있다는 것은 여러분의 외모가 어떻든 간에 모든 사람의 내면이 얼마나 아름다운지를 보여줘요."

"장애가 있는 형제자매와 함께한 어린 시절, 인내는 저에게 힘든 일이었어요. 하지만 세월이 흐르면서 저는 그들 덕분에 인내심이 더욱 강해진 것 같아요. 형제자매와 함께 있으면 대답하거나 반응하기 전에 심호흡을 하게 돼요. 제가 항상 인내심이 있는 건 아니지만, 누군들 그렇겠어요?"

어린 형제와 자매는 부모, 성인기 형제자매, 십 대 형제자매에게 그들의 경험을 공감받고 싶어 한다. 그들은 두려움, 희망, 의심을 이해하는 다른 사람에게 표현할 기회에 감사한다. 그들은 누군가를 돌보고 있거나 그들과 같은 문제에 직면하고 있음을 보여주는 모임으로부터 도움을 받는다. 어린 형제자매에게 이러한 기회를 제공해주기 위한 노력 중 하나가 Sibshops로, 활발한 동료지원 및 어린 나이의 형제자매를 위한 정보 프로그램을 제공한다. 이것은 1980년대부터 있어왔고, 여러분이 어렸을 때 이미 한 군데 참석했을지도 모른다. 많은 Sibshop 조력자는 성인이 된 형제자매이고, 우리에게 어린 형제자매만큼이나 Sibshops에서 많은 것을 얻을 수 있다고 말한다. Sibshops 및 여러분 근처에 있는 Sibshops에 대해 좀 더 알고 싶다면, 형제자매 지원 프로젝트(Sibling Support Project) 웹사이트 http://www.siblingsupport.org를 방문하면 된다.

Chapter

압박감 / 소외감 / 미래에 대한 걱정 / 교류의 필요성 / 청소년기 형제자매를 위한 자원들

Emily Holl
&
Don Meyer

청소년기 형제자매

Sigmund Freud는 그 시기를 사춘기라고 불렀다. Erick Erikson은 그 시기를 '자아 정체성'과 '자아 정체성 확산' 사이의 고군분투 시기라고 묘사했다. Piaget는 그 시기를 가설 연역적 사고, 이론의 구성, 성인역할 및 책임의 추론과 같은 '형식적 조작'이 발달하는 시기로 명명했다. 1991년에 밴드 Nirvana가 청소년의 무관심과 반란을 노래한 곡인 <Smells Like Teen Spirit>[1]에 반영된 것처럼 많은 이들이 그 시기를 그들의 인생에서 가장 형편없는 해로 묘사한다.

여러분이 어떻게 묘사하든 청소년기는 인생에서 가장 도전적인 시기 중 하나다. 성인기로 이어지는 이 신체적, 정서적 성장의 시간은 십 대들에게 변화하는 신체, 압도적인 감정, 새로운 우선순위에 적응하는 험난한 시간이 될 수 있다. 많은 사람에게 청소년기는 가족들로부터 벗어나고, 독립에 도전하며, 친구들과의 우정을 더 중요하게 여기게 되는 시간이다. 부모와 함께 있

---

1. 역자주: Nirvana밴드의 실제 곡 이름

는 것, 예를 들자면 부모가 학교나 쇼핑몰에 데려다주거나, 최악의 경우 부모와 종교모임 혹은 사교모임을 함께 하는 것을 친구들에게 들킨다는 생각에 굴욕감을 느껴 본 사람이라면, 우리가 무슨 이야기를 하는지 알 것이다.

청소년기, 그 시기와 함께 오는 모든 사회적·정서적 변화는 장애를 가진 형제자매를 둔 십 대들에게 더욱 격렬해질 수 있다. 우리는 SibTeen 페이스북의 대다수 멤버인 십 대 형제자매에게 부모님과 다른 사람들이 십 대 형제자매의 삶에 대해 알아야 할 것을 물었다. 그들의 대답은 많은 사람에게 강한 반향을 불러일으킨 몇 가지 범주로 분류되었다.

1. 압박감

완벽주의자. 과도한 성취자. 모든 과목에서 A학점을 받는 학생. 모든 면에서 좋은 아이. 이 표현들 중 어떤 것이 익숙하게 들리는가? 우리는 지난 몇 년 동안 많은 형제자매를 만났고 대부분의 형제자매가 주변 평판이 매우 훌륭함은 물론, 그들이 무엇을 하든지 매우 성공적이었다는 것을 알 수 있었다. 그들은 슈퍼 형제자매(Supersibs)다! 하지만 이 모든 면에서의 특출남은 대가를 동반하며, 그 대가는 압박이라고 말하는 많은 친구들과 이야기를 나누었다. 이 슈퍼 형제자매들은 겉으로는 완벽해 보이지만, 그들 안에는 다른 사람들과 스스로에게 많은 역할을 해야 한다는 압박감이 가득하다. 몇몇 형제자매가 우리에게 말한 것은 다음과 같다:

"우리 중 많은 이들이 '평범한' 십 대들이 해야만 하는 모든 일을 해야 한다는 엄청난 압박감을 가지고 있다는 것을 부모님과 서비스 제공자들은 이해할 필요가 있어요."

"장애 형제자매가 있다는 것이 우리를 작은 부모로 만들어서는 안 돼요. 우리는 완벽해야 하고, '정상'이어야 하고, 장애 형제자매가 할 수 없는 많은 것을 보충해야 한다는 압박감을 느끼고 있어요. 뿐만 아니라, 작은 부모가 되어 부모님의 '부담'을 어느 정도 덜어줘야 한다고 느껴요. 부모님들은 우리도 사람/개인이라는 것을 상기하실 필요가 있다고 생각해요. 우리는 단지 장애 형제자매가 있다는 것만으로 정의되어서는 안 돼요. 저 역시도 부모님과 단둘이 있고 싶어요!"

"확실히 저는 장애 형제가 있다는 이유로, 어린 시절과 청소년기에 보다 더 잘해야 한다는 압박감을 느꼈어요. 장애 형제가 필요로 하는 온갖 도움들 때문에 저는 완벽해야만 하고, 자급자족해야만 할 것 같은 기분이 들었죠. 부모님이 필요하다는 사실을 스스로 부정했고, 집에 있는 동안은 모든 부정적인 감정을 억눌렀어요. 만약 제가 실제로 부모님의 도움이 필요하여 관심이나 도움을 요청해야만 하는 상황에 처하게 되면, 저는 죄책감에 사로잡혀요. 왜냐하면 제가 그것보다 더 잘했어야 했다고 생각하기 때문이에요. 저는 또한 부모님의 피로, 좌절, 혼란에 보탬이 되고 싶지 않아 항상 행복하고 쾌활하게 지내는 척했어요."

"부모님께서는 우리가 아이라는 것을 아셔야해요. 장애가 없다고 해서 부모가 필요하지 않다는 뜻은 아니에요. 저는 제 장애 형제자매만큼이나 저의 인생에 대해서도 속상해요. 저는 항상 완벽한 아이일 수 없어요. 저도 저의 장애 형제자매처럼 부모님의 도움, 관심, 보살핌, 지원이 필요해요. 애답게 구는 것이 용납되고, 정상적인 속도로 자랄 필요가 있어요. 제 문제들도 중요한 것으로 인식될 필요가 있어요. 장애 형제자매의 문제에 대해 저에게 비밀로 하는 것은 저의 부담을 덜어주는 방법이 아니에요. 그런 것은 전부 제가 걱정하거나 관여하지 말라고 압박을 가할 뿐이에요. 우리는 가족이고 어려움을 함께 공유할 수밖에 없어요. 결국 부모님께서는 돌아가실 것이고, 저는 여전히 장애 형제자매의 곁에 남을 거예요. 저는 장애 형제자매의 미래에 대한 부모님의 계획에 참여하고 그것에 대해 알 필요가 있어요. 그래야만 제가 인생의 후반부에 장애 형제자매를 지원하고 돌볼 방법을 알죠."

"우리는 큰 일과 작은 일, 집안일 같은 것처럼 장애 형제자매가 할 수 없는 것을 보충하기 위해 훨씬 더 많은 일을 하도록 기대받아요."

"때때로 우리가 모든 것을 완벽하게 하기를 부모님께서 기대하신다고 느끼지만 우리의 노력을 항상 높이 평가하지는 않으세요. 그래서 약간은 질투가 나는 것 같아요. 최선을 다해서 노력하지만, 최선을 다하는 것만으로는 충분하지 않기 때문이에요. 우리의 장애 형제자매는 그들이 알고 있는 것보다 우리에게 훨씬 더 많은 영향을 미쳐요. 저는 분명히 형제자매들을 사랑하지만, 때때로 저는 그들이 할 수 없는/하지 않는 모든 것을 해야 한다고 느껴요."

"장애를 가진 자매가 걷거나 말을 절대로 할 수 없을지도 모르기 때문에 저는 말도 잘하고, 운동도 잘하고, 학교생활도 잘해야 한다는 부담감이 더 커요. 우리가 도와주지 않아도 괜찮다고 말씀드리지만 실제로는 괜찮지 않다는 것을 부모님께서는 아셔야 해요. '제3의 부모'가 되는 것은 이상적인 삶이 아니에요. 우리는 일종의 평범함을 원하는데, 그것은 부모님께서 우리를 자유롭게 해주고, 장애가 있는 형제자매에게 원했던 모습이 아닌 제가 되고 싶은 사람이 되도록 내버려 두실 때만 가능해요. 때때로 우리도 약간의 관심을 원해요. 우리는 혼자만의 시간을 원할 때도 있지만 부모님(또는 우리를 돌봐주는 사람)과의 시간도 필요해요."

"부모님들과 다른 사람들은 우리도 분출할 곳이 필요하다는 것을 이해할 필요가 있어요. 왜냐하면, 때때로 느껴지는 압박감이 너무 크기 때문이에요. 우리는 장애 형제자매를 위해 많은 도움을 줘요. 하지만 우리 역시 도움이 필요해요."

"장애 형제자매가 할 수 없는 것에 대해 우리가 만회해야 한다고 느낀다는 것을 부모님께서는 정말로 이해하실 필요가 있다고 생각해요. 부모님께서 우리에게 그런 느낌을 주는 것은 아니라는 점도 아셔야 해요. 그건 성장의 과정일 뿐이니까요. 한번은 제가 엄마에게 그런 말을 하려고 했는데 엄마는 이렇게 말했어요. "말도 안 되는 소리야. 네가 그렇게 느낄 필요는 없어." 그것이 얼마나 우스꽝스럽거나 비이성적인지는 중요하지 않아요. 중요한 것은 제가 어떻게 느끼느냐 하는 거예요."

2. 소외감

심지어 슈퍼히어로조차도 때로는 도움이 필요하다. 슈퍼 형제자매도 마찬가지다! 십 대 형제자매는 참을성 있고, 자립적이며, 그들의 나이에 비해 현명하지만, 결국 그들도 십 대다. 좋은 날과 나쁜 날, 우여곡절을 겪고, 때로는 우리 모두가 그렇듯이 약간의 지원과 때로는 포옹(물론 다른 사람은 없는 곳에서의)이 필요한 십 대들. 악당들과 싸우는 슈퍼히어로들처럼, 슈퍼 형제자매는 그들이 결핍을 느끼기 시작할 때 종종 죄책감과 싸운다. 우리가 만났던 십 대들은, 우리 역시 똑같은 사람임을 알려줌으로써 부모나 다른 사람들이 그들에게 필요한 도움을 줄 수 있는 방법에 대해 이야기를 했다.

"부모님께서는 우리도 존재한다는 것을 이해하셔야 해요. 제 자매가 항상 우선이었고, 저는 그녀에게 더 많은 관심이 필요하다는 것을 이해하고 동의해요. 하지만 저는 정말 이상한 자존감 문제를 안고 자라서, 제가 해낸 것들이 충분히 훌륭하다고 느껴본 적이 없어요. 작은 것들이 쌓이고 결국 너무 악화되어 저는 정말 우울해졌어요. 지금 많이 좋아졌지만, 부모님께서는 형제자매의 장애 진단이 상상하는 것보다 더 깊은 차원에서 우리에게 영향을 미친다는 것을 이해하실 필요가 있어요."

"부모님께서는 우리가 나이보다 성숙하고 현명할지라도, 우리에게 나이에 맞는 행동을 기대해야 한다는 것을 아셔야해요. 우리는 사실상 아이이고, 가끔은 아이처럼 굴 거예요."

"부모님께서는 우리에게도 문제가 있다는 것을 아실 필요가 있어요. 비록 그게 우리의 형제자매만큼 두드러지지는 않지만 무시되거나 간과되어서는 안 돼요. 저와 제가 개인적으로 알고 있는 다른 형제자매는 부정적인 감정을 표현해선 안 된다는 약간의 강박관념을 계속 가져왔어요. 또한 부모님께서 감정을 분출하실 필요가 있을 때, 그들을 격려하거나 부모님의 '치료사'가 되는 것이 우리의 일이 되어서는 안 돼요."

"장애 형제자매가 있다는 이유만으로 우리가 휴식처가 되어서는 안 돼요. 우리가 친구들과 밖에서 놀도록 내버려 두세요!"

"우리는 우리 집에서 안전할 권리가 있어요. 장애 형제자매의 신체적, 언어적 학대는 결코 용납되어서는 안 돼요."

"사람들은 우리도 똑같은 사람이라는 것을 이해해야 해요. 우리도 다른 십대들처럼 형제자매에 대한 걱정 없이 친구들과 함께 놀러 나가고 싶어요. 또한 우리가 겪는 일을 이해할 수 있는 다른 형제자매와 관계를 맺는 것이 중요해요. 부모님들께서 우리를 위해서도 시간을 내려고 노력하실 필요가 있어요."

"사람들은 장애 형제자매가 있다는 것이 동반하는 어떤 억울함이 있다는 사실을 간과해서는 안 돼요. 우리는 빨리 어른이 되어야 하며, 세상을 다른 방식으로 보기 때문에 또래 아이들과 연결되기가 어려워요. 그래서 우리가 항상 괜찮은 것처럼 여기면 안 돼요. 우리가 괜찮지 않을 수도 있기 때문이에요. 우리를 십대의 몸을 지닌 어른이라고 여겨서는 안 돼요."

"부모님의 생각보다 우리가 더 많은 관심을 필요로 한다는 것을 부모님께서는 이해하실 필요가 있어요. 저는 불안장애가 있는데, 제가 4학년이 될 때까지 우리(가족)는 불안장애와 관련하여 공식적인 진단을 알아본 적이 없고, 저는 계속 일주일에 몇 번씩 학교에서 울고 있었어요. 부모님께서 알아채시지 못했다고 말하는 건 아니지만, 언제나 부모님께서 나보다 장애 형제에게 더 많은 관심을 주신다고 느꼈어요. 또한 저는 제가 눈에 띌만한 뭔가 특별한 것을 해야 할 필요성을 더 많이 느꼈다고 생각해요. 제 형제가 숙제에서 좋은 점수를 받는다면, 부모님께서 매우 행복해 하실 거예요. 하지만 제가 숙제에서 좋은 점수를 받는 일은 그렇게 크게 좋아할 일이 아니었죠. 그래서 저는 완벽해지기 위해, 주목받기 위해, 나 자신을 밀어붙였다고 생각해요. 물론 이건 제 불안에는 전혀 도움이 되지 않았죠. 지금도, 제가 나쁜 성적을 받는다면 부모님께 너무 많은 스트레스를 줄까 걱정되지만, 마음속 깊은 곳에서는 나쁜 성적을 받는 것이 부모님의 관심을 끌 수 있을 거라는 생각을 해요. 마지막으로, 비록 우리가 매우 빨리 스스로 알아서 잘하는 사람이 되더라도 그것은 우리가 부모님의 도움이 필요 없거나 원하지 않는 것이 아니라는 점을 부모님께서 아셨으면 해요. 우리가 알아서 하는 것은 우리가(적어도 저는) 도움을 요구하는 것이 부모님께 부담이 된다고 생각하기 때문이에요. 미안해요, 너무 길게 말했죠. 전 누구에게도 이런 말을 할 만큼 편안함을 느껴본 적이 없어요. 다른 형제자매들도 똑같이 느낄 거예요. 제가 그들을 위해 목소리를 내야만 한다고 확신해요."

"제 생각에 부모님께서 아셔야 할 또 다른 것은, 가끔은 장애 형제자매에게서 벗어난 휴식 시간이 우리에게 매우 도움이 될 수 있다는 거예요."

"부모님께서는 잠들기 몇 분 전에 가끔 대화를 나누는 것 외에 보통 저와 일대일로 시간을 보내지 않으세요. 저의 자매와 그녀의 장애, 또 다른 자매(이 애는 축구를 하는데, 기본적으로 집에서 하는 얘기는 보통 그 얘기가 전부예요.)가 엄마의 시간을 많이 차지하고, 아빠는 여행을 많이 하세요. 그래서 이렇게 말하는 것이 다소 이기적일지 모르지만, 저의 문제는 가끔 간과되는 것 같아요."

"제가 엄마, 아빠와 시간을 보낼 수 있는 유일한 시간은 장애 형제가 10시나 11시쯤에 잠자리에 든 후이기 때문에 저는 거의 잠을 못자요. 저는 부모님과 시간을 보내기 위해 새벽 1시까지 잠을 자지 않아요. 저는 장애 형제가 대부분의 관심을 필요로 한다는 것을 이해해요. 그 상황에 대해 화가 나지는 않아요. 그저 부모님과 일대일 대화를 나누는 것이 정말 좋아요. 저는 아주 빨리 성장한 뒤 많은 일을 떠맡도록 훈계를 받고, 장애 형제자매를 위한 부모 같은 존재가 되도록 요구받아온 사람들 모두에게 공감할 수 있어요. 제가 동일한 상황을 겪고 있고, 같은 감정을 느끼기 때문에, 저는 그걸 잘 이해하거든요."

3. 미래에 대한 걱정

'지금'과 같은 시간은 없다. 동의하는가? 그러나 사춘기는 본질적으로 우리가 성장하고 더욱더 독립적이 되는 미래를 생각하는 시간이다. 우리는 첫 직장, 첫 데이트, 격렬한 스포츠, 늦은 귀가, 운전면허증, 프롬(축제), 고등학교 졸업, 대학 진학 혹은 진로에 대해 기대한다. 그러나 대부분의 청소년들과는 달리, 많은 십 대 형제자매는 그들이 자신의 가정을 꾸리는 것뿐만 아니라 그들의 장애 형제자매를 돌보는 역할을 맡아야 하는 미래까지 훨씬 더 앞서 생각하고 있다.

미래에 대한 걱정은 청소년기에 시작되어 성인기로 이어지는 경우가 많다. 이것이 모든 연령대의 부모와 형제자매가 그런 걱정들에 대해 대화를 시작하는 것이 정말 중요하다고 생각하는 이유이다. 왜냐하면 우리와 우리가 아는 많은 형제자매의 경험으로 볼 때, 미래에 대한 논의는 어느 멋진 가족회의가 끝난 후 구체적인 해결책이 도출되는 한방의 협상이 아니기 때문이다. 10장에서 보듯 미래를 위한 계획은 여러 단계를 수반하며, 시간이 지나면서 가족의 필요에 따라 발전하는 길고 지속적인 과정이다. 하지만 대화를 시작하는 것이 첫걸음이며, 우리는 그 첫걸음이 얼마나 어려운지 알고 있다. 우리는 이 책을 읽고 있는 형제자매와 부모들, 장애인의 가족과 함께 일하는 전문가들 모두가 아래의 십 대들이 하는 말을 마음에 새겨듣기를 바라며, 이것이 대화를 하는 데 도움이 되기를 바란다.

"많은 형제자매는 자신이 '어른'이 아니기 때문에 부모님께서 미래계획을 자신과 의논하지 않으신다고 말해요. 부모님께서 여러분을 제2 혹은 제3의 부모로 여기든 아니든 간에, 그분들은 장애 형제자매가 여러분을 철들도록 한다는 것을 알아차리지 못하시는 것 같아요. 부모님께서 미래에 대한 계획을 세우지 않으시는 것은 우리의 스트레스만 가중시키고 있어요. 우리에게 미래에 대해, 장애 형제자매의 삶에서 우리가 맡게 될 역할에 대해 말해주는 것은 장애 형제자매가 가정/거주시설에서 생을 마감할지, 형제자매와 함께 지내게 될지를 결정하도록 도와주겠지요."

"우리도 부모님처럼 장애 형제자매의 미래에 대해 걱정해요. 또한 우리는 우리의 역할이 무엇이 될지 걱정하죠. 비록 그것을 대화 주제로 꺼내는 것이 불편하긴 하지만요. 마치 부모님의 걱정을 이해하지 못한다는 듯이 우리를 대하면서 배제한다면, 그것은 아무에게도 도움이 되지 않아요."

"부모님께서는 우리가 장애 형제자매의 미래에 무슨 일이 일어날지 알고 싶어 한다는 것을 아셔야 해요. 이야기하기가 쉽지 않을지 모르지만, 영원히 피할 수는 없잖아요."

4. 교류의 필요성

비슷한 일을 겪었기 때문에 여러분이 말하는 것을 완전히 공감할 수 있는 사람과 대화를 나눈 적이 있는가? 모두 다른 상황에 처해 있지만, 장애 형제자매를 둔 이들이 공유하는 공통의 주제와 경험이 있다. 우리가 상담한 몇몇 십 대들이 설명한 것처럼, 이러한 공통점을 인식하고 서로를 지원할 수 있다는 사실은 종종 형제자매에게 큰 도움이 된다.

"우리는 다른 형제자매와 교류할 필요가 있어요. 그것은 매우 중요한 생명줄이에요. 초등학생 시절, 부모님께서 우리가 장애 형제자매의 특수학급에 있는 다른 장애 학생의 형제자매와 어울릴 수 있도록 해주셨으면 좋았을 것 같아요."

"부모님들과 서비스 제공자들은 우리와 다른 방식으로 경험하기 때문에 (본인들이 장애인의 형제자매인 경우가 아니라고 한다면) 장애 형제자매에 대해 우리가 느끼는 모든 것을 이해할 수 없다는 것을 알아야 해요. 그들은 우리를 도울 수 없을지도 모른다는 것을, 그래도 괜찮다는 것을 알아야 해요. 우리는 늘 무엇을 극복하도록 도와줄 어른이 필요하지는 않아요. 가끔 우린 그저 우리 서로가 필요할 뿐이죠. 종종 장애가 없는 자녀가 분노하거나 혼란스러워하거나 좌절감을 느끼는 경우에 부모님께서는 자신들이 뭔가 잘못하고 있다고 느끼시지만, 실제로 부모님께서 하실 수 있는 일은 아무것도 없다고 생각해요."

"우리 엄마는 열심히 노력하시지만, 제가 겪고 있는 일을 결코 완전히 이해하실 수 없을 거예요. 부모님과 제가 똑같은 일을 경험하지는 않으니까요. 부모님께서 똑같은 일을 겪지 않으시는 한, 그걸 설명하기란 불가능에 가까워요."

청소년기는 누구에게나 힘든 시기라고 한다. 십 대 형제자매들이 나눈 좋은 점, 나쁜점, 그 사이에 어느 지점에서 볼 수 있듯이, 장애를 가진 형제나 자매가 있다는 것은 그들에게 또 다른 복잡함을 더해준다.

이 책은 형제자매를 위한 안내서이다. 우리는 사춘기의 성난 파도 시기에서 살아남았을 뿐만 아니라, 인내, 예의, 친절, 자기 인식, 진실성, 훌륭한 유머를 가지고 그 파도를 타고 있는 모든 이들이 슈퍼히어로라고 생각한다. 진심으로 말이다.

청소년기 형제자매를 위한 자원들

만약 여러분이 '십 대 형제자매를 이해해 줄'사람들과 어울림으로써 좋은 영향을 받을 형제자매를 알고 있다면, 그들에게 SibTeen 페이스북에 가입할 것을 권유해보라. SibTeen 페이스북은 어떤 의미로는 폐쇄적인 모임인데, 그들이 SibTeen에 올린 글을 친구들과 가족들이 볼 수 없기 때문이다. SibTeen은 안전을 보장하기 위해 이 책의 편집자를 포함한 전문가들에 의해 관리된다. 십 대들이 그들의 또래와 연결되는 또 다른 방법에는 Sibshops가 있다. 대부분의 Sibshops는 어린 형제자매를 위한 것이지만, 십 대 Sibshops의 수는 증가하고 있다. 종종 십 대 형제자매는 어린 아이들을 위한 Sibshops에서 '꼬마 조력자'가 되는데, 그들은 그 경험에서 많은 것을 얻는다고 말한다. 마지막으로, 십 대 형제자매는 책을 통해 그들의 동료를 만날 수 있다. 그러한 책 중 하나는 4개국 80명의 십 대 형제자매들의 도움으로 쓰인 Sibling Slam Book이다. SibTeen, Sibshops, 십 대 형제들을 위한 책들에 대한 정보는 형제자매 지원 프로젝트(Sibling Support Project) 웹사이트 http://www.siblingsupport.org에서 볼 수 있다.

Chapter 3

사랑 공식 / 연인 선택 기준 / 연인의 태도 / 거절의 두려움 / 연인 선택의 어리석은 기준 / 불균형한 연인관계 / 사랑 포기 / 출산 / 유전자 상담 / 유전자 상담가 / 장애 형제자매 유전자 검사 / 형제자매 유전자 검사 / 자폐성장애 유전자 검사 / 태아 유전자 검사 / 유전자 검사 비용 / 연애, 결혼, 출산: 연구결과

Emily Holl

연애, 결혼, 출산

Emily Holl

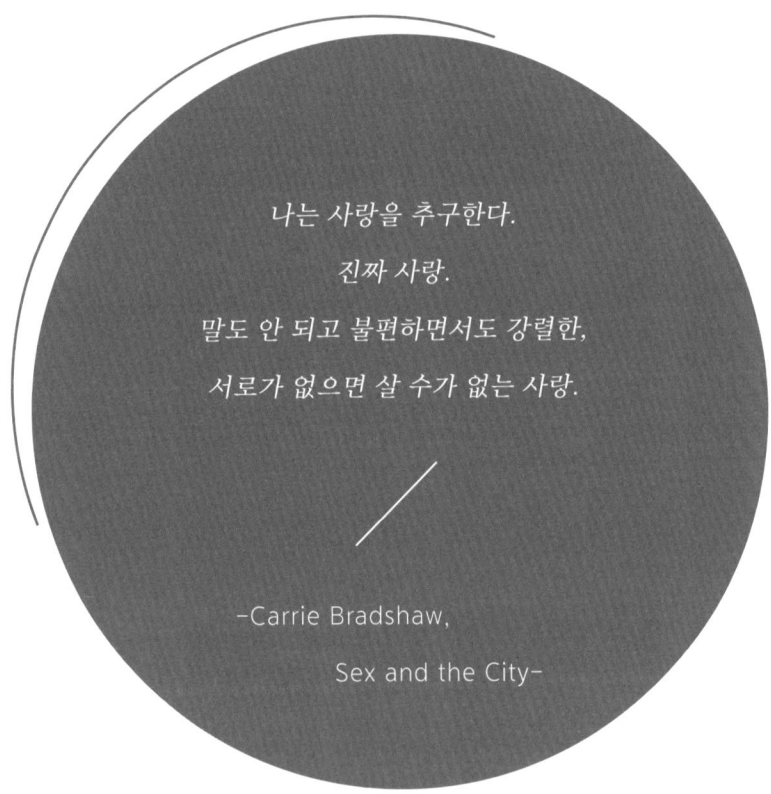

나는 사랑을 추구한다.
진짜 사랑.
말도 안 되고 불편하면서도 강렬한,
서로가 없으면 살 수가 없는 사랑.

-Carrie Bradshaw,
Sex and the City-

우리는 영화, TV, 잡지, 책에서 이러한 것들을 본다. 영혼의 동반자를 만나고, 사랑에 빠지고, 변덕스러운 오해의 롤러코스터에서 살아남고, 선의의 반쪽 믿음인, 혹은 별들의 일시적인 어긋남으로 그려지지만 오직 행복한 결말로 마무리 지어지는 그런 사랑.

이런 일들이 현실에서 일어난다고 믿든 말든, 많은 사람이-형제자매를 포함하여-사랑을 추구한다. 또한 요즘은 많은 사람이 온라인으로도 만난다. 2012년 6월 Reuters, Herald News, PC World, Washington Post를 통해 statistic-brain.com이 수집한 데이터에 따르면 미국엔 54만 명의 독신이 있고, 그 중 40만 명이 온라인 만남을 시도한다. 온라인 데이트 산업은 연 평균 십억 사천구백만 달러씩 수익이 증가하고 있다(statisticbrain.com, 2013).

거기에 구시대적 방법-친구, 사교클럽, 종교단체, 술집, 식료품점 계산대, 빨래방 또는 어디든 독신들이 숨어있는 곳-을 통해 영혼의 동반자를 만나는 독신 남녀의 숫자를 더하면 많은 독신에게, 의미 있는 상대방을 찾는 것이 중요한 목표임이 매우 명백하게 보일 것이다.

1. 사랑 공식

Sex and the City의 여주인공 Carrie Bradshaw처럼 우리들 대부분도 (사랑에) 푹 빠져들 수 있음은 인정하지만, 장애 형제자매를 둔 대부분에게는 사랑의 추구가 조금 더 현실적이어야 한다. 장애인의 형제자매에게 사랑 방정식은 조금-그래, 많이-복잡할 수 있다. 우선, 그것은 종종 두 명 대신 세 명이라는 숫자로 시작한다. 많은 형제자매는 장애 형제자매와의 관계가 데이트 및 동반자와의 관계에 관한 그들의 선택과 결과에 좋든 나쁘든 다양한 방법으로 영향을 미친다고 말한다.

2. 연인 선택 기준

우리는 자신의 연인을 평가하는 데에 장애 형제자매가 어떻게 영향을 미치는지를 설명할 때 형제자매들이 몇 번씩이나 똑같은 단어를 사용하는 것을 들을 수 있었다 : 리트머스 검증

리트머스 종이는 그것이 닿는 물질의 산성도에 따라 파란색이나 분홍색으로 변한다. 많은 형제자매는 자신에게 중요한 사람이 자신의 형제나 자매를 만났을 때 어떻게 반응하는지를 통해 그들의 다양한 성격이 드러난다고 말한다. 형제자매는 그들이 장애 형제자매를 대하는 방식을 관찰함으로써 애인에 대해 많은 것을 알 수 있다고 말하는데, 그것은 그들이 오랜 기간 동안

함께 하지 않을 사람 혹은 서로가 없이는 살 수 없는 사람을 쉽게 구분할 수 있게 한다. 그들은 "만약 어떤 사람이 내 장애 형제자매가 괜찮다고 하지 않는다면, 그 사람은 내게도 괜찮지 않다."고 말한다.

종종 반대 경우도 그렇듯이, 형제자매는 애인에 대한 장애 형제자매의 반응이 애인이 짝으로서 적합한지에 대한 귀중한 단서를 제공할 수 있다는 것을 알아낸다. 한 자매가 그녀의 연애 초년을 회상한 것처럼:

"저는 집에 남자친구를 데려와서 만약 제 남동생이
그를 좋아하지 않는다면, 그가 어찌 되든 말든 상관 안해요.
제 남동생을 싫어하고 받아들일 수 없는 사람이라면
절대 사귀지 않을거에요."

우리는 아주 성공적으로 리트머스 검증을 통과한 훌륭한 남편, 아내, 동반자들을 만난 많은 형제자매를 알고 있다. 우리는 결혼했건 아니건 간에 이러한 엄청 중요한 사람을 위한 이름을 들어본 적이 있다: 법적 가족관계(올케, 형부 등). 이런 멋진 관계로 종지부를 찍게 된 행운의 형제자매는 종종 그들이 바로 '그 사람'을 찾았다고 말한다. 왜냐하면 그 사람은 다른 사람을 대할 때 기대되는 방식 그대로 장애 형제자매를 대했기 때문이다. 친절, 존중, 있는 그대로의 모습과 차이점을 인정하고 받아들이는 것 말이다.

그러나 우리는 또한 다양한 방식으로 관계의 어려움을 느끼는 형제자매들을 안다. -그리고 동정한다. - 형제자매들이 원만하지 않은 관계에 처하는 모든 원인을 파악하고 분류하는 것은 불가능하다. 확실히 각 개인의 경험은 다르다. 하지만 우리는 몇 가지 경향을 판별할 만큼 충분히 많은 형제자매들로부터 공통의 시나리오를 들어왔다.

3. 연인의 태도

많은 형제자매는 장애를 가진 형제나 자매를 그들의 삶이나 가족으로 받아 들일 애인을 결코 찾지 못할 것이라고 걱정한다. 앞으로 장애 형제자매를 어느 정도 지원해야 하는지에 대해 엇갈리는 감정을 지니고 있거나 확실히 모르고 있는 형제자매는 언젠가 돌봄의 책임도 갖게 될 인생을 공유할 누군가를 찾기가 특히 어려울 수 있다. "누가 그 묶음 거래에 기꺼이 서명하겠는가?"라고 그들은 생각한다.

우리는 형제자매가 장애를 가진 형제나 자매에 대해 이야기하는 것이 그들의 애인, 특히 그들이 정말 좋아하고 곁에 있고 싶어 하는 사람들에게 본의 아니게 겁을 주게 될까봐 두렵다는 이야기를 많이 들었다. 우리는 몇 달을 사귄 여자 친구에게 장애가 있는 자신의 두 형제에 대해 말한 한 남자를 알고 있다. 그는 이 여자와 함께 진정한 미래를 보기 시작했고, 그녀에게 수반될 미래를 알릴 때라고 느꼈다. 그러나 그는 일단 그의 형제들을 언급하는 순간 그녀가 저멀리로 도망칠 것을 두려워했다. 그의 해결책은 가능한 가장 빠른 방법으로 그녀에게 말한 다음 긍정적인 대답을 바라는 것뿐이었다. 그래서 어느 날 밤 멋진 데이트를 마치고 택시가 여자 친구의 아파트에 섰을 때, 그는 자신의 형제들에 대해 말할 것을 결심했다. "그런데," 그는 지금이 진지한 대화를 시작하기 위한 최적의 시간과 장소가 아닐 수도 있다고 생각하며 말을 시작했다. 그는 한 명이 아니라 그의 형제 둘 다 장애를 가지고 있다고 말했다.

다행히도 그의 여자 친구는 도망치지 않았고, 후에 그들은 약혼했다. 그러나 몇 달 후, 그들이 자녀를 갖는 것과 장애 형제들을 돌보는 것에 대해 진지하게 얘기하기 시작했을 때, 사랑이 그 관계를 지속시키기에 충분하지 않다는 것이 명백해졌다. 그 형제의 약혼자는 택시에서 대화를 나누던 날 밤, 본인이 무엇을 감당해야 하는지 더 알기 위해 자폐성장애와 지적장애에 대한 정보를 인터넷에서 뒤졌다는 것을 시인했다. 결국, 그 약혼은 깨졌고 그 관계는 끝이 났다. 그 약혼자는 장애 형제들의 가족이 되는 삶은 그녀를 위한 것이 아니라고 결정했기 때문이다.

4. 거절의 두려움

몇몇 이들은 택시 고해성사 친구가 경험한 일종의 거절에 대한 두려움이 너무 커서 처음부터 진지한 관계를 맺는 것을 피한다. 진지한 관계가 아닌 이상 그들의 장애 형제자매에 대해 전혀 말을 꺼낼 필요가 없다. 우리는 선택을 했든 아니든지 간에 (장애) 형제자매와 밀접하게 연관되어 있지 않은 형제자매나 그 상황을 알고 존중하는 애인에 대해 말하는 것이 아니다. 우리는 사랑에 빠졌다가 장애 형제자매 때문에 거절당하는 것에 대해 너무 불안하여 애당초 진정으로 친밀하고 사랑하는 관계를 맺는 것을 피하는 형제자매들에 대해 말하고 있다.

깊은 관계를 피하는 방법 중 하나는 단지 별 생각없이 데이트를 하고 몇 주 또는 몇 달 후에 너무 진지해지고/감정적이고/많은 시간을 투자하게 되면 관계를 끝내는 것이다. 이것이 20대 남자들 사이의 전형적인 데이트 패턴처럼 들릴지 모르지만, 만약 여러분이 장기적이고 안정적인 관계를 원하지만, 너무 두려워서 이 단계에만 머물러 있다면 문제가 될 수 있다.

이들이 친밀한 관계를 피하기 위해 사용하는 또 다른 일반적인 전략은 우선 영혼의 동반자가 아닌 사람들을 선택하는 것이다. 때때로 어떤 형제자매는 깊은 관계를 피하기 위해 정서적 교류가 어려운 파트너를 무의식적으로 선택하는 반면, 어떤 형제자매는 자신, 가족 또는 친구들과 함께해야 한다고 믿는 전통적인 생각을 거부하는 사람들(나쁜 남자/나쁜 여자라고 알려진)과 일부러 데이트하기로 한다. 두 상황 모두 형제자매의 연약한 자아와 마음을 보호할 수 있는데, 왜냐하면 정서적으로 단절된 파트너나 잘 맞지 않는 파트너는 처음부터 무조건적인 수용과 사랑에 대한 희망을 불러일으키지도 않고, 이런 것들을 빼앗아 실망시키지도 않기 때문이다. 우리는 근본적으로 잘 맞지 않고 진정한 유대가 부족했던 사람과 데이트 혹은 결혼까지 한 형제자매(마음속으로는 알고 있었다고 나중에는 말한)를 알고 있다. 그 결합이 실패한 후, 그들은 장애가 있는 형제자매와 가족 및 미래를 받아들이지 못하는, 진정으로 사랑했던 사람에게 거부당하고 상처받는 위험을 무릅쓰는 것보다 친밀한 관계를 맺지 않고 사는 것이 더 안전함을 깨달았다.

5. 연인 선택의 어리석은 기준

자신에게서 또는 타인에게서 완벽을 추구하는 것은 연인과 진정으로 관계를 맺는 기회를 날릴 수 있다.

이 책의 앞 장에 있는 몇몇 어린 형제자매와 십 대 형제자매의 목소리처럼, 형제자매는 가장 높은 점수를 받고, 가장 많은 활동을 하고, 집에서 가능한 한 도움이 되고, 불평하거나 관심과 지지가 필요하다고 표현하는 것을 피하면서, 완벽해지도록 스스로에게 많은 압박을 가하는 경향이 있다. 이 어린 형제자매들은 종종 자립과 성취에 관해 여전히 스스로에게 매우 높은-그리고 때로는 비현실적인-기준을 고수하며 양심적이고, 독립적이며, 성공한 어른이 되기 위해 애쓴다.

연인관계를 추구할 때, 완벽함은 이러한 마음씨 좋은 선의의 형제자매들에게 다양한 방식으로 불리하게 작용할 수 있다. 어떤 이들은 사랑을 받기 위해서는 완벽해야 한다고 느낀다. 만약 완벽한 옷/머리/몸/직장/집/자동차/친구/어휘/농담/이야기/휴가/주말 계획/기타 등등을 가지고 있지 않다면, 그들은 진정으로 데이트할 자격이 없고, 사랑할 자격은 더욱 없다고 생각한다. 그러나 완벽함을 달성하는 것은 비현실적인 목표이며 끊임없이 바뀌는 기준이다. 이는 성취하기 불가능한 것이기 때문에 사랑을 받으려면 완벽해야 한다고 느끼는 대부분의 형제자매는 피할 수 없는 실패를 자초하고 있다.

반대로, 어떤 형제자매는-완벽한 옷/머리/얼굴/몸/직장/집/친구/자동차/

어휘/농담/이야기/휴가/주말 계획/기타 등등을 가진, 마침내 그들의 완벽한 삶에 대한 비전을 완성할 특별한 누군가를 찾고 있다. 다시 한번, 이 형제자매는 외로움과 실망을 느낀다. 왜냐하면 아무도, 심지어 그들이 좋아하는 연예인들도 이 이상에 부응할 수 없기 때문이다.

우리가 알고 있는 오래 지속되는 진정한 사랑을 찾는 데 성공한 행운의 형제자매들은 완벽함을 성취하거나 심지어 완벽함을 성취하기 원한다는 생각을 버린 사람들이다. 그들은 어떤 일에는 능하고 어떤 일에는 그리 능하지 않다는 것을 이해하고 받아들이는 현명한 남녀들이다. 그들은 자신과 타인에 대한 친절을 실천하고, 자신과 주변 사람들이 저지르는 피할 수 없는 실수를 용서하고 있다. 그들은 최선을 다한 것에 대해 자부심을 갖고, 그 결과가 이상적이지 않을 때 스스로를 궁지에서 벗어나게 한다. 그들은 자신도, 자신의 파트너도 완벽하지 않지만, 서로에게 완벽하다는 것을 안다. 그들은 그들의 특이한 점, 결함, 복잡한 가족 역동성에도 불구하고 서로를 받아들이고 사랑한다.

6. 불균형한 연인관계

독립은 미국의 기본적인 가치다. 그것은 또한 많은 형제자매가 연인관계에 대해서 고군분투하는 이유다. 많은 형제자매는 부모의 지원이 필요하다는 것에 대해 갈등을 느끼고, 한편으로는 장애를 가진 형제자매가 부모의 시간과 관심을 대부분 받는 것에 분노하며, 다른 한편으로는 장애 형제자매의 요구보다 그들의 요구가 덜 중요한 것처럼 보이는 때에도 시간과 관심을 너무 많이 원한다는 것에 대해 죄책감을 느끼며 성장한다. 성인기 형제자매에게 있어 다른 사람들의 관심과 사랑, 지원이 필요하다는 이러한 상충되는 감정은 연인 관계에서 복잡한 역학관계를 만들어 낼 수있다.

우리는 연인 관계에서 돌봄 역할을 하는 경향이 있다고 말하는 많은 형제자매를 알고 있다. 그들은 파트너가 감기에 걸렸을 때 그를 위해 치킨 수프를 만들고, 연인의 친척을 위한 생일 선물을 고르고, 저녁 식사를 예약하고, 세탁소로 달려가고, 휴가를 계획하고, 그들에게 중요한 상대방의 편안함, 건강, 행복을 지원하기 위한 이유라면 무엇이든 할 사람들이다.

맞다, 이 형제자매는 훌륭한 파트너다. 문제는 이러한 슈퍼 형제자매는 자신에게 다른 사람이 필요하다는 것을 스스로 인정하기가 어렵기 때문에 그들의 파트너가 보답하도록 허락하기가 어렵다. 부모에게 관심과 지원을 요청하는 것이 어려울 수 있듯이, 연인 관계에서 이들은 신뢰할 수 있는 돌봄인이라는 편안한 지대를 벗어나 누군가가 자신을 돌봐야 할 만큼 연약한 상태가

되는 것이 불편할 수 있다. 이것은 한 사람이 다른 사람보다 더 많은 것을 주는-더 많은 것을 하고 제어하는 것처럼 보이는- 불균형적인 역동성을 만들어 낼 수 있어서, 두 사람 모두에게 좌절감을 줄 수 있다.

건강하고 행복한 관계를 즐기는 이들은 상호의존의 핵심적 역할을 인식한다. 그들은 연인의 사랑과 지지가 필요한 것은 약점을 나타내는 것이 아니라 성공적이고 상호의존적인 관계에서 근본적인 한 부분이라는 것을 이해한다.

7. 사랑 포기

불행하게도, 지금이나 미래에 장애 형제자매를 돌봐야 할 의무 때문에 연인관계는 그들에게 전혀 맞지 않는다고 생각하는 형제자매가 있다. 그들은 그들의 삶에 다른 사람을 위한 충분한 공간이 없다고 결정하고, 영원히 혼자 살겠다고 맹세한다. 싱글라이프는 많은 사람에게 훌륭한 선택이지만, 이 결정을 내리는 형제자매 중 너무 많은 이들이 선택의 여지가 별로 없기 때문이라는 것은 문제다.

장애를 가진 형제나 자매가 있다는 것이 우리가 관계를 맺는 방법, 이유, 누구와 관계하는지에 영향을 미치는 유일한 요소는 아니다. 누군가에게는 그것이 전혀 큰 영향을 미치지 않을 수도 있다. 모든 형제자매와 연인과의 관계는 복잡하고 독특하다. 우리는 모든 형제자매가 유대관계와 사랑에 대한 그들의 필요를 이해하고 받아들일 수 있어야 하며, 장애 형제자매의 필요를 균형 있게 조절하면서 자신을 돌볼 수 있는 자신감과 기술을 길러야 한다고 믿는다. 여러분에게 의미 있는 조합이 무엇이든지 간에 친구나 연인을 포함하여 여러분만의 사랑과 지원 네트워크를 구축하는 것은 생존 퍼즐의 중요한 조각이다.

8. 출산

선택에 대해 말하자면, 힘든 문제는 낭만적인 관계를 맺으면서 끝나지 않는다. 많은 형제자매는 그들이 부모가 되는 것 혹은 부모가 되지 않겠다는 커다란 결정과 씨름하고 있다고 말한다. 많은 형제자매에게 큰 걱정은 장애 혹은 심지어 자녀가 그들의 형제자매처럼 장애를 가질 가능성이다. 누군가는 형제자매와의 경험이 더 많은 지원을 필요로 하는 자녀를 돌보도록 그들을 특별히 잘 준비시켰다고 믿는 반면, 다른 이들은 실컷 장애를 다뤄왔다고 느끼며 감사해하면서도, 다시 그것을 반복하길 원하지 않는다.

입양은 일부 형제자매가 고려하는 또 다른 선택이다. 우리는 자녀를 낳기 보다는 아이를 입양하기로 선택한 형제자매들에 대해 알고 있다. 반대로, 우리는 특별한 필요를 가진 아이를 양육하기 위해 특별한 준비가 되어 있다고 생각해, 장애를 가지고 있는 아이를 입양하기로 선택한 사람들도 알고 있다.

반면 여전히 많은 이들은 장애 형제자매를 위한 과거, 현재 또는 미래의 돌봄 책임 때문에 양육, 장애 또는 미지의 추가적인 책임을 맡는 데 관심이 없다고 말한다.

이것은 한 자매의 고군분투를 요약한 것이다:

"우리가 데이트를 시작한 직후 그는 제 동생을 만났어요. 저는 더 나아가서 '저 장애는 우리 아이들 중 한 명이 가질 수 있고, 만약 그렇다면, 나는 아이를 갖지 않을 것이다.'라고 설명했지요. 제 남자친구와 저는 결혼에 관한 모든 것에 대해 말할 만큼 진지해졌고, 저는 유전자 검사를 받아야 해요. 제가 사랑하는 사람에게 돌아서서 '내가 아이를 낳을 수 없을지도 모른다'라고 말하는 것은 정말 큰일이에요. 그것은 매우 어려운 일이죠."

우리가 아는 한 형제는 이렇게 말했다.

"저는 지금 누군가를 사귀고 있어요. 저희는 결혼할지도 몰라요. 결혼을 하게 된다면 아기를 갖고 싶어요. 오랫동안 저는 결코 아이를 갖지 못하리라 생각 했어요. 절대로, 절대로, 절대로, 제가 아이들과 함께 일한다고 해도, 저는 결코 아이를 갖지 않을 거라고 했죠. 확실히 제 자신의 생각만은 아니에요-만약 제가 아이를 갖는다면 입양을 통해서 일 거예요. 저와 함께 있는 사람은 자신의 아이를 원하고 있죠. 그녀가 항상 이런 다른 마음을 가지고 있었기 때문에, 그것은 쟁점이 돼요. 저희는 얘기하면서 (서로) 이해하려고 하지만... 복잡해요."

일부 형제자매는 장애가 있는 자녀를 갖는 것이 그들 부모의 결혼과 관계에 어떻게 영향을 미치는지 보면 자녀를 갖는 것에 대해 다시 생각하게 된다고 말한다.

"저는 부모님께서 겪으신 일을 보았어요. 이기적인 것인지 두려운 것인지 어떤 것인지는 모르겠어요. 제가 특별한 필요를 가진 아이를 가질 수 있다는 사실은 좀 버거워요. 부모님께서는 동생에게 인생을 바치셨거든요."

9. 유전자 상담

자녀를 가지는 것에 대한 결정은 매우 개인적이며, 누군가에게는 당연한 것이지만 어떤 이들에게는 당연하지 않을 수도 있다. 오늘날 분명한 것은 의학, 과학, 공학의 발전으로 부모가 되는 것을 고려하고 있는 사람은 이전보다 더 많은 정보에 접근한다는 것이다.

"우리는 지금 발달장애의 다양한 측면들에 대해 알고 있다"라고 영국 LGC[1], Geisinger Health System(www.geisingeradmi.org)에 소속된 자폐성 장애 및 발달 의료기관 부책임자인 Brenda Finucane가 말했다. 유전자 상담가이면서 의사이고, 지난 30여 년 동안 지적장애인 및 발달장애인, 그 형제자매와 가족에 대해 광범위하게 연구한 연구자인 Brenda는 형제자매가 유전자 상담가의 도움을 원할 수 있다고 제안한다. 이는 형제자매가 자녀를 가질지에 대한 의사결정에 영향을 미치는 정보를 얻도록 도와줄 수 있다-또한 많은

---

1. **역자주:** 영국의 화학 및 생명과학 분야 관련 국립연구소, https://www.lgcgroup.com

경우 그들의 걱정을 누그러뜨릴 수 있다.

"많은 형제자매는 지적장애 및 발달장애에 대한 오해를 가지고 있다." 고 Brenda는 보고했다. "장애는 근본적으로 유전될 수 있지만, 반드시 집안 내력이 된다는 것을 의미하는 것은 아니다. 다른 가족력 없이 한 명에게 한 번만 일어날 수도 있다. 예를 들어, 다운증후군은 유전 장애이지만 집안 내력으로 거듭되지 않고, 형제자매나 그들의 자녀에게 영향을 미치지 않는다. 한편, 약체X증후군은 유전 장애고 우리는 종종 가족 내에서 다른 보인자를 볼 수 있다. 따라서 장애 형제자매가 있다는 것이 반드시 당신이 장애가 있는 자녀를 가질 확률을 증가시키지는 않는다. 종종 사람들은 이러한 차이를 이해하지 못하기 때문에 위험을 과장되게 인식한다."

10. 유전자 상담가

Brenda는 자신의 유전상태에 대해 더 알고 싶어 하는 형제자매에게 다양한 장애의 유형에 대해 잘 알고 있는 유전자 상담가를 찾는 것이 첫 번째 단계라고 설명한다. 유전자 상담가는 다양한 전문지식을 지니고 있다. 예를 들어, 어떤 상담가는 암을 전공한 반면 어떤 상담가는 임신한 여성에 대해서만 연구하는 임산부 전문가이다. Brenda는 이 책에서 논의되고 있는 많은 장애 유형이 발달장애이기 때문에 장애의 원인을 파악하기 위해 소아과 유전자 상담가를 찾을 것을 제안한다. 이를 시작할 출발점은 국립 유전자상담가협회

(National Society of Genetic Counselors, http://www.nsgc.org)이다. 여기서 전공과 지역에 따라 유전자 상담가를 찾을 수 있다. "여러분의 주변에 소아과 유전자 상담가가 없을지라도 여러분의 지역에서 여러분을 올바른 곳으로 안내할 수 있는 유전자 상담가와 연락할 수 있다."

11. 장애 형제자매 유전자 검사

일단 유전자 상담가를 찾고 나면 장애 자녀를 가질 위험성을 평가하는 첫 번째 단계는 여러분의 장애 형제자매가 유전자 검사를 받도록 하는 것이다. 여러분 형제자매 장애의 유전적 원인을 찾는 것은 그것이 가족 내력인지의 여부-여러분에 의해 전달될 수 있는지-와 여러분이 검사받을 때 얻고자 하는 것에 대한 중요한 정보를 제공할 수 있다.

Brenda에 따르면, 유전자 검사를 통해 현재 발달장애인 중 40% 정도는 원인을 찾아낼 수 있다. "이는 우리가 이야기할 내용과 형제자매를 검사할 때 자세히 검토해야 하는 것을 좁혀가도록 도와준다."고 그녀는 말했다. "비록 원인을 찾지 못하더라도 우리는 여전히 유력한 요인을 배제하고 장애 형제자매에게서 우리가 검사하고자 하는 것의 판단에 더 집중할 수 있다."

여러분의 배우자와 장애 형제자매와 함께 유전자 검사에 대해 대화를 시작하고, 여러분의 장애 형제자매에게 검사를 받도록 요청하는 것은 감정이 북받치는 경험일 수 있다. "장애 자녀를 갖는 것이 걱정되어 유전자 상담을 받고 싶어 하면서도, 이에 대해 부모님께서 무슨 생각을 하실지 생각하면 죄의식을 느끼게 된다는 많은 형제자매가 있다."고 Brenda는 말했다. "종종 가족 구성원들은 이러한 일들을 이야기하지 않는다."

여러분의 장애 형제자매에게 유전자 검사를 받도록 요청하는 것이 갖는 다른 어려움은 그 결과가 여러분 형제자매의 장애 원인을 설명한다는 이유로 오랫동안에 걸쳐 도전적일 수 있다는 것이다-아마도 더 안심시킬 수도 있다. 예를 들어 Branda는 "부모는 오래전에 의사로부터 출생 시 산소부족과 같은 정확하지 않은 설명을 들었을 수 있다. 유전자 검사에서 실제로 유전적 원인이 있다는 것이 드러나면 부모는 방어적이 되거나 그것에 의문을 품을 수 있다." 더욱이 형제자매처럼 많은 부모 또한 모든 유전 장애는 가족 내력을 가진다고 가정한다. Brenda에 따르면 "장애의 유전적 원인에 대한 생각에 그들은 '글쎄요, 가족 중에 아무도 장애가 없어요. 그러니 유전적일 수 없어요.'라고 말한다."고 한다.

이것은 모든 사람에게-여러분, 부모, 장애 형제자매 모두에게-매우 감정적인 주제라는 사실을 이해하는 것은 여러분이 세심함과 인내심을 가지고 대화(아마 몇 번의 대화들)에 접근하도록 도울 수 있다. 여러분의 목적은 여러분 자신을 위한 최선의 결정을 내리기 위해서 몸과 건강에 대해 가능한 많은 정보를 얻고자 하는 것이라고 부모님께 설명드리는 것이 도움이 될 수 있다.

12. 형제자매 유전자 검사

장애 형제자매의 유전자 검사 결과는 여러분이 해야 할 유전자 검사를 안내한다: 배제해야 할 것을 찾도록 도와주고, 더 위험한 유전 장애는 무엇인지 찾도록 도와줄 것이다. 이는 유전자 상담가가 여러분에게 무슨 검사를 해야 하는지 결정하게 한다.

여러분이 지금 혹은 미래에 가족을 이룰 것을 계획하고 있든 혹은 단순히 여러분의 유전적 구성에 대해 더 알고 싶든 간에 유전자 검사 실시 여부를 결정하고, 결과적으로 여러분이 알게 된 정보로 무엇을 해야 할지를 결정하는 것은 어려울 수 있다. 유전자 검사는 반드시 해야 하는 것도 아니고 여러분이 밀어붙이기로 선택하는 것이 아닐 수도 있다. 행복하고 건강한 자녀의 부모가 되기 전에 유전자 검사를 고려해본 적이 결코 없는 형제자매도 있다.

만약 장애 자녀를 가질 확률에 대한 질문에 유전자 상담가의 도움을 요청하고자 결정하였다면 오늘날의 공학이 많은 답을 줄 수 있다는 것은 희소식이다. Brenda에 따르면 "현재 더 많은 검사가 유용하며 전보다 더 효과적이다." Brenda가 지적한 것처럼 장애 자녀를 가질 확률에 대한 정보는 마음을 안심시켜준다. "장애 자녀를 가지는 것에 대해 걱정하였지만 다른 사람보다 더 높은 위험을 갖지 않는 것으로 드러난 많은 형제자매와 일해 왔다." 많은 형제자매에게 이러한 정보는 인생을 바꾼다.

13. 자폐성장애 유전자 검사

자폐 범주성 장애 자녀를 가지게 될 확률에 대해 더 많이 알고 싶어 하는 자폐인의 형제자매에게 Brenda는 지적장애 및 발달장애처럼 유전자 상담 과정을 따르라고 강조한다. 이 과정은 자폐성장애 원인을 더 잘 파악하기 위하여 여러분의 장애 형제자매가 유전자 검사를 받는 것으로 시작한다.

"자폐성장애는 일련의 증상과 행동을 묘사하는 진단이다. 그것은 하나로만 구성된 것은 아니다."고 Brenda는 말한다. 자폐 범주성 장애의 진단은 그 원인이나 혹은 어디서부터 기인하였는지를 설명하지 않는다. 그녀가 설명한 것처럼 우리는 "사람들이 자폐성장애를 가지는 수천 가지의 다양한 이유가 있고, 그 이유의 대부분은 유전"임을 안다. 우리는 백신에 의해 야기되지 않는 과학적 증거를 가지고 있다. 첫 번째 단계는 공학과 함께 유전적 원인을 밝힐 수 있는지를 알아보고, 형제자매가 그 유전자를 전달하게 될 가능성을 알아내는 것이다.

14. 태아 유전자 검사

오늘날 모든 임산부를 위한 표준 태아기 검사는 이전보다 더 포괄적이며, 다운증후군과 같은 상태를 선별하는 것을 당연히 포함한다. 선별검사는 특정 조건들을 전달할 더 높은 위험을 가졌기 때문에 부가적인 검사를 받아야 할 여성을 판별한다. 그러나 Brenda에 따르면, "이러한 여성들의 대다수는 일단 검사를 받고 나면 그러한 이슈를 가지지 않는다."

비침습적 산전 진단 방법(Noninvasive Prenatal Diagnosis Testing)으로 알려진 비침습적 산전 검사(Noninvasive Prenatal Test, NIPT)는 크게 발전해 왔다. 이러한 혈액검사는 특정한 염색체 이상에 위험요인을 가진 여성을 선별할 수 있으며 때로는 다운증후군과 같은 상태도 진단할 수 있어 양수검사처럼 더 위험한 절차를 피할 수 있다.

여전히 NIPT의 발전이 이루어지고 있다. Brenda는 "향후 약 5년 안에 우리는 특정한 유전자 위험뿐 아니라 실제로 다양한 장애를 판정하고 진단하는 데 혈액검사를 이용할 수 있을 것이다"라고 말했다.

마지막으로 어떤 장애는 체외수정과 같은 생식 보조 의료에 의해 검사되며 피할 수 있다. 착상 전 유전진단(Preimplantation Genetic Diagnosis)이라는 과정을 통해서 배아의 특정 유전자 장애에 대해 선별될 수 있으며 장애가 없는 배아만이 어머니의 자궁에 착상될 수 있다.

출산에 대한 결정을 위해 얼마나 많은 정보를 찾고, 그 정보를 어떻게 활용할지는 개인의 선택이며, 개인의 선택은 가치관, 종교적 및 영적 신념, 문화적 배경, 삶의 경험, 개인적 상황에 의해 영향을 받는다. 또한 다양한 이유로 오늘날 더욱더 많은 사람이 고려하는 결정이다. 많은 유용한 정보를 주는 의료의 발전은 유전자 상담을 추구하는 여성과 커플을 증가시킨다. 또한 이들 중에는 유전 장애가 발견되어도 임신을 중단할 의도는 없지만, 부모로서 준비하고자 하는 많은 이들도 포함되어 있음을 Brenda는 지적한다.

15. 유전자 검사 비용

Brenda에 따르면 개인보험은 의료 유전자 정밀검사의 한 부분으로 유전자 검사비용을 종종 포함하며, 특히 가족 구성원 중에 자폐 범주성 장애나 지적/발달장애가 있다면 그러하다. 산부인과를 통해 유전자 상담가에게 의뢰한 여성들에게는 산전 건강관리의 일부로써 건강보험이 종종 이 비용을 충당한다. 인공수정과 같은 절차는 건강보험에서 충당할 수 있지만 그것에 수반된 유전자 분석(Brenda에 따르면 비용이 조금 덜 비싸다)은 그렇지 않을 수 있다.

장애를 가진 형제자매를 위한 유전자 검사는 개인보험에 의해 종종 충당되며, 때로는 장애 형제자매가 의료부조(Medicaid)를 받고 있다면 그것으로 충당된다. 만약 유전자 검사 청구가 의료부조로 충당되지 않는다면 여러분은 그것을 항소하고 장애 형제자매의 주치의로부터 의료서를 받아 제출할 수도 있다.

16. 연애, 결혼, 출산: 연구결과

사랑을 하고, 결혼을 하고, 출산을 할 때가 되면 형제자매는 독특한 쟁점에 직면한다. 많은 형제자매에게, Carrie Bradshaw가 관계 안에서 추구한 모든 좋은 것들 중에, 실제적-아울러 지속적인-사랑이 우선순위가 될 수 있는지를 우리는 의심한다. 그러나 우리는 여러 조사를 통해 많은 형제자매가 비록 인생 후반기일지라도 그것을 발견하고 있다는 것을 알 수 있었다.

2007년 밴더빌트 대학교(Vanderbilt University) 연구진은 1,160명의 형제자매를 대상으로 전국 온라인 조사를 실시했다(이 연구와 형제자매에 관한 다른 연구에 대한 자세한 내용은 6장 참조). 미국 인구조사 자료와 비교해서 그 자료는 장애인의 여자형제(남자형제는 아님)는 일반집단의 여성보다 인생 후반기에 결혼을 하는 경향이 있으며, 자녀를 갖는 평균 연령이 훨씬 높고 이혼율이 훨씬 낮다(Hodapp, Urbano, & Burke, 2010). 20대와 30대 여성의 결혼 비율은 미국의 일반집단 여성보다 더 낮았지만 장년기에 이르면 결혼 비율의 차이는 사라졌다(Hodapp, Urbano, & Burke, 2010).

이러한 연구결과에 대한 해석은 형제자매가 적합한 짝을 선택하고 가정을 이루는 것에 더 조심스러워할 수 있으며, 직장생활이 안정된 후에 가정을 이루려 한다는 우리의 이전 지식과 일치된다. 그들의 결합이 오래 유지되는 것으로 보아 형제자매의 인내심과 끈기는 보상을 받는 것처럼 보인다.

비록 형제자매가 사랑을 찾는 상황과 그 후로 행복하게 사는 것이 다른 사람들보다 다소 더 복잡할 수는 있지만, 그 결과는 그럴만한 가치가 있다고 연구는 말한다. 일생의 동반자를 원하는 모든 사람이 동반자를 찾을 수 있거나 모든 좋은 관계가 영원히 그렇다고 말하는 것은 아니다. 그러나 '리트머스 검증'과 같은 어떤 것이 있다는 것과 많은 형제자매가 사랑을 즐기고, 형제자매 관계가 종종 가져다주는 어려운 상황을 이해하고 대처할 수 있는 사람과 상호보완적인 관계를 맺는 것을 즐긴다는 것은 고무적이다.

더 많은 형제자매가 Carrie Bradshaw가 자랑스러워하는, 일종의 정신을 차릴 수 없고, 진정하고, 말도 안 되고, 불편하고, 강렬하고, 서로가 없으면 못살 것 같은, 누군가를 좋아할 때 오는 사랑을 즐긴다는 것은 생각하는 것만으로도 즐겁다.

유전자 상담 자료

- "Genetic Alliance"는 여러분이 무료로 다운로드 받을 수 있는 유전자 상담에 대한 좋은 책자이다:
  http://www.geneticalliance.org/publication/guidetohenetic couseling
- '유전자 상담가 찾기'에 부가하여 국립 유전자상담가협회 웹사이트는 좋은 자료를 가지고 있다:
  http://nsgc.org/p/cm/ld/fid=51

참고문헌

Hodapp, R. M., Urbano, R. C., & Burke, M. M.(2010). Adult female and male siblings of persons with disabilities: Findings from a national survey. Intellectual and Developmental Disabilities, 48(1), 52-62.

"Online Dating Statistics." 2013년 4월 5일 접속 http://tinyyurl.com/ssg-dating[2]

United State Census Bureau. "Live Births, Deaths, Marriages, and Divorces: 1960 to 2008." 2013년 4월 5일 접속 http://tinyurl.com/ssg-census

---

2. TinyURL은 긴 웹주소를 짧고, 쉽게 사용할 수 있는 주소로 바꾸는 손쉬운 방법

Chapter

딜레마 수용 / 내적 자원 활용 / 정확한 판단력 / 미래계획 / 형제자매가 이룬 가정 / 가족 간의 의사소통 / 자기관리 / 장기적 안목

Kitty Porterfield

성인기 형제자매

Kitty Porterfield

"몸 관리 잘해." 남편이 중병에 걸린 게 확실해지자 친구들이 내게 말했다. 얼마 지나지 않아 어머니의 생사가 달린 수술이 필요해지자, 우리 가족은 "정말 몸 관리 잘해라."라고 당부했다.

중복 발달장애를 가진 그룹홈에 사는 내 유일한 형제인 John이 어머니의 병을 이해하고 대처하도록 돕기 위해 그를 만나려고 비행기에 탑승할 때 내 자녀들은 뒤따라오며 "몸조심하세요."라고 소리쳤다.

좋다, 좋은 생각이다. 하지만 누가 나에게 '어떻게' 나를 돌볼 수 있는지를 말해줄 수 있을까? 샌드위치 세대에 대해 말해보자! 7년이라는 세월의 어느 한 시점에서, 남편과 어머니는 같은 주의 서로 다른 도시에서 수술을 받기로 되어 있었고, 내 불쌍한 형제 John은 무슨 일이 일어나고 있는지 확실히 알면서 아무것도 할 수 없어 극심한 스트레스 징후를 보이고 있었다. 후에 기록된 보고서에 따르면, John이 거주하는 그룹홈의 심리학자는 그 기간 동안 그의 감정이 '불안한' 것 같았고, 그답지 않게 '자주 분노를 표출했다'고 기록했다.

1. 딜레마 수용

성인기 형제자매의 궁극적인 딜레마는 다음과 같다. 응급상황은 너무 많고, 시간은 별로 없다. '샌드위치 세대'의 많은 베이비붐 세대들처럼 나이 든 부모와 자신의 자녀들 사이에 낀 채로, 특별한 요구가 있는 형제자매와 수많은 다른 위기 상황도 더해진다.

나의 이야기가 그렇게 특이한 것도 아니다.

"어머니는 곧 80세가 되시고, Karl(장애 형제자매)은 곧 40세예요. 저는 양쪽 모두를 돌보고, 쇼핑도 하고, 그들을 데리고 다닐 방법도 고민해야 해요."라고 한 형제자매가 이야기했다.

"어머니는 아흔다섯 살까지 사셨는데 우리 집에서는 3년을 같이 살았고, Pam(장애 형제자매)은 예순다섯 살까지 살았어요. 그 애는 뇌전증과 다른 병들로 인해 심하게 아팠어요."라고 다른 누군가는 말한다.

"30대 아들이 두 명 있는데 고생하고 있어요. 어머니는 지난 10년 동안 운전을 하지 않으셨고, Katie(장애 형제자매)는 혼자서 목욕을 할 수 없어요."라고 누군가가 말한다.

"가장 힘들었던 때는 남편이 오랜 기간 심신을 쇠약하게 만드는 신경질환을 겪던 시기에, 남편과 어머니와 여동생을 돌보면서 동시에 좋은 할머니 역할을 하려고 노력하던 때였어요."라고 누군가가 덧붙인다.

우리는 어떻게 대처해야 할까? 이런 혼란 속에서 어떻게 스스로를 돌볼 수 있을까?

2. 내적 자원 활용

우리는 형제자매에 대한 글과 우리 자신의 경험으로부터 장애인의 형제자매는 많은 내적 자원을 발달시킨다는 것을 알고 있다: 체력, 회복력, 웃을 수 있는 능력, 문제 해결 능력, 결단력. 우리는 강인하게 자랐다! 그래서 인생에서 보다 어려운 과제가 주어져도 우리는 그것을 해낼 수 있다. 때때로 우리의 끈기는 감당할 수 있는 것보다 더 많은 것을 떠맡게 만듦으로써 우리를 곤경에 빠뜨릴 수도 있지만-흔히 그런 것은 아니다-그러한 끈기가 우리를 결승선에 이르게 만든다. 우리는 우리가 정말 잘 준비되었다는 것에서 자부심을 느낀다.

3. 정확한 판단력

형제자매의 삶은 M*A*S*H라는 옛날 TV 재방송에 등장하는 Hawkeye Pierce의 삶과 많은 공통점을 가지고 있는 것처럼 보인다. 한국전쟁의 와중에 4077 기동군 수술병원에 갇힌 Hawkeye와 그의 친구들은 자신의 삶에서 일어나는 일들을 거의 통제하지 못했다. 장맛비, 다가오는 불길, 헬리콥터가 착륙하면 쏟아져 나오는 수많은 부상병, 의료품 부족, 옆 텐트에서 발생하는 이상한 일, 이 모든 것이 하루에 일어났다. 그들은 의료 처치 외에 의지할 것이라고는 경험과 배짱, 동료들뿐이었다. 그들은 힘을 합쳐 해결해 나가야만 했다. 우리도 그렇다.

4077 기동군 수술병원의 모든 사람이 개발한 기술 중 하나는 들어오는 부상자들을 빠르고 효과적으로 분류할 수 있는 능력이었다. 즉, 즉각적 처치가 필요한 병사와 좀 더 기다릴 수 있는 병사를 한 눈에 결정하는 것이다.

사전에서 Triage(부상자 분류)란 단어는 '모든 사람이 즉시 치료받을 수 있는 자원이 부족할 경우, 환자 치료를 효율적으로 수행하는 것'이라고 설명되어 있다. 익숙하게 들리는가? Triage라는 단어는 프랑스어 동사 'trier'에서 따온 것으로, '분리하다', '선택하다'라는 뜻이다. 이것은 형제자매, 특히 샌드위치의 한가운데에 있는 형제자매가 완벽히 해내야 하는 기술이다. 진료 예약, 주간보호센터에 데려다주기, 화장실 가기, 감정 추스르기, 그 사이사이에 일하기. 이런 상황에 어린 자녀들이 추가되면, 더 힘든 상황이 펼쳐진다. 좋은 Triage는 때때로 가장 큰 소리를 지르는 사람이 항상 즉각적인 관심을 받는 것은 아니라는 것을 의미한다. 효과적인 Triage는 판단력에 더해 때로는 강인함을 갖춰야 한다. 형제자매의 에너지에도 한계가 있다. 우리는 어려운 결정을 내리는 법을 배워야 하고, 그러한 결정에 대해 정말로 괜찮아야 한다.

4. 미래계획

　샌드위치 세대의 가장 큰 문제 중 하나는 흔히 사건사고들이 빠르게 지나간다는 것이다. 즉각적인 결정은 장기적인 계획보다 항상 더 먼저인 것 같다. 생각할 시간이 없다.

　그러나 사실 가장 중요한 것은 장기적인 계획들이다. 10년 후에는 모두 어디에 있을까? 각 가족 구성원들이 가능한 가장 좋은 곳에서 지내기 위해 우리가 지금 할 수 있는 일은 무엇인가? 샌드위치 세대 형제자매 모임의 구성원들은 주로 40대나 그 이상이며, 비슷한 나이의 형제자매와 60대 이상의 부모를 두고 있다. 힘들더라도 지금이 바로 계획을 세울 때다. (미래계획에 대한 자세한 내용은 10장 참조)

　부모들 중 다수는 그러한 계획을 세우는 데 필요한 대화를 하는 것에 대해 거부감을 가지고 있다. 장애 형제자매의 미래에 대한 이야기를 다루기 하기 위해 용기를 내서 주제를 던졌을 때, "그것에 대해 걱정할 필요가 없다."라며 반복적으로 거절당하거나, 더 나쁘게는 "네가 관여할 일이 아니다."라는 부모의 대답은 미칠 것 같은 기분이 들도록 하거나 지치게 한다.

　그것은 확실히 형제자매가 관여할 일이다.

　"우리 부모님께서는 여동생에게 무슨 일이 일어날지에 대해 말씀하지 않으셨어요."라고 한 형제가 사회복지사에게 말했다. "이제 두 분 다 돌아가셨는데 어디서부터 시작해야 할지 모르겠어요..."

장애 형제자매의 의학적 요구, 사회적 요구, 부모님의 바람들, 여러분이 반드시 알아야 하는 재정적인 변수들을 이해하는 것, 여러분을 지원하고자 최고의 법적 체계를 확립했다고 확신하는 것은 샌드위치 세대가 관리해야 하는 일들의 핵심 중 하나이다.

이 법적 체계는 다음을 포함할 수 있다.

- 여러분 자신과 부모님을 위한 최근 유언장
- 장애 형제자매와 부모님을 위한 건강관리 대리인과 위임장 지명
- 장애 형제자매를 위해 법원에 제출한 후견인 및 대기 후견인 서류
- 부모님의 재정과 그것을 이용하기 위해 필요한 사항의 목록
  (위와 관련된 많은 법률이 주마다 다르다는 것을 기억해야 한다. 만약 여러분이 사는 주와 다른 주에 여러분의 형제나 부모가 살고 있다면 그것은 특히 중요하다. 여러분이 사는 곳에 적용되는 것이 그들이 사는 곳에서 적용되지 않을 수도 있다.)

정기적으로 갱신해야 하는 또 다른 서류에는 다음이 포함되어야 한다.
- 장애 형제자매에게 서비스를 제공하는 모든 돌봄인에 대한 정보 및 연락처
- 복용하는 약물 목록
- 사회보장카드(복지카드)와 그 사본
- 노인의료보험제도(Medicare) 및 의료부조(Medicaid) 정보

이러한 문서를 목록화하고 디지털화해야 한다. 또한 원본이 보관되어 있는 장소를 기록해 두어야 한다. 아마도 방화 상자나 은행의 금고일 것이다. 인터넷으로 클라우드 기반 서비스에 사본을 저장하면, 긴급 상황이 발생했을 때 어디에서나 접속해서 그것을 이용할 수 있다.

10장에서 보겠지만, 미래계획은 큰 일이다. 그래서 여러분은 그것을 작은 덩어리로 나누어야 하며, 그 일이 적어도 1년은 걸린다고 생각해야 한다(상황이 변하면 계속해서 갱신하고 수정해되어야만 한다). 그것은 여러분이 가족들에게 계획이 수립되어야 한다고 설득한 뒤의 1년이다!

부모님들은 대부분 다음과 같은 것들을 원하지 않기 때문에 대화하기를 거부한다.

- 죽음에 대한 이야기(특히 부모님 자신의 죽음 이야기)
- 자녀에게 실망감을 안겨주었다는 기분
- 자식의 상황에 대해 죄책감을 인정하거나 형제자매에게 지어지는 부담을 인정하는 것
- 자식에게 의지하게 되는 것(이 경우 자식은 형제자매)
- 형제자매가 완전히 영구적인 해결책이 아니라는 것을 인정하는 것
- 그들의 삶의 유일한 이유였던 '장애 자녀 돌봄'을 빼앗기는 것

부모님과의 대화는 감정적으로 격앙될 수도 있다. 많은 부분이 논리적이지 않을 것이고, 동정심이 생겨날 것이다.

"네 형제는 내 인생이야."라고 어떤 부모는 형제자매에게 말했다. 때때로 제3자가 대화에 참여하는 것도 도움이 된다. 가족 변호사(여러분의 주에서 장애인 관련법을 꿰고 있는 변호사)가 있는가? 이러한 문제에 지침을 제공하거나 아니면 이 분야에서 일하는 변호사에게 여러분을 보내줄 장애 관련 주립기관 혹은 지방기관이 있는가? 아니면 계획을 지원해줄 사회봉사단체가 있는가? 이 짐을 나눌 수 있는 다른 형제자매나 가족이 있는가? 지원을 요청하는 것을 두려워하지 마라. 필요한 도움을 찾을 때까지 계속 물어봐라. 이것은 자신을 돌보는 중요한 단계다.

올바른 자원 찾기

지역사회 내 유용한 자원의 네트워크와 연결되는 것은 흔히 첫 번째 연결고리를 만든다. 변호사, 정부기관, 사회봉사단체 등 장애인과 노인 모두에게 봉사하는 단체는 서로 잘 연결되어 있다. 그러니 여러분은 처음 연락할 때 많은 질문을 하면 된다.

한 가지 좋은 방법은 자격을 갖춘 변호사를 찾는 것이다. 노인 관련 법률과 장애인 관련 법률의 업무가 겹치기 때문에 여러분은 양 분야에서 활동하는 변호사들을 만나게 될 것이다. 도움을 찾을 수 있는 명성 있는 두 개의 조직은 다음과 같다.

● 특별 요구 변호사 연합

특별 수요 변호사 연합(The Special Needs Alliance, SNA)은 장애 및 공익 관련법 시행에 전념하는 변호사들로 이루어진 전국 단위의 비영리단체다. 이는 초청된 사람들로만 가입되어 운영되는 단체로 회원들은 평균 18년간 노인 및 장애인 법률과 관련되는 법적 경험을 가지고 있다. 웹사이트(www.special-needsalliance.org)를 통해 여러분은 여러분의 지역에서 자격을 갖춘 변호사를 찾을 수 있으며, 장애 아동 또는 장애 성인의 가족을 위한 특별수요신탁 및 재무계획과 같은 주제에 대한 정보를 얻을 수 있다.

● **국립 노인법률변호사협회**

국립 노인법률변호사협회(The National Academy of Elder Law Attorneys, Inc., NAELA)는 연령에 따라 특별한 요구가 있는 사람에게 제공되는 법률 서비스의 질을 개선하기 위해 헌신하는 전문 변호사 협회다. 웹사이트(www.naela.org)의 일부는 회원에게만 제공되지만, '일반 연락처 정보'에는 노인 법률 경험이 있는 회원들의 명부, 정부와 지역사회 자원 및 변호사 선임 방법과 같은 주제에 대한 유용한 정보를 가진 다른 사이트와 연결해주는 자원 센터가 있다.

노인 관련 법률과 장애 형제자매 관련 법적 쟁점은 복잡하다. 너무 많은 가족들이 궁극적으로는 사랑하는 사람을 보호하지 못하도록 하는 선의의 충고를 받는다. 모든 충고를 따라야 할 필요는 없다. 여러분의 숙제를 신중하게 수행해야 한다.

---

5. 형제자매가 이룬 가정

부모님 및 형제자매와 잘 지내려고 노력하는 것을 그만두고 싶었던 적이 있는가? 어떤 상황에서는 그 대답이 '예'일 수 있다.

한 형제자매는 이렇게 충고한다. "만일 여러분의 나이 든 부모님께서 장애 형제자매를 위한 어떤 도움이나 미래계획에 대한 논의도 거부하시는데 그들이 후견인이라면, 여러분이 할 수 있는 일은 아무것도 없습니다. 통제할 수 없는 것을 바꾸려고 애쓰면서 시간을 낭비하지 마세요."

또 다른 형제자매는 부모가 참여하지 않더라도, 여러분 자신과 형제자매, 여러분의 가족을 위해 할 수 있는 한 많이 계획하는 것이 여전히 중요하다고 현명한 제안을 한다. "'만약에 대비해서' 자신을 위해 좋은 위기 관리 계획을 만드세요. 그게 제가 정신을 차릴 수 있도록 도왔어요." 또 다른 이가 제안한다.

자기 자신, 결혼이나 관계, 자녀, 친구, 개인적 발전 등에 투자하는 것은 여러분의 행복을 보존하고 보호하는 중요한 방법이다.

정확히 얼마만큼 여러분의 자녀들을 여러분의 부모와 장애 형제자매의 삶에 관여시키는가는 가족마다 다를 것이다. 그것은 여러분이 가족과 얼마나 가까이 지내는가, 유대관계가 얼마만큼 끈끈한가(혹은 그렇지 않은가), 장애 형제자매의 성향이 어떠한가에 달려있다. 여러분의 자녀들과 장애 형제자매간의 따뜻한 관계를 격려하는 것은 가족 모두에게 특별한 이익을 가져다

줄 수 있다. 동시에, 여러분의 자녀들에게 좌절, 원망, 양가적 감정을 표현할 수 있는 공간을 주는 것은 필수적이다(여러분의 어린 시절을 기억하는가?).

자녀가 어리더라도, 여러분의 형제자매, 형제자매의 장애, 가족관계, 심지어 복잡한 관계에 대해서라도 자녀들이 요청하는 모든 정보를 확실히 제공하여 지금 이루어지고 있는 결정 및 혹시나 있을 갈등을 이해할 수 있도록 해야 한다. 하지만 너무 세부적인 내용들로 자녀에게 부담을 주지는 말아야 한다. 그들에게 죄책감을 느끼게 하지 마라. 자녀와 성에 대해 이야기할 때처럼 자녀들의 질문에 공개적으로, 정직하게, 나이에 맞는 답을 해야 한다. 자녀가 해결책의 일부가 되도록 해야 한다. 자녀들에게 몇 가지 집안일을 돕도록 해야 한다—할아버지 집 마당 쓸기, 장애 형제자매의 그룹홈에 둘 크리스마스 장식 만들기와 같이. 또한 여러분의 배우자와 자녀에게 그들의 지원에 대해 얼마나 고마워하는지 종종 말하는 것을 잊지 말아야 한다. 여러분은 배우자와 모든 자녀와 정기적으로 함께 시간을 보내는 방법을 찾을 수 있는가? 쇼핑? 운동장에서 놀기? 우리 모두는 짧은 순간이라도 특별한 순간이 필요하다.

6. 가족 간의 의사소통

여러분의 가족을 합심하게 만들기 위해 가장 중요한 것 중 하나는 가족 간의 원활한 의사소통이다. 우리는 모두 중요한 문제들을 어떻게 다룰 것인지에 대한 각자의 의견을 가지고 있다(가족 중 누군가의 결혼을 준비해본 적 있는가?). 인생에서 정말 중요하지만 복잡한 문제는 가족들 중 누구도 똑같은 입장을 지니고 있지 않다는 것이다. 우리는 저녁 식탁에 마주 보고 앉아서 대화하고 있는 주제에 대해 서로 다른 생각을 지닌 채 흩어진다. 심지어 대화 분위기가 온화한 경우에도 그러하다.

그래서 가족이 중대한 결정을 내릴 때는 핵심 주제를 반복하는 것, 서로의 입장을 계속 교환하는 것, 모두가 함께 이해하고 있는지 지속적으로 확인하는 것이 중요하다. 이것은 시간과 노력을 요구하지만, 큰 문제가 터진 다음에 다시 가족들을 모으는 것만큼의 시간을 요구하지는 않을 것이다.

여러분의 가족이 멀리 떨어져 살고 있다면, 전화 회의(무료 회의 서비스를 이용하는)가 좋은 방법이 될 것이다. 일이 진행되고 있는 상황에 대한 가능한 자세한 내용을 포함하여 사려 깊게 작성된 이메일을 주기적으로 교환하는 것 역시 또 다른 좋은 방법이다. 물론 가장 좋은 방법은 모두가 선택지들에 대한 정보를 공유하고 질문을 할 수 있는 가족 모임이다. 가족 모두가 참여해야 하며 가족 모두가 같은 정보를 얻을 수 있어야 한다.

이것은 쉬운 논의는 아니다. 천천히 진행하라. 협력 과정에 있어서 신뢰를 구축해야 한다. 또한 계속 진행해야 한다. 때때로 제3자(법조인이나 사회복지사)가 대화를 이끄는 것을 도와줄 수 있을 것이다.

여러분이 어떻게 장애 형제자매를 이러한 대화나 논의에 참여시킬 수 있는가는 그들의 능력에 달려있다. 하지만 사람들이 여러분의 형제자매에게 가능한 최선의 기회를 제공하려 하고 있으며, 형제자매가 자신의 선호도, 걱정, 희망, 꿈을 표현하도록 풍부한 기회를 제공하고자 애쓰고 있다는 사실을 형제자매가 알 수 있는 가장 좋은 방법을 고민해야 한다.

최고의 결정은 모두가 함께 참여했을 때에 만들어진다. 또한 좋은 의사소통 과정을 거쳐 내린 결정이 성공할 확률이 가장 높다.

장애 형제자매가 슬퍼할 수 있도록 도와라

불행하게도, 샌드위치 세대인 우리가 죽음과 직면할 가능성은 증가하고 있다. 이는 함께 나이들어가는 우리의 형제자매에게도 마찬가지이다. 우리가 부정한다 해도 지적장애인 및 발달장애인은 사랑하는 사람을 잃는 것에 대해 비통해하며, 때로는 그 슬픔이 장기적이고 복잡한 만성적 슬픔이나 우울증으로 번질 수도 있다.

장애인이 슬픔을 인지하고 다루는 것에 대한 쟁점은 전문가와 가족으로부터 주목받지 못하거나 무시되어 왔다. 그러나 최근 몇몇 연구들은, 장애인에게 있어 심각한 질병 혹은 죽음에 대한 의사소통 부족이 마치 버림받는 것 같은 느낌과 두려움으로 이어질 수 있다는 것을 증명했다. 형제자매를 고통이나 슬픔으로부터 분리하고 보호하려는 우리의 노력이 역효과를 낼 수 있다는 것이다. 진실을 숨기는 것은 우리의 형제자매로 하여금 세상이 더이상 안전하고 보호받는 곳이 아니라고 믿게 할 수 있다. 심지어 그들의 주변에서 일어나는 사건의 의미를 파악하려는 시도 중에, 그들이 자신의 행동을 그 원인으로 잘못 판단한다면, 그것은 강렬한 죄책감과 회한의 감정으로 이어질 수 있다.

우리는 형제자매를 질병이나 죽음에 대한 논의의 초반부터 참여시킴으로써, 그들을 분리보호하지 않음으로써, 그들을 장례서비스나 다른 가족 모임에 참여시킴으로써, 어린 시절 이야기를 다시 들려주거나 혹은 새로운 가족 앨범을 만드는 것과 같은 사랑하는 사람을 기억하기 위한 새로운 의례를 만듦으로써 형제자매가 힘든 시간을 견디도록 도울 수 있다. 그것은 형제자매가 지닌 슬픔의 표현을 차단하는 것을 의미하는 것이 아니라, 주변인들이 그(그녀)의 고통에 귀 기울이고 응답할 필요성을 확실히 이해한다는 것을 의미한다. 만약 여러분의 가족이 호스피스 돌봄 중이라면, 그 슬픔 서비스(grief services)가 여러분의 장애 형제자매에게까지 확대되어야 함을 기억해야 한다.

더 많은 정보를 얻을 수 있는 사이트는 다음과 같다.

- **AdultSpan Counseling**(http://tinyurl.com/ssg-grief1)
- **Access Press:** People with Disabilities Face Unique Grief, Loss Issues(http://tinyurl.com/ssg-grief2)
- **Developmental Disabilities Hospice & Palliative Care Discussion Forum & Resource Center:** Individuals with intellectual disabilities: Struggling with loss and grief(http://tinyurl.com/ssg-grief3)

7. 자기관리

여러분은 문제를 정의한다. 여러분은 분류하는 법을 배운다. 여러분은 각 세대의 요구사항을 다룬다. 여러분은 광범위한 논의들과 씨름하며, 효과적인 의사소통 전략들을 실행하지만, 여전히 골치가 아프다! 매일 어떻게 스스로를 돌볼 수 있을까? 인생의 다른 중요한 것들처럼 여러분만의 방법을 찾아야겠지만, 여기에 형제자매들이 검증한 10가지의 제안이 있다.

❶ **자신의 요구에 집중** 여러분의 건강과 안녕이 모든 것을 유지하기 위한 열쇠라는 것을 믿어야만 한다. 여러분이 혼자 이것들을 감당하고 있다고 느낄수록, 여러분은 더욱더 스스로에게 집중해야 한다.

❷ **스트레스 대처** 여러분이 일주일에 2시간 정도 방해받지 않고 운동을 하거나 식료품점에 다녀올 수 있도록 형제자매를 돌봐줄 사람이 있는가? 여러분의 어머니가 정기적인 건강검진과 혈액검사를 받을 수 있도록 병원까지 데려다 줄 사람이 있는가? 한 달에 두 번 정도 집으로 와서 아버지의 혈압을 확인해줄 방문 간호사가 있는가? 아니면 부모님의 집을 청소해주는 서비스가 있는가? 식사 배달 서비스는 어떠한가? 화요일마다 방과 후에 여러분의 아들과 놀아 줄 친구가 있는가? 무엇이든 간에 먼저 그것을 붙잡아라.

❸ **지원망 구성** 신뢰하는 가족, 친구, 이웃에게 기대를 걸 수도 있겠지만, 아마 여러분은 지역사회 자원에 손을 뻗어야 할 것이다. 지역사회에 가족 서비스 단체가 있는가? 교회, 유대교 회당, 또는 그 밖의 가까운 사원은 어떤가? 지역 Arc[1]나 자폐성장애 단체, 또는 시립·국립 발달장애 서비스 단체에 가족휴식지원서비스에 대하여 알아보았는가? 고령의 부모님을 돌보고 있다면, 노인을 위한 지역 사무소에 연락을 해보았는가? 아마 의사나 방문 간호사가 여러분에게 여러 가지 자원들의 목록을 제공해줄 수 있을 것이다. 또한 소셜 미디어의 위력을 과소평가해서는 안 된다. 형제자매, 사실상 거의 모든 보호자를 위한 여러 온라인 커뮤니티들이 있으며, 그것은 여러분과 비슷한 경험과 걱정, 정보 및 지원을 교환하고 싶어 하는 전국, 혹은 전 세계의 사람들과 접촉할 기회를 제공할 수 있다. 더 자세한 것은 '❺ 다른 형제자매와의 교류'를 확인하기 바란다. 때때로 이러한 노력에는 시간이 들지만, 그럴만한 가치가 충분히 있다.

---

1. 역자주: National Association for Retarded Children이라는 협회로 현재 명칭은 The Arc

❹ **소소한 것부터 시작** 이러한 종류의 지원을 설계하는 것은 일종의 예술이다. 한 번에 모든 것을 얻을 수는 없다. 시간이 지나면서 여러분의 부모님이나 형제자매의 요구는 변할 것이다. 여러분이 모든 것이 제 자리에 있다고 느끼며 조금 안심하고 있을 때, 새로운 쟁점들이 나타나 여러분은 계획을 수정해야 할 것이다. 이런 일은 우리 모두에게 일어난다. 일은 또다시 벌어진다. 기다리면 안 된다. "Melissa의 개별화교육계획을 바로 잡고 나서 생각해 볼 거야."라거나 "엄마가 요양원에서 돌아오고 나면…"이라는 식으로 말하지 말아야 한다. 지금 당장 시작하라.

❺ **다른 형제자매와의 교류** 인터넷은 훌륭한 지원 도구이다. 그것은 밤이든 낮이든 언제나 이용 가능하며, 여러분에게 정보를 제공할 수도 있고, 더 중요하게는 여러분에게 동료 관계와 지원을 제공할 수도 있다. 여러분이 방문해보아야 할 사이트에는 'Sibnet'이라는 페이스북 페이지가 있는데, 이곳에서 여러분은 질문을 올릴 수도 있고, 다른 형제자매의 경험담을 읽을 수도 있으며, "오늘은 너무 힘든 하루였어요."라고 그저 말하면 다른 사람들이 그것을 공감한다는 사실도 알 수 있다. 여러분이 당면한 도전과제들을 인지하고 여러분에게 도움과 격려를 제공해줄 수 있는 온라인 친구들과 네트워크를 구축하라.

❻ **건강한 식습관** 스트레스 상황에서 우리가 스스로를 파괴하는 첫 번째 방법에는 식사를 거르고 단백질바나 칼로리 높은 간식을 먹는 것이 있다. 특별히 바쁜 상황이면 모르겠지만, 매일, 특히 여러분이 여러 가지 요구사항을 감당하기 위한 연료가 필요한 경우에는 잘 챙겨 먹어야 한다. 간단하고 건강한 식사(과일, 채소, 기름기 없는 단백질과 충분한 수분)를 만들어 먹을 시간을 확보해야 하며, 무엇보다도 이러한 식습관을 계속 유지해야 한다.

❼ **규칙적인 운동** 몸을 움직여야 한다. 우리 모두는 서로 다른 방법으로 운동하기를 좋아한다. 어떤 사람들은 걷거나 달리고, 어떤 사람들은 체육관에서 운동을 하며, 또 다른 누군가는 요가 수업에 참여하는 것을 선호하기도 한다. 여러분이 어떤 운동에 끌리든 간에, 그것을 규칙적으로 하는 것이 중요하다. 아마 매일 아침 운동을 위해 30분 일찍 일어날 수도 있을 것이며, 또는 체육관을 방문할 수도 있을 것이다. 운동은 여러분의 몸을 건강하게 유지하고 마음가짐을 깨끗하게 하는 데 필수적이다.

❽ **유머** 수녀이자, 예술가이며, 지혜로운 여성인 Corita Kent는 웃음이 구원의 표시라고 가르쳤다. 웃음은 우리를 안정되게 하고, 우리의 혈압을 낮춰준다. 웃음은 우리 서로를 연결해주며, 우리가 통제할 수 있는 것은 정말로 거의 없음을 상기시켜준다.

❾ **자신을 위한 투자** 만약 그것이 멋진 사치처럼 보인다면, 산딸기 한 박스를 사도 좋다. 영화를 보러 가는 것은 어떤가? 친구에게 전화해 수다를 떠는 것은? 자녀와 함께 오후를 보내는 것은? 여러분은 매일 스스로에게 자신이 특별하며, 사랑하는 사람들을 위해 열심히 노력하고 있고, 또한 가끔은 잠깐 멈춰서 미소 지어도 괜찮다는 사실을 상기시키는 작은 일들을 수행해야 한다. 기억하라. 일주일에 한 시간만이라도 자기만의 시간을 갖는 것은 여러분의 삶을 헤아릴 수 없을 만큼이나 밝게 만들어줄 것이다.

❿ **일기쓰기** 어떤 방법으로든 매일 자신을 위해 한 일들을 기록하라. 일주일 동안 몇 시간이나 걸었는가? 이번 주에 친구를 새로 사귀었는가? 여러분이 원한다면 글로 적어도 좋다. 그릴 수 있다면 그림으로 기록할 수도 있을 것이다. 무엇이든지 간에 여러분이 얼마나 멀리 왔는지, 인생 여정에서 중요한 것을 기억할 수 있도록 도와줄 것이다. 주요 사건들을 계속 기록하라. 뒤돌아보는 것은 앞으로 나아가는 것을 도와준다.

8. 장기적 안목

아주 오래전, 한 친구가 나에게 AFOG라는 것에 대해 소개해주었는데, 이것은 간단히 말해 'Another Fuxxing Opportunity for Growth(또 다른 X같은 성장의 기회)'이다. 형제자매는 인생에서 많은 'AFOG'를 경험한다. 운이 좋다면 그것들은 우리가 성장할 수 있도록 도와주기도 한다.

내 인생에서 Johnny의 존재는 난관과 고통에도 불구하고 나를 더 강하고 친절한 사람으로 만들어주었다. 이제 나는 나의 자녀들과 손자들에게 그가 영향을 미치는 것을 보고 있다. 이것은 우리가 둘 다 스무 살이었을 때는 상상할 수 없었던 즐거움이다.

영화 The Best Exotic Marigold Hotel은 힘든 삶에서 탈출하고자 하는 6명의 여행자들에 관한 이야기인데, 그들은 인도의 호텔에서 우연히 만나게 된다. 엉망이 된 호텔을 운영하기 위해 용감하게 노력하는 젊은 남자는 손님들에게 대담하게 말한다. "결국에는 모든 것이 괜찮아질 것입니다. 만약 괜찮지 않다면, 그것은 아직 끝난 게 아니에요!" 확실히, 이 말은 샌드위치 세대들이 계속 되뇌어야 하는 말이다.

Chapter 5

돌봄에 대한 고민 / 거주시설에 사는 장애 형제자매 지원 / 가족 간의 갈등 대처 / 임종 결정 / 도움 요청 / 결론

//_131

Marilyn Jaffe-Ruiz

노년기 형제자매

Marilyn Jaffe-Ruiz

형제자매 관계는 아마도 사람이 가질 수 있는 가장 오랫동안 유지되고 지속되는 유대일 것이다. 지적장애나 발달장애가 있는 형제자매를 가진 우리들에게, 이러한 평생 지속되는 관계는 독특한 즐거움과 도전의 상황을 선사한다. 반면에 나이를 먹어가면서, 책임감, 즐거움, 슬픔, 상실감 역시 증가한다. 아래 짧은 예시는 어떤 형제의 경험담이다.

"저의 형제 JJ와 저는 그가 태어난 64년 전부터 관계가 이어지고 있었어요. JJ는 2013년 4월에 죽었어요. 그는 제 심장과 마음속에서 영원히 살 거예요. 어느 누구도 이런 마음을 가질 수 없고 앞으로도 그럴 거예요.

JJ는 다운증후군이었고, 치매를 앓고 있었지요. 그는 마지막 5년 동안 흡인성 폐렴의 재발로 인해 병원의 밝은 조명과 삐-하는 소음, 삽관, 진정제, 많은 약물, 통제, 튜브영양, 정맥주사, CT촬영, 채혈, X-ray 등이 있는 중환자실에 입원하였어요.

그의 삶에 대한 용기, 배짱, 열의, 더 나은 지원을 받으려는 욕구는 제가 모든 능력을 다하여 그를 계속 지지하게 했어요. 그는 수차례 입원을 했고, 시설과 집에서 재활을 했어요. JJ가 입원할 때마다, 점점 악화되어 가고 있음은 더욱 분명해졌죠. 그는 마지막 순간까지도 가능한 자립적으로 살고자 고군분투했지만, 질병들로 인해 능력을 더 많이 잃어갔죠.

  이러한 경험은 그를 점점 더 약하게 만들었어요. 일이 일어날 때마다 그는 새로운 환경과 주변에 적응해야 했어요. JJ가 죽기 1년 전 그는 자신이 16년 동안 살았던 사랑하는 그룹홈을 떠났어요. 그는 깜깜한 밤에 구급차에 실려 이송되어 병원에 입원했고 결국엔 다른 낙후된 시설로 이동했어요. 다음 해에 그는 더 많이 입원했고, 대부분 구급차와 중환자를 위한 장치가 있는 응급실에 가게 되었어요.

  이러한 위기의 연속은 누구에게나 큰 어려움이겠지만, 좋은 인지능력과 언어능력을 갖지 못한 사람에게는 특히나 스트레스가 될 수 있어요. 최근 연구들은 중환자실에 입원했던 사람들이 외상 후 스트레스 장애를 갖는다는 것을 증명하고 있어요. 제 형제의 가중된 두려움과 모든 의료적 처치에 대한 저항은 정말 공감이 가요.

우리가 장애 형제자매의 건강을 유지시키면서 질병 및 노화를 관리하는것과 더불어 사랑, 즐거움, 존경, 존엄성이 강조되는 만족스러운 삶을 살도록 계속 애쓰는 것은 쉽지 않아요.

저는 여러분을 돕기 위해 제가 깨달은 것을 여러분과 공유하고 싶어요."

우리는 자기 자신도 나이 들어가면서 우리의 배우자, 파트너, 부모, 자녀, 손자를 돌보는 동시에 지적장애나 발달장애가 있는 형제자매의 노화에도 책임지는 첫 번째 세대일 것이다. 자신과 같이 나이 들어가는 형제를 걱정하는 한 여성은, "저는 '만약에…'란 생각으로 잠을 이룰 수가 없어요."라고 말했다.

장애 유형에 따라 조금씩 차이는 있겠지만, 우리가 나이 들어가며 직면하는 걱정은 비슷하다. 우리는 형제자매의 최상의 건강을 보장하고, 그들이 살기에 안전하고 적합한 장소를 찾고, 그들의 권리와 안녕을 지속적으로 옹호하고, 그들의 재정 안정을 감시하고, 형제자매의 삶의 질과 우리 자신의 삶의 균형을 맞추면서, 스스로를 돌보기 위해 어려운 결정을 내릴지도 모른다. 이 모든 것들이 다른 무엇보다도 중요하기 때문이다.

우리의 부모가 노쇠해가는 것은 (계획을 세울) 좋은 기회이다. 대부분의 부모들은 장애가 있는 자녀를 더 이상 돌볼 수 없는 시기에 대한 계획이 없다. 어떤 부모는 장애가 없는 아들이나 딸이 자신의 자녀를 돌보듯 형제자매를 돌보겠다는 약속을 임종의 자리에서 받아내기도 한다.

심지어 부모가 미래에 대한 논의에 참여하지 않더라도, 미래계획은 매우 중요하다(10장의 미래계획 부분 참고). 사전 대책을 강구해야 한다: 해당될 경우, 의사결정 시 후견인으로서 여러분의 형제자매를 지원할 수 있는 가능성을 알아보아야 한다. 지적장애나 발달장애를 가진 형제자매가 있는 사람에게 서비스를 제공하는 단체에 가입함으로써 돌봄과 지원을 제공하는 네트워크에 참여해야 한다.

1. 돌봄에 대한 고민

한 형제는 말했다:

"우리 어머니는 제 장애 형제의 미래계획에 대해 절대 상의하지 않으셨어요. 어머니는 그룹홈도 고려하지 않으셨어요. 어머니가 돌아가시기 2주 전에 제 배우자와 제가 저의 형제를 그룹홈으로 보냈을 때, 우리가 그를 납치하는 것처럼 느껴졌어요."

다른 자매는 그녀와 그녀의 형제가 나이 들면서 자신의 형제보다 자신이 먼저 죽게 될 것이 걱정된다고 말했다.

"저는 심장병과 유방암 환자예요. 병을 알게 된 순간부터 제가 제 형제 보다 먼저 죽을 수 있다는 것이 걱정됐어요."

형제자매는 장애 형제자매를 돌봐야 하는 부담을 그들의 배우자나 자녀에게 지우는 것을 걱정한다.

Anne의 이야기를 들어보면:

"전 제가 죽고 그를 돌봐줄 사람이 아무도 없는 것이 걱정돼요. 또 그 책임감이 제 남편이나 자녀(나 역시도 그렇지만)에게 넘겨질 것을 걱정해요."

Mary의 이야기를 들어보면:

> "전 제 자매의 쇠약과 치매를 걱정해요. 그 후의 질문은 이런 거예요: 그녀가 자신이 살던 곳에서 늙어갈 수 있을까? 그렇지 않다면, 그녀는 어디로 가야 할까? 그녀가 생활할 수 있는 환경을 구성하는 것이 가능할까?"

Robert의 이야기를 들어보면:

> "전 제가 옳은 결정을 할 수 있을지 걱정해요. 제 결정은 그의 입주 도우미, 기관의 규정, 제 아내, 저의 다른 형제자매의 생각과 걱정에 영향을 받아요."

과거 발달장애를 가진 노인들의 수는 상대적으로 적었다. 하지만 수명이 늘어나면서 그 수는 증가했다. 생의 전반에 걸쳐 계획을 수립하고 협력하는 것은 서비스의 역량을 강화하고 취약계층에게 품격 있는 서비스를 제공하는 데 필수적이다. 발달장애를 가진 노인들은 효과적으로 그들의 요구사항을 충족시켜주는 서비스와 지원을 필요로 하며, 또한 그럴 권리가 있다.

자신의 건강과 가정을 지키는 동시에 형제자매를 지원하는 데 필요한 돌봄에 접근하는 것은 엄청난 체력, 시간, 감정, 경제력을 요구한다. 이 시기 동안 우리는 형제자매를 위한 적절한 프로그램과 건강관리 및 주거 선택지를 찾고, 그들의 임종 결정을 돕게 될 것이다.

그러나 나이가 들어갈수록, 우리는 스스로의 건강과 형제자매를 위한 돌봄 능력을 걱정하게 된다.

Carol은 이렇게 말했다. "전 제가 더 이상 훌륭한 보호자가 되지 못하게 될까 봐 무서워요. 제 자매의 남은 시간 동안 제가 더 이상 인정 많고, 친절하고, 세심하며, 질 높은 돌봄을 제공하지 못한다면 슬플 것 같아요."

2. 거주시설에 사는 장애 형제자매 지원

형제자매가 가족의 품을 벗어나 지원을 받는 환경으로 이동할 때, 우리는 그들의 삶이 그전처럼 풍족하지 않을까 봐 불안할지도 모른다. Roberta는 말했다.

"전 Mary를 돌봐야 한다는 제약에서 벗어나 제 자신의 삶을 사는 저를 생각해보곤 해요. 하지만 그것은 Mary가 자신의 필요를 충족시켜주지 못하는 시설에서 지낸다는 것, 그녀의 삶이 지금보다 행복하지 않을 수도 있다는 것을 의미하죠. 그녀가 지금과 같은 관심을 받지 못하고 활동적으로 살지 못할 것이라고 생각하면 속상해요."

하지만 우리의 경험을 통해 미루어보았을 때, 장애 형제자매가 그룹홈이나 쉐어아파트, 포스터홈 혹은 여러 유형의 지원주거 형태에서 지내는 것은 나이든 부모님이나 형제자매와 지내는 것보다 훨씬 더 풍족할 수 있다.

장애 형제자매가 가정 밖으로 나가 살게 된다면, 우리의 과제는 자신의 건강과 가정을 외면하지 않으면서 동시에 장애 형제자매가 최소제한 환경에서 최대한의 능력을 유지하는 방법을 결정하는 것이다. 이 과제를 달성하기 위해서는, 여러 가지 중에서도 '관계 형성하기', '만족스러운 활동에 참여하기', '형제자매의 정신적, 신체적 안녕 지키기'가 요구된다.

● 시설종사자와의 관계

존중하는 관계를 발전시키는 것은 장애 형제자매의 안녕에 중요하다. 형제자매에게 친숙한 것들을 유지하고, 우리를 지원하기 위해 행하는 것은 무엇이든 중요하다. (주거시설의)종사자-특히 직접적인 지원 전문가-는 장애 형제자매가 나이 들어가면서 보여주는 신체적, 정서적, 행동적, 인지적 변화를 충분히 이해하고 있어야 한다. 그들의 식견 있고 세심한 지원은 필수적이다.

장애 형제자매가 참여하는 프로그램에서 정기적으로 시간을 보내면서 그곳의 종사자와 친해지는 것이 핵심이다. 해당 주거환경이나 프로그램의 모임 및 행사에 참석하면서, 이따금 쿠키 같은 것을 가져가는 것도 좋다. 형제자매가 좋아하는 것들에 대한 스크랩북을 만들거나, 가족사진을 보여주거나, 생일잔치와 같은 특별한 가족 행사를 공유함으로써 종사자가 여러분의 형제자매에 대해 더 잘 알 수 있도록 도와야한다.

친구, 가족 구성원, 교회사람, 이웃, 동네 가게주인, 집배원, 가사도우미도 큰 도움을 줄 수 있는 사람들이다. 지역사회의 사람들을 알아가는 시간을 가지고, 또한 그들에게 여러분과 여러분의 형제자매에 대해 알아갈 기회를 제공함으로써 신뢰 관계를 형성해야 한다.

● 신체 활동

높은 삶의 질을 보장하기 위해서는 형제자매의 감각기능, 운동기능, 소화기능, 인지기능이 가능한 오랫동안 지속되어야 한다. 좋은 영양 상태 역시 중요하다. 또한 우리의 형제자매에게는 그들이 수용할 수 있을 만큼의 자극이 필요하다. 여러분의 형제자매는 예전만큼 일을 하지 못하거나 프로그램 또는 워크숍에 참여하지 못 할지도 모른다. 그렇더라도 앉은 채나 휠체어에 탄 채로라도 캐치볼, 노래하기, 춤추기 같은 즐거운 활동을 통해 움직이도록 해야 한다. 물리치료, 작업치료, 운동, 신선한 공기를 마시는 것 또한 아주 효과적일 수 있다.

● 정신 건강

만약 여러분의 형제자매가 새로운 집에 적응해야 한다면, 그들이 기억을 유지하면서 새로운 공간을 보다 친숙하게 여길 수 있도록 그들이 좋아하는 색깔이나 가족, 친구, 자신의 사진을 활용할 수 있다. 하지만 어느 시점에서 여러분은 정신 건강에 대한 문제를 다루어야 할지도 모른다. 나이 듦에 따라 나타나는 형제자매의 성격 변화는 다소 충격적이고 익숙해지기 어려울 수 있다. 나의 경우에는 그러했다. 내 형제는 치매로 인해 오랫동안 울며 욕설을 퍼

붓는 시기를 보냈으며, 그는 그 어느 때보다도 더욱 공격적이었다. 이전에 내 형제는 언제나 멋진 유머감각과 상냥함, 매력을 가진 사람이었다. 그런 모습들이 여전히 남아 있긴 했지만, 그것들은 난폭한 행동들에 의해 가려지곤 했다.

● **의료 지원**

의료 지원체계에 대한 대응 역시 중요하다. 우리는 노인과 지적장애 및 발달장애를 가진 사람에 대한 좋지 않은 편견들을 주시해야 하며, 우리의 형제자매를 지원하는 사람들을 교육할 수 있는 모든 기회를 활용해야 한다. 의사나 병원을 방문할 때, 형제자매가 사진이나 취미 생활로 만든 작품을 가지고 가게 하거나, 적절한 옷을 입게 하는 것이 그곳의 종사자들이 장애 형제자매를 더 생기 있는 사람으로 보도록 할 수 있다. 약간의 초콜릿 푸딩이나 음료수, 또는 여러분의 형제자매가 좋아하는 것들이 그가 진료를 잘 견디도록 도와줄 수 있다. 또한 여러분의 형제자매가 용변 실수를 하기 시작했다면, 옷을 갈아입히는 것이 모든 관련자들에게 그 방문을 보다 편안하게 만들어줄 것이다.

3. 가족 간의 갈등 대처

　나이 든 장애인을 위한 적절한 돌봄의 유형 및 장소에 대하여 가족 구성원들은 각자의 의견이 있을 수 있다. 많은 이들은 오로지 혈육 관계의 친척만이 믿을만하다고 믿고, '시설'로 여겨지는 어떤 것에도 매우 부정적인 관점을 가지고 있다. 종종 그러한 갈등은 어머니와 성인이 된 딸 사이에 나타난다.

　형제자매의 기대사항을 용납하지 않는 것은 부모가 그들의 딸 혹은 아들에게 매달리며 부모의 역할을 형제자매의 역할과 구별하지 않으려는 태도일 수 있다. 형제자매의 대부분은 그들의 장애 형제자매를 위한 기능적 부모(functional parent)가 되고, 때로는 자신의 부모를 위한 기능적 부모가 되기도 한다. 종종 우리는 아주 믿을 수 있고, 성실하며, 부모가 도움을 받기 위해 바라거나 기대하는 '남을 돕는 직업들' 중 하나에 취업한다. 우리 중 많은 사람이 이상적인 특성을 지닌 돌봄인의 전형적인 예가 된다. 많은 부모는 생활비를 장애 자녀의 수당에 의존하기 때문에 장애 자녀가 가정을 떠나기를 원하지 않는다-비록 그들은 자존심 때문에 이 사실을 받아들이지 못할 수도 있지만. 또한 의존적인 자녀는, 특히 나이 든 부모가 혼자이거나 고립되어있는 경우, 부모의 동료이자 위안이 되기도 한다.

　만약 장애 형제자매를 돌볼 수 있는 형제자매가 한 명 이상이라면 분노, 질투, 억울함뿐 아니라 더 많은 갈등이 발생할 수도 있다. 각각의 자녀는 가족 내에서 특별한 위치를 가지며 가족 구성원이 그 역할을 만들어낸다. 장애아동이 있는 가족의 경우, 자녀들은 종종 2가지 유형으로 나뉜다: 능동적인 유형과 가능한 멀리 떨어져 지내려는 유형. 이상적으로는, 초기에 상의를 통해 집안일과 책임을 타당하게 분배할 수 있는데, 만약 한 형제자매가 돌보는 역할을 하면서 일상적인 문제들을 도와주는 것에 동의한다면, 다른 형제자매는 재정적 혹은 법적인 문제를 맡게 되는 식이다.

이러한 역할분배는 어려울 수 있는데, 왜냐하면 형제자매는 그들의 부모가 자녀 각각을 돌보는 방식에 대한 실제적인 혹은 인지된 차별을 느끼면서 그들이 아동기부터 겪은 화, 분노, 두려움으로 인해 여전히 몸부림치고 있기 때문이다. 많은 경우에, 가장 많이 돌봄에 참여하는 사람이 불완전한 상황을 수용하고, 할 수 있는 한 장애 형제자매의 돌봄에 참여하지 않는 형제에 대해 원망하지 않도록 힘써야 한다. 물론 상담, 옹호 집단, 치료를 찾는 것도 어려운 상황에 대한 대처법의 일부이다.

형제자매 대부분은 부모 사후에도 머릿속에서 맴도는 그들의 목소리를 듣는다. 부모님의 소망, 그들의 소망이라고 우리가 믿는 것을 존중하려고 애쓰는 것은 스트레스를 야기할 수 있다. 때때로 임종의 순간에 부모에게 한 약속들은 형제자매를 그 후로 계속해서 무기력하게 만들고, 결국 모두를 해친다. (돌봄의)책임을 짊어진 형제자매는 그들의 장애 형제자매와 그들 자신에게 가장 이득이 되는 것이 무엇인지를 기꺼이 생각해야 한다–비록 그것이 부모의 부탁을 거스르는 일일지라도.

4. 임종 결정

한 형제자매가 말했다.

"항상 미안해요. 제가 그녀를 위해서 올바른 일을 하고 있는 걸까요? 제 남편과 제가 그녀를 돌볼 수 있을 만큼 충분히 건강할 수 있을까요? 이기적일 수 있지만, 우리가 스스로를 돌보고 퇴직 이후 우리 인생을 즐길 수 있을까요?"

사려 깊고 책임감 있게 건강관리에 대한 의사결정을 한다는 것은 복잡할 수 있다. 우리의 형제자매와 가깝게 지내면서 궁극적으로 이별을 준비하는 것은 우리에게 중요하고도 어려운 과제이다. 인위적 영양공급과 생명유지 장치에 대한 결정은 괴로움과 스트레스를 야기할 수 있다. 지적장애인 및 발달장애인에게 흡인폐렴과 탈수증은 일반적인 건강 문제이다.

"의료 체계의 제한점 때문뿐 아니라 그가 훨씬 덜 협조적이게 되기 때문에 그의 건강을 제대로 돌보지 못할까 봐 걱정돼요. 그에게 진정제를 먹이는 것이 충분히 정당화될 수 있을 만큼 필수적인 상황인지 아닌지를 알아내는 것은 항상 균형을 요구해요."

후견인제도, 건강관리 대리인, 임종과 죽음의 결정(더 많은 정보는 10장 참조)에 관한 적절한 문서에 대한 규정은 주마다 다르다. 어떤 주는 연명치료를 위한 의료진단(Medical Orders for Life Sustaining Treatment, MOLST)을 요구하는데, 이는 우리가 후견인이고 건강관리 대리인일지라도 측은하고 평화로운 죽음을 유도하는 환경을 만드는 우리의 능력에 영향을 미친다. 이러한 규정은 장애인을 보호하고자 개발되었다. 그들은 적극치료의 중단이 허락되기 전, 임종이 임박할 때조차도 의사의 승인과 정신위생법 서비스의 확인을 요구한다. 여러분이 속한 주의 규정을 알아 보기 바란다.

5. 도움 요청

도움을 요청하는 것을 두려워해서는 안 된다. 우리는 부가적인 지원이 필요할 수 있다.

LaToya는 말했다.

"저는 제가 예전에 했던 것처럼 자매에게 시간을 쏟을 수 있는 에너지가 더 이상 없어요."

돌봄인이 되는 것에 익숙한 우리들 중 일부는 우리 자신을 위해 도움을 요청하는 것이 어려울지도 모른다. 자신의 탈진상태를 과소평가해서는 안 된다. 자신에게 일일 휴가를 허락해야 한다. 자기 돌보기와 자기 사랑은 장애 형제자매에 대한 사랑과 함께 공존하는 일생의 죄의식, 후회, 두려움, 걱정을 관리하기 위해 필요하다. 상황이 힘들어지면 친척 혹은 친구에게 장애 형제자매를 방문해달라고 요청하거나 그들과 함께 방문해야 한다. 만약 가능하다면, 상황이 비교적 안정적일 때 제대로 된 휴식을 계획하라- 비록 여행 취소 보험을 들고 싶어질 수도 있지만 말이다. 여러분 자신의 삶을 더 오랫동안 제쳐놓

을수록, 여러분은 더 많은 지원을 제공하기 어려워진다. 물론 휴식을 취한다는 것을 행동으로 옮기는 것은 어려울 수 있다.

믿을 만한 서비스 제공자, 친척, 친구를 찾아서 사랑하는 형제자매를 위한 돌봄의 여정에 그들의 도움과 우정을 요청하라. 의료 협력자-여러분이 도움이 필요하다고 느낄 때 여러분을 지원할 수 있는 간호사, 의사, 다른 건강관리 전문가-를 알고 있는 것은 중요하다. 가족의 종교, 문화, 가치관 등의 요인들에 따라 여러분은 생사가 걸린 중요한 결정을 하게 될 것이고, 적절한 돌봄을 선택하면서 굉장한 괴로움을 느낄지 모른다.

6. 결론

　　장애 형제자매와의 특별한 친밀함은 우리 각자에게 자신의 인간성을 최대한 경험하게 하는 특별한 기회를 제공한다. 나의 형제를 위해 했던 것은 내가 항상 소중하게 여기게 될 인생 경험이다. 형제의 포옹, 키스, 미소(비록 갈수록 횟수가 줄었지만)와 함께 하는 즐거움의 순간이 있었다. 나는 그 소중한 순간을 귀중히 여기고 사랑하게 되었다. 내일은 더 예측하기 어려운 행동을 할 것이고 건강이 더 쇠해질것을 나는 매일 알고 있었다. 그러나 우리 모두는 다시 되돌아갈 수 없음을, 오늘이 최고의 날이 될 수도 있음을 받아들일 필요가 있다.

Chapter

아동기 / 성인기 / 후속 연구를 위한 제언

Meghan Burke

형제자매 연구

Meghan Burke

    장애인의 형제자매에 대하여 수천 가지의 연구가 진행되어 왔다. 이러한 연구의 대부분은 장애 형제 혹은 자매가 있다는 것이 형제자매에게 어떤 영향을 미치는지를 알아보기 위한 것이다. 분명한 궁금증은 이것이다: 이 모든 연구는 우리에 대해 뭐라고 말하고 있는가? 물론, 이 질문에 대한 대답은 그렇게 간단하지 않다. 연구 결과는 장애 형제자매의 영향력에 관한 엇갈리는 결론을 내고 있다. 이를테면 장애 유형, 형제자매 연령, 장애 형제자매의 행동, 가족 규모처럼 모든 것들이 형제자매의 경험에 영향을 주기 때문이다.

    그러나 형제자매에 관한 연구의 효과는 훨씬 명백하다. 연구는 형제자매로서 우리가 누구인지, 우리가 직면한 쟁점이 무엇인지, 어떤 지원이 필요한지 등을 증명하는 것을 도울 수 있다. 형제자매에 관한 연구는 장애인 관련 법률 제정에 형제자매를 포함하도록 정책 입안가를 움직일 수 있다. 게다가 이 연구는 전문가가 장애인의 가족을 더 잘 이해하고 함께 일할 수 있도록 도울 수 있으며 장애인을 위한 서비스뿐만 아니라 그들의 형제, 자매, 부모를 위한 서비스 역시 향상시킬 수 있다. 형제자매 연구의 중요성을 감안할 때, 우리

에게는 다음과 같은 것이 필수적이다:

① 현재까지의 연구 자료를 이해하는 것

② 미래의 연구에 참여하는 것

연구에 더 많은 형제자매가 참여함으로써 우리는 전문가(정책 입안가와 변호사)에게 우리가 필요한 지원이 무엇인지를 더 잘 보여줄 수 있다.

이 장은 형제자매 관련 문헌을 두 부분으로 나눈다. 아동기 형제자매(18세 혹은 그 이하)와 성인기 형제자매(18세 이상). 이 장에서 형제자매와 관련된 모든 문헌을 다룰 수도 없으며, 그러지도 않을 것이다. 이 장의 목적은 지금까지 이루어진 형제자매 연구의 요약을 제공하는 것에 있다.

1. 아동기

먼저 장애인의 어린 형제자매에 관한 연구에 대해 검토하고자 한다. 연구는 네 개의 범주로 나뉜다: 형제자매의 안녕, 형제자매의 관계, 형제자매의 참여와 지원, 후속 연구.

❶ 형제자매의 안녕

아동기 형제자매는 그들의 장애 형제자매에 대한 긍정적인 경험과 부정적인 경험을 모두 가지고 있다. 긍정적인 측면을 보자면, 장애 형제자매를 가진 아이는 그렇지 않은 아이보다 더 긍정적인 자아상을 가지고 있다. 덧붙여 어떤 이들은 장애인의 형제자매가 장애인보다 관심을 덜 받기 때문에 외로움을 느낄 것이라는 이론을 세우기도 하지만, 연구 결과들은 항상 그런 것은 아니라고 말한다. 연구자들은 사실상 모든 형제자매는 그들의 형제자매가 장애가 있든 없든 간에 유사한 정도의 외로움을 경험한다고 밝히고 있다.

반면에, 형제자매가 장애 형제자매로부터 부정적인 영향을 받는다는 것을 보여주는 연구들도 있다. 어떤 연구들은 장애인의 형제자매가 장애 형제자매가 없는 이들과 비교했을 때 행동 문제나 우울증을 더 많이 보인다고 밝힌다. 그러나 또 다른 연구들은 행동 문제나 우울증에 있어서 차이가 없다고 밝힌다. 따라서 어린 형제자매가 더 많은 행동 문제나 우울증을 겪는지에 대해서는 추가적인 연구가 필요하다.

❷ 형제자매의 관계

어린 시절, 형제자매 관계는 흔히 매우 가까우며 긍정적이다. 어린 시절의 형제자매는 장애 형제자매와 많은 시간을 보내는 편이다. 뿐만 아니라, 그들은 (그렇지 않은 경우에 비해) 보다 친밀한 관계를 형성한다고 밝혀져 왔다. 그러나 형제자매간 갈등에 관해서는 연구 결과가 엇갈린다. 어떤 연구들은 형제자매가 장애 형제자매와 더 많이 다툰다는 것을 보여주며, 다른 연구들은 형제자매간의 다툼에 있어서 차이가 없다고 밝힌다.

장애인의 형제자매는 어린 경우에도 비장애인의 형제자매와 비교하여 더 많은 돌봄 역할을 떠맡는다고 밝혀져 왔다. 이러한 더 많은 돌봄의 영향에 관한 연구 결과들은 엇갈린다. 어떤 연구들은 돌봄에 더 많은 시간을 쓰는 형제자매는 타인에 대한 이해력이 더 발달한다고 밝히고 있지만 또 다른 연구들은 더 많은 돌봄이 더 많은 불안 및 친구들과 함께 하는 시간을 줄이는 결과로 이어진다고 보고한다.

❸ 형제자매의 참여와 지원

많은 어린 형제자매가 재미있는 워크숍인 Sibshops에 참가하고 있는데, 이 워크숍은 다양한 게임과 활동에 참여할 기회와 장애 형제자매가 있다는 것이 어떤 것인지에 대해 얘기할 기회를 제공한다. 안타깝게도 우리는 Sibshops에 대한 제한된 연구만을 갖고 있다. 그렇지만 우리가 가지고 있는 몇 안 되는 연구들은 Sibshops이 형제자매에게 도움이 될 수 있음을 시사하는데, 그러한 도움은

다음과 같다: 다른 형제자매와의 만남, 공유된 경험에 대한 토론, 장애에 대한 더 많은 지식.

형제자매 워크숍에 관한 연구에 더하여, 장애 형제자매를 위한 서비스 계획(개별화교육계획, 개별화가족지원계획)에 형제자매가 참여하는 것에 관한 연구도 있다. 많은 장애인이 서비스를 받고 있고, 그렇기 때문에 서비스 계획을 가지고 있다. 안타깝게도 연구들은 많은 서비스 계획이 형제자매를 포함하지 않고 있음을 보여준다. 예를 들어, 장애가 있는 아주 어린 아이들은 가족계획에 의해 윤곽이 드러난 조기 중재 서비스를 받는다. 그 계획은 부모와 장애아동, 형제자매의 요구를 반드시 다루어야 하지만, 이들 중 대부분이 형제자매 요구를 다루지는 않는다.

또 하나의 계획은 장애가 있는 학생이 고등학교 이후의 삶을 준비하도록 돕는 전환계획이다. 전환계획은 고용, 주거, 여가 생활을 포함한 미래의 쟁점을 다룬다. 형제자매가 미래의 돌봄에 매우 크게 연관되어 있음에도 불구하고, 연구는 형제자매가 전환계획 회의에 드물게 참석하고 있다고 밝혀왔다. 물론 부모나 장애인 당사자는 이러한 회의에 형제자매를 초대할 수 있다.

❹ 후속 연구

여러분이 느끼는 것처럼, 우리는 아동기 형제자매에 대한 더 많은 연구가 필요하다. 우리는 특정 특성들이 형제자매에게 어떻게 영향을 미치는지에 대해 더 잘 이해할 필요가 있다. 예를 들어, 장애인 당사자에 대해서는 장애유형, 연령, 행동 문제, 성별이 형제자매에게 어떤 영향을 미치는가? 또 장애인의 형제자매와 관련해서는, 성격이나 출생 순서가 형제자매 관계에 어떤 영향을 미치는가? 가족의 특성 역시 미래 연구에서 고려할 필요가 있다. 가족의 규모, 문화적 배경, 사회경제적 지위가 장애인의 형제자매에게 어떤 영향을 미치는가? 가족이 어떻게 장애인의 형제자매의 안녕을 지원할 수 있을까? 장애인 형제자매의 특성, 장애 형제자매, 가족은 후속 연구에서 고려되어야 한다.

아동기 형제자매에 관한 더 많은 연구들

아동기 형제자매에 관한 연구들을 검토하기 위해서는 다음과 같은 문헌을 읽기를 바란다.

- Stoneman, Z. "Siblings of Children with Disabilities: Research Themes." Mental Retardation 43 (2005): 339-350.
- Rossiter, M. A., and D. Sharpe. "The Siblings of Individuals with Mental Retardation: A Quantitative Integration of the Literature." Journal of Child and Family Studies 10 (2001): 65-84.

2. 성인기

다음에서는 장애인의 성인기 형제자매에 대한 연구를 검토해볼 것이다. 어린 형제자매에 대한 부분처럼, 연구는 네 개의 범주로 나뉜다: 형제자매의 안녕, 형제자매의 관계, 형제자매의 참여와 지원, 후속 연구.

❶ 형제자매의 안녕

성인기 형제자매에게 있어 장애를 가진 형제자매의 영향에 관한 연구 결과들은 엇갈리고 있다. 어떤 측면에서 성인기 형제자매는 좋은 건강상태와 낮은 우울감, 행복감을 보고해왔지만, 다른 측면으로 어떤 연구들은 형제자매가 더 많은 고뇌, 비관주의, 자신만의 시간에 대한 필요를 보고하고 있다고 밝혀왔다.

장애 형제자매가 있다는 것은 형제자매가 내리는 선택에 영향을 미칠수 있다. 장애인의 여자형제는(그렇지 않은 경우에 비하여) 더 늦은 나이에 결혼을 하고 아이를 갖는 것으로 밝혀졌으나, 이혼할 가능성은 더 적었다. 이러한 결론은 '리트머스 검증'(데이트와 결혼에 관한 3장을 보라)을 뒷받침한다. 여자형제는 잠재적 배우자를 선별하기 위해 그가 장애 형제자매와 잘 어울리는지를 확인한다. 예를 들어, 어떤 여자형제는 잠재적 배우자가 자신의 장애 형제자매에게 어떻게 반응하고 교류 하는지를 보기 위해 그를 형제자매에게 소개한다. 여자형제는 미래에 돌봄 역할을 할 가능성이 크기 때문에, 결혼 전에 더 조심스러운지도 모른다. 그러므로 장애인의 여자형제는 더 늦은 나이에 결혼을 하고, 더 늦게 아이를 가지며, 이혼 가능성이 적다. 남자형제는 유사한 시기에 결혼을 하고 아이를 가지며, 이혼율 역시 차이가 없다.

❷ 형제자매의 관계

많은 성인기 형제자매가 긍정적이고 가까운 형제자매 관계를 경험한다고 밝혀져왔다. 형제자매는 그들의 장애 형제자매와 많은 시간을 보내는 경향이 있다. 성인기에 많은 형제자매는 그들의 장애 형제자매와 가까운 곳에서 사는 것을 선택한다. 그러나 형제자매 관계는 장애 유형에 따라 다를 수 있다. 정신 건강 문제를 가지고 있는 형제자매와 비교하여, 지적장애인의 형제자매는 더 친밀하고 긍정적인 관계를 맺는 것으로 밝혀져 왔다.

많은 형제자매가 자신의 장애 형제자매를 위해 미래에 돌봄 역할을 수행하게 될 것으로 예상한다. 어떤 형제자매는 장애 형제자매의 법적 후견인이나 관리인이 된다. 또한 일부 형제자매는 장애 형제자매와 함께 살 계획을 세우거나, 주거와 재정 관리를 조정할 계획을 세우기도 한다. 그렇다면, 누가 이러한 미래의 돌봄 역할을 수행하게 될까? 남자형제와 비교하여 대체로 여자형제가 주요 돌봄 역할을 수행할 가능성이 더 크다. 가정에서 장애가 없는 형제자매가 오직 한 명 뿐이라면, 역시나 그 형제자매가 미래의 돌봄 역할을 충족할 가능성이 매우 크다. 그러나 가족 규모와 상관없이 한 명의 형제자매가 장애 형제자매를 위한 주요 돌봄인이 되는 경향이 있다.

❸ 형제자매의 참여와 지원

많은 형제자매가 결과적으로 장애 형제자매를 위한 돌봄을 제공하고 있는 반면에, 형제자매는 미래계획에는 거의 참여하지 못하고 있다. 많은 형제자매는 부모가 장애 형제자매를 위한 미래계획을 세우고 있는지 여부를 알지 못한다고 연구들은 밝히고 있다. 미래계획에 참여하고 있는 형제자매는 나이가 많고, 장애 형제자매와 친밀한 관계를 갖는 경향이 있다.

❹ 후속 연구

성인기 형제자매 관련 후속 연구는 더 다양한 형제자매를 포함해야 할 필요가 있다. 현재까지 대부분의 연구는 연구에 참여하기를 자원하는, 즉 가족 일에 깊이 관여하는 형제자매에 기초하고 있다. 하지만 '덜 참여하는(관심이 없는)' 형제자매를 연구에 포함하는 것은 중요하다. 덧붙여 장애인의 형제에 관한 더 많은 연구들이 필요하다. 더 나아가 우리는 문화적으로, 언어적으로 더욱 다양한 형제자매를 연구에 참여시킬 필요가 있다.

성인기 형제자매에 관한 더 많은 연구들

- Graff, J. C., S. Neely-Barnes, and H. Smith. "Theoretical and Methodological Issues in Sibling Research." International Review of Research in Mental Retardation 36 (2008): 233-280.
- Heller, T., and C. K. Arnold. "Siblings of Adults with Developmental Disabilities: Psychological Outcomes, Relationships, and Future Planning." Journal of Policy and Practice in Intellectual Disabilities 7 (2010): 16-25.

3. 후속 연구를 위한 제언

우리는 장애인의 형제자매에 관한 많은 연구를 보았지만, 이 연구가 대표하는 집단에 관해 많은 고민이 요구된다. 후속 연구는 형제, 인종 및 문화적으로 다양한 형제자매, 덜 참여하는(별로 관심이 없는) 형제자매처럼 더욱 다양한 관점을 포함해야 한다. 그렇게 되면 형제자매 관계가 문화 및 인종, 성별, 참여의 정도에 따라 어떻게 달라지는지에 대해 더 잘 이해하게 될 것이다. 형제자매에게 필요한 지원과 서비스를 파악하기 위해 우리는 모든 다양한 배경과 관점을 가진 형제자매를 포함시켜야 한다.

또한 장애인, 형제자매, 가족의 특성이 어떻게 영향을 미치는지에 대한 더 많은 연구가 필요하다. 예를 들어, 장애의 유형, 문제 행동의 정도, 장애인의 사회성 기술이 형제자매 관계에 영향을 미칠 수 있다. 뿐만 아니라, 성격과 출생 순서도 후속 연구에 포함되어야 한다. 가족의 규모와 문화적 배경과 같은 가족의 특성을 고려하는 것 역시 중요하며, 이 또한 형제자매 관계에 영향을 미칠 수 있다.

더 나아가 모든 가족 구성원의 관점을 함께 결부시키는 더 많은 연구가 필요하다. 부모, 장애인, 형제자매의 관점을 모두 연결하는 연구는 부족하다. 사회적·정서적 환경을 포함한 형제자매의 실제 맥락을 파악하기 위해서는 연구에 모든 사람을 포함시킬 필요가 있다.

마지막으로, 형제자매에 관한 더 많은 종단연구가 필요하다. 대부분의 형제자매 연구는 특정 연령 집단의 형제자매(예를 들면, 청소년기 형제자매나 대학생 형제자매)만을 포착하고 있다. 형제자매 관계는 역동적이므로 형제자매 연구는 전 생애적 접근이 필요하다. 종단연구는 형제자매 관계가 시간에 따라 어떻게 변화하는지를 파악하는 데 필수적이다.

> 형제자매를 위한 팁

● 왜 여러분은 연구에 참여해야만 하는가?

연구는 형제자매가 장애 형제자매에 관한 정책 결정에 참여할 수 있도록 하는 강력한 도구이다. 연구 결과는 우리가 형제자매로서 마주하고 있는 쟁점을 정책 입안가가 더 잘 이해하도록 도울 수 있다. 여러분의 목소리를 세상이 들을 수 있도록, 여러분은 형제자매에 관한 연구에 참여할 수 있다. 여러분은 형제자매 리더십 네트워크 웹사이트, http://siblingleadership.org, 형제자매 이메일 목록(listservs)에서 연구를 찾을 수 있다. 연구를 찾아보려면, 여러분은 'scholar.google.com'에 방문하여, 'sibling', 'disabilities', 'family'와 같은 키워드를 사용하면 된다. 형제자매 연구 논문의 목록을 원한다면 여기에 방문하기 바란다: http://tinyurl.com/ssg-research1.

Chapter

스트레스 대처 / 다른 형제자매와의 교류 / 성인기 형제자매 지원 모임 /

전문가 상담 / 가족휴식지원서비스 탐색 / 참고서적 / 형제자매 멘토링

Don Meyer

형제자매 지원 서비스

Don Meyer

비행기를 타고 이륙하기 전에 안전지침에 귀를 기울인 적이 있다면, 비상시 다른 사람을 돕기 전에 자신의 산소마스크를 먼저 확보해야 한다는 것을 알고 있을 것이다. 그 이유는 간단하다: 자신을 먼저 돕지 않으면 남을 돕지 못한다. 삶은 비행기와 다르지만, 우리는 이것이 형제자매에게 좋은 비유라고 생각하는데, 형제자매는 종종 감정적이고 육체적인 대가를 치르면서 다른 사람의 요구를 우선시하는 데 익숙하기 때문이다. 이 장에서는 형제자매가 스스로를 돌보는 동시에 자신의 장애 형제자매를 지원하는 일을 하기 위해 어떻게 '자신의 산소마스크를 착용'할 수 있는지-해야만 하는지-에 관한 조언을 제공한다.

1. 스트레스 대처

"자신을 먼저 돌보지 않으면 다른 사람을 돌볼 수 없어." 여러분은 이런 감정을 알고 있지 않은가? 여러분이 "말은 쉽지!"라고 말하는 것이 들리는 듯하다. 하지만 비록 여러분이 스스로를 가장 먼저 돌볼 수는 없다고 하더라도, 스스로를 돌보려고 노력하지 말아야 하는 이유는 없다. 형제자매를 돌보고, 직장에 다니고, 가정을 이루고, 집을 관리하고, 세금을 내고, 연로한 부모님을 모시고, 그 밖에 세상을 돌아가게 하는 모든 일들을 처리하는 동시에라도 말이다.

우리는 유력한 스트레스 해소법을 설명하는 데에 많은 시간을 쓰지는 않을 것이다. 왜냐하면 아마도 여러분이 이미 그것들을 알고 있을 것이기 때문이다(게다가 여러분은 4장에서 그중 몇 가지를 읽었다). 하지만 상기하고 싶다면, 여기 스트레스를 줄여주는 몇 가지 주요 방법들을 확인하라.

- **운동** 모든 종류의 움직임이나 운동은 도움이 된다: 스윙댄스, 줌바, 파워워킹, 런닝머신하기 등과 같은 것들.

- **명상** 요가와 격식을 갖춘 명상 수행이 도움이 된다. 또는 혼자만의 티타임, 정원 가꾸기도 많은 이들에게는 일종의 명상 활동이다.

- **유머** 여러분의 웃음코드는 무엇인가? The Daily Show? Bridesmaids?[1] 아니면 별난 친구? Seinfeld 재방송? 아무튼 일단 먼저 웃어라!

- **교류** 고립은 스트레스로 이어지므로 친밀하게 지내고 싶은 사람들과 만나라. 여러분의 에너지를 고갈시키고(Bruce Springsteen의 말을 인용하자면) '인생 전체를 응급 상황처럼 살아가는' '감정의 흡혈귀들'은 피하라. 사랑하는 친구들 외에도, 여러분의 삶을 이해할 다른 형제자매와 교류하는 것도 고려해보라.

- **숙면** 여러 가지 책임감에 시달릴 때, 숙면을 취하는 것은 쉽지 않을 수 있다. 하지만 우리 모두는 수면이 건강한 삶의 가장 중요한 요소 중 하나라는 것을 알고 있다. 가능하다면 최대한 잠자는 시간을 확보하고 주말을 이용하여 몇 시간 동안 더 자도록 해라.

- **일기나 블로그 작성** 쓰기는 카타르시스적일 뿐만 아니라, 생각하기에 좋은 방법이다. Stephen King의 "나는 내 생각을 알기 위해 글을 쓴다."라는 말처럼 말이다. 문법과 철자는 걱정하지 말고, 그냥 써봐라!

---

1. 역자주: 한국에서는 '내 여자친구의 결혼식'으로 상영

- **취미생활** 특출나게 잘하는 건 아니지만 피아노 연주를 좋아하는가? 쿠키 만들기, 스크랩북 만들기, 정원 가꾸기, 또는 여러분이 사랑하는 사람들을 위해 멋진 식사를 만드는 것을 좋아하는가? 여러분이 좋아하는 것을 하기 위해서 미친 듯이 바쁜 시간을 쪼개도록 노력하라. 여러분은 자신을 위해 당연히 그렇게 해야 하며, 다른 사람들은 아마 여러분이 만든 쿠키 덕분에 기쁨을 느낄지도 모른다('교류'항목을 보라!).

- **자신을 위한 투자** 매니큐어, 영화 또는 마사지. 자신에게 특별한 대접을 하기 위해 큰 돈을 써야만 하는 것은 아니다. 시간을 내어 여러분의 에너지를 재충전하고, 잘한 것에 대해 스스로 보상하는 것은 여러분이 장애 형제자매를 돌보고 싶은 마음을 환기하는 데 큰 도움이 될 수 있다.

- **전문가 상담** 스트레스가 압도적이고 위의 전략이 통하지 않는다면 전문적인 치료나 상담이 필요할지도 모른다. 장애인 관련 쟁점들에 대해 잘 알고 있는 상담자나 치료사를 찾는 것에 대한 추가적인 정보들은 이 장의 '전문상담 찾기'를 참조하도록 해라.

2. 다른 형제자매와의 교류

우리는 종종 자신의 독특한 기쁨과 관심사에 대하여 다른 형제자매와 나누어 본 경험이 없는 성인기 형제자매를 만난다. 그들이 마침내 소통하는 순간, 그들은 '아하! 하는 깨달음의 순간'을 갖게 되고, '진정으로 통하는' 누군가와 자신의 경험을 나누는 순간과 비교할 만한 것은 없다고 이야기한다. 아래에서 우리는 다른 형제자매와 소통하기 위한 두 가지 방법에 대해 이야기한다: 온라인과 대면 만남.

❶ 온라인 지원

◦ SibNet

성인기 형제자매를 위한 직접 만남은 어려울 수 있지만, 인터넷 접속이 가능한 모든 사람은 몇 번의 클릭으로 SibNet을 통해 전 세계 성인기 형제자매의 모임에 접속할 수 있다. 1996년에 설립된 SibNet은 인터넷상에서 가장 오래되고 가장 큰 성인기 형제자매 모임이다. 한 회원이 말한 것처럼, SibNet은 여러분이 원하면, 새벽 3시에 잠옷을 입은 채로도 또래들의 도움을 얻을 수 있다.

이 책의 독자들을 위해 SibNet에 대한 생각을 공유해 달라고 했을 때, 몇 명의 회원들은 이렇게 말했다.

"여러분이 어디에서 온 누구인지 온전히 이해해줄 사람이 필요해요. SibNet은 제 말을 무시하지 않고 진심으로 경청해주었고, 저를 판단하지 않고 조언을 주었으며, 제 행동에 의문을 제기하기보다는 다른 방식으로 생각해보라고 저에게 제안했어요. 무엇보다도 SibNet 사람들은 제가 제 생각과 감정

속에 혼자가 되는 게 아니라, 멋진 모임의 한 구성원으로 느끼게 해줘요."

"저는 SibNet이 정말 놀라운 네트워크라고 생각해요. SibNet은 형제자매들을 놀랍게 지원해요. SibNet을 진작 알았으면 하는 아쉬움이 생길 정도로 정말 훌륭해요. 너무나 많은 이야기들이 저에게 울림을 주고, 제 감정을 많은 사람과 공유할 수 있어요. 저는(바라고 바라던!) 평생의 친구를 만들었어요. 그 친구는 저보다 스무살이나 어리지만 믿기 힘들 정도로 비슷한 환경에서 자랐어요. 우리는 우리의 이야기와 반응들이 너무나 똑같아서 믿을 수 없었어요."

"지난 몇 년 동안, 저는 전학을 많이 다녔어요. 제가 있는 곳과 상관없이 의지할 수 있는 안정된 커뮤니티인 SibNet이 너무나 좋았어요. 제가 장애 관련 쟁점 및 장애인과 얼마나 연관되어 있는지는 제가 어디에 있느냐에 따라 크게 달라져요. 집에 있을 때는 많이 관여하지만, 학교에 있을 때는 거의 관여하지 않죠. 이 모든 변화는 매우 불편할 수 있어요. SibNet은 항상 제가 장애와 형제자매 공동체의 일부임을 느낄 수 있는 장소였어요. 재미있는 기사를 읽고, 새로운 책/영화에 대해 듣고, 현재 쟁점/논란들에 대해 배우고, 다른 형제자매의 삶에서 무슨 일이 일어나고 있는지 볼 수 있는 장소였어요. 저는 SibNet에 거의 글을 올리지 않지만, 매일 올라오는 글들을 봐요. 이것은 매우 멀게만 느껴지던 내 삶의 일부가 연결되어 있음을 느낄 수 있도록해요."

"비슷한 경험을 한 다른 사람의 글을 읽는 것은 안심이 됐어요. 저는 49살이지만 여태 형제자매로서의 정체성을 확립하는 데 어려움을 겪었죠. 서로의 옷을 공유하거나 몰래 입고, 더블데이트를 나가고, 악마처럼 싸우고, 서로의 비밀을 지키는 '일반적인' 자매 관계는 상상할 수 없어요. 저와 같은 처지인 사람들과 대화하고, 강점을 발산하고, (서로를) 응원할 수 있어서 감사해요."

"많은 부모님들께서 인지하지 못하시지만 늘 존재하고 있는 미래에 대한 안 좋은 걱정들에 대해 SibNet 회원들은 이해해줘요."

"SibNet은 제 목숨을 구했어요. 저는 죄책감, 걱정, 분노에 압도당하고, 연로하신 어머니, 장애가 있는 자매, 병든 남편을 돌보며 엄청난 피로감에 휩싸였어요. 궁지에 몰린 것 같았죠. SibNet은 제가 이 모든 것을 이겨내도록 도와줬고, 지금도 그래요. 저와 함께해주신 SibNet에 있는 모든 회원분들께 감사드려요."

"SibNet은 저의 생존을 위해, 저와 함께 사는 장애 자매를 위해 제가 사용하는 생명줄이자 선물이에요. 저는 SibNet 회원들로부터 받는 피드백을 기대해요. 그 피드백이 적절하고 너무 도움이 되거든요! 다른 사람들이 고군분투하는 것을 읽으며, 저도 계속 힘을 낼 수 있도록 격려받아요."

"SibNet은 저의 모든 것을 이해하는 동료들의 집단이에요. 그들은 저의 희망, 두려움 뿐만 아니라 제 형제가 만드는 예측할 수 없는 혼란, 예상치 못한 도전, 수많은 비상사태를 다루는 동시에 아무 문제도 일으키지 않으면서 자라온 '유능한' 자매로서의 힘겨움을 이해해줘요."

"SibNet은 다양한 방법으로, 종종 어려운 상황에서도, 때로는 여러 명의 형제자매를 지원하는 따뜻하고 멋지고 정직한 사람들에게 저를 연결해주었어요. SibNet은 중도장애를 가진 형제와 함께 자라면서 제가 느끼고 생각했던 모든 것들이 타당하다는 사실과 제가 경험했고 여전히 경험하고 있는 모든 것들이 일반적이라는 것을 증명해주었죠. 이제 저는 솔직해지는 것이 불성실하다거나 사랑받지 못하는 행동이 아니라는 것을 인정해요. SibNet은 제가 저 자신과 장애형제를 위해 이뤄온 것들에 대해 자부심을 느낄 수 있도록 해줬어요."

"SibNet은 제가 다른 사람들을 도울 수 있도록 해주었어요. 그러는 동안 제가 모든 형제자매의 요구를 더 잘 이해하도록 해주었지요."

형제자매 지원 프로젝트(Siblings Support Project)에 의해 설립된 SibNet은 현재 형제자매 지원 프로젝트와 형제자매 리더십 네트워크(Sibling Leadership Network)에 의해 공동으로 운영된다. SibNet은 또한 두 가지의

'선택지'로 이루어지는데, 하나는 이메일을 선호하는 사람들을 위한 야후 그룹이고, 다른 하나는 보편적인 소셜 네트워크 사이트를 이용하기를 원하는 사람들을 위한 페이스북 그룹이다. 야후 그룹 및 페이스북 그룹과 유사하며 더 어린 형제자매를 위한 그룹인 SibTeen도 이용할 수 있다. SibNet 또는 SibTeen에 가입하려면 http://www.siblingsupport.org를 방문하면 된다.

○ 형제자매 리더십 네트워크

5명의 뛰어난 형제자매 Eu-nice, Jack, Bobby, Jean, Teddy Kennedy의 리더십이 없었다면, 미국, 실제로는 전 세계 장애인을 위한 특수교육과 서비스가 지금과 같지 않았을 거라는 말은 과언이 아니다. 형제자매는 오랫동안 장애 커뮤니티 내에서 여러 활동을 해왔지만, 최근까지도 형제자매의 관점에서 조직화된 네트워크는 없었다.

그러던 중 2007년, 형제자매에게 장애인을 돕기 위한 정보, 도구, 지침을 제공하는 국가 조직인 형제자매 리더십 네트워크(Sibling Leadership Network, SLN)가 만들어지게 되었다. 형제자매 리더십 네트워크는 개인과 주 모임으로 구성되어 있으며 가족정책사업을 지원하기 위한 연간 실행 계획 개발을 위해 함께 모인다. 모든 주에 형제자매 리더십 네트워크 지부가 있는 것은 아니지만, 많은 지부들이 계속해서 생겨나고 있다.

형제자매 리더십 네트워크에는 다음과 같은 3개의 주요 위원회가 있다: 지원과 정보, 정책 및 옹호, 연구. 이 위원회는 형제자매에 의해 운영되며, 그들 중 다수는 서비스 제공자, 연구원, 학자이다. 이 책을 쓴 저자들은 대부분 형제자매 리더십 네트워크 소속이다. 지원과 정보 위원회는 장애인의 부모에게 일상적으로 제공되는 것과 아주 유사한 서비스와 배려를 형제자매에게도 제공할 것을 주장하며, 형제자매가 이러한 자원에 대해 배우도록 돕는다. 형제자매의 독특한 관점을 대변하는 형제자매 리더십 네트워크의 정책 및 옹호 위원회는 다른 국립 장애인 단체와 협력하여 장애인과 가족에게 도움이 되는 입법을 촉구한다. 연구 위원회는 형제자매의 경험을 조사하는 역할을 한다. 연구 위원회는 연구원들에게 지침을 제공하고, 형제자매의 경험에 대한 유용한 연구에 대해 목록화하고 있다.

장애인 당사자와 형제자매는 효과적인 형제자매 리더가 필요하다. 만약 여러분이 형제자매 리더십 네트워크에 대해 자세히 알고 싶다면 http://www.siblingleadership.org를 방문하면 된다.

❷ **대면 지원 모임**

아직은 그 수가 너무 적지만, 성인기 형제자매 모임은 급속도로 늘어나고 있다. 만약 여러분이 운 좋게 장애인과 장애인 가족에게 서비스를 제공하는 진보적인 기관 근처에 산다면, 여러분은 형제자매를 지원하는 단체나 형제자매를 위한 활동을 찾을 수 있다. 하지만 현재 형제자매 서비스를 제공하는 장애인 단체가 거의 없어서, 전국의 형제자매는 다른 형제자매와의 연결 방법을 찾기 위해 나서고 있다. 형제자매 리더십 네트워크는 하나의 예이며,

형제자매 리더십 네트워크의 몇 개 지부들이 다양한 주에서 생겨나고 있다. 아래는 오하이오, 위스콘신, 테네시, 매사추세츠, 뉴욕에서 이루어진 최근 제안들의 예시이다. 다른 모임이 열리는 위치를 알고 싶거나, 여러분이 사는 주에서 형제자매 모임을 시작하고 싶다면 http://www.siblingleadership.org를 방문하면 된다.

● 오하이오 SIBS (http://www.ohiosibs.com)
　　형제자매가 서로 만나서 경험을 공유할 수 있는 기회를 제공하고 또한 시기적절한 주제와 관련된 교육을 제공하는 학회를 2001년부터 매년 개최한다. 학교에서 성인기로 이어지는 전환과정에 있는 장애 학생과 그들의 형제자매를 위한 주말 캠프를 매년 개최하여 정보와 지원을 제공한다. 오하이오 SIBS는 주 의회 의사당에서 장애 인식/법률 옹호의 날을 편성하도록 다른 주립 옹호 기관 및 서비스 기관과 협력한다. 또한 형제자매가 지역적으로 모일 수 있는 기회를 제공한다.

● 폭스 밸리 형제자매 지원 네트워크 (http://www.fvssn.org)
　　위스콘신주 애플턴에 있다. 어린 형제자매를 위해 제공되는 Sibshops에 추가하여 성인기 형제자매를 위한 프로그램을 제공한다. 그러한 행사로는, 장애인에게 양질의 돌봄을 제공하는 성인기 형제자매에게 수여하는 The Sibling Choice Award(형제자매 상), 성인기 형제자매와 그 가족을 위한 미래계획 지침을 제공하는 'Future is Now!' 연수, 성인기 형제자매와 그 장애 형제자매를 위한 사교모임(예: 카지노 밤)이 있다.

● 테네시주 성인기 형제자매 (Tennessee Adult Brothers and Sisters)

주의 동부, 중부, 서부 지역에서 매월 'TABS 세 번째 목요일' 회의를 개최한다. 단체 회원들은 이름에서 알 수 있듯이 매월 세 번째 목요일에 해당 지역에 있는 식당에 모여, 그곳에서 정보와 경험을 공유하고 다양한 주제에 대해 토론한다. 주최 측에 따르면, 그 모임은 비공식적인 모임이다.

● 매사추세츠 형제자매 지원 네트워크 (http://masiblingsupport.org)

Sibshop과의 협력 프로그램 외에도 성인기 형제자매를 위한 다양한 사교 행사를 제공한다. 지난 행사로는 디저트의 밤, 퀴즈쇼 밤, 브런치 모임, 형제자매와 관련된 주제의 영화 상영 등이 있다.

● SibsNY

엠파이어 스테이트주 전역으로의 확장을 목표로 하며 뉴욕시에 있다. 성인기 형제자매를 위해 1년 내내 '음식, 우정, 즐거움'을 주제로한 행사들을 제공하며, 또한 매달 지원 모임의 기회를 제공한다. SibsNY(http://sibsny.org)는 아동기 형제자매와 성인기 형제자매가 교류할 수 있는 기회를 지원하는 지역 회의와 모금 활동에도 참여한다.

워싱턴 서부에서 열리는 'Blue Moon' 행사와 같이 다른 주들은 지역적이고 비정기적인 모임을 운영한다. 'Blue Moon' 행사는 자주 열리지 않아서, 그렇게 모임 이름을 붙였다. 여전히 다른 성인기 형제자매 모임은 비공식적이다. 예를 들어-로스앤젤레스의 한 자매가 SibNet에 주어진 날짜와 시간에 지역 카페에 있을 예정이라고 글을 올리면서 다른 사람에게 함께 하자고 권하는 방식이다. 현재 운영되는 성인기 형제자매 모임이 담긴 목록을 보려면 형제자매 지원 프로젝트 및 형제자매 리더십 네트워크의 웹 사이트를 방문하면 된다.

3. 성인기 형제자매 지원 모임

이메일 주소 목록과 소셜 네트워크 서비스(SNS)를 통해 다른 형제자매와 걱정, 환희, 문제를 공유하는 것도 멋진 일이긴 하지만, 다른 형제자매를 직접 만나는 것은 특히 걱정을 없애주고 보람을 줄 수 있다. 대면 형제자매 모임은 여전히 드물기는 하지만 계속해서 늘어나고 있다. 장애인에게 서비스를 제공하는 기관들은 형제자매의 요구를 점점 더 인식하고 있으며, 기존에 만들어진 것이 없다면 형제자매 모임을 시작할 수도 있다. 만약 여러분의 지역사회가 이런 경우에 해당한다면, 지역에 있는 서비스 제공자에게 연락하여 형제자매 모임을 시작하는 것에 대해 요청하는 것도 나쁘지 않을 것이다.

다음의 형제자매를 위한 팁은 지역사회의 다른 형제자매와 소통하기 위한 다양한 방법을 탐색하는 데 도움이 되고자 만들어졌다.

> ### 형제자매를 위한 팁

● **비공식적인 소모임을 만들어라**

만약 여러분의 지역사회에서 모임을 찾을 수 없다면, 최소 두 가지 선택지가 있다. 첫 번째는 꽤 간단하다. 만약 여러분이 SibNet의 회원이라면, 여러분은 다음과 같은 글을 올림으로써 효과적인 시도를 할 수 있다: "저는 로스앤젤레스에 살고 있고 다른 형제자매와 함께 커피 한잔하고 싶어요. 여러분도 그러고 싶다면, 우리가 만날 수 있는 좋은 장소와 시간을 마련할게요."

마침내 만났을 때, 여러분의 모임이 거창한 토론 주제를 가질 필요는 없다. 여러분이 선택한 카페에 도착했을 때 환영해줄 수 있는 사람 단 한 명이면 되고, 만약 여러분이 확인을 해야 할 만큼 충분한 수의 인원이 모이면, 아마 이름표를 나눠주어야 할 것이다. 그때, 주최자가 해야 할 일은 모든 사람이 자신을 소개할 기회를 갖도록 하는 것이다. 다음은 우리가 비공식적인 모임에서 했던 간단한 소개이다.

"모두에게 자기소개를 할 수 있는 기회를 줄 거예요. 아무 얘기나 해도 좋지만, 모임이 끝나기 전에 모든 사람이 이야기할 기회를 갖도록 속도를 조절해주면 좋겠어요. 자기소개를 할 때, 여러분의 이름, 고향, 장애 형제자매의 이름과 장애, 왜 토요일 밤을 포기하고 우리와 함께 하는지를 나눌 수도 있어요. 여러분이 말할 차례가 될 때까지 기다리지 마세요. 만약 누군가가 자기소개 시간 동안 말한 내용에 여러분이 코멘트하고 싶은 것이 있다면 그렇게 해도 좋아요."

● MEETUP

형제자매가 만나는 또 다른 방법은 기술의 힘을 이용해서 'Meetup'을 만든 720만 명이 넘는 사람들과 함께 하는 것이다. Meetup은 세계에서 가장 큰 지역 모임 네트워크다. Meetup의 목적은 지역사회를 활성화하고 전 세계 사람들의 자발적 조직을 돕는 것이다. 현재 미국 전역에는 수천 개의 Meetup 단체가 있으며, 미술품 수집 모임부터 브런치 모임, 스윙 댄스 모임, 불교 관련 명상 모임까지 다양한 관심사를 가진 사람들을 한데 모으고 있다.

http://www.meetup.com을 방문하면 지역 형제자매 모임을 찾거나 만들 수 있다. Meetup을 통해, 매일 수천 개의 모임이 그들 자신이나 그들의 지역사회를 발전시킨다는 목표를 가지고 지역사회에서 모인다. 모임 리스트에 형제자매 모임을 추가하는 것은 어떠한가?

● 성인기 형제자매를 위한 일회성 이벤트를 개최하라

일회성 성인기 형제자매 모임을 주최하기로 했다면(아마 장애인 서비스 기관이 후원하는 경우일 것이다), 아래에 제시되는 활동지를 사용하거나 수정할 수 있다. 위에서 언급한 비공식 모임과 마찬가지로, 참가자들에게 자신을 소개할 기회를 제공하고, 간단한 지침을 제공함으로써 모든 사람이 이야기를 나누게 한다.

참석자가 10명 이상일 경우, 두 그룹(또는 그 이상의 그룹)으로 나누는 것을 고려하라. 그룹으로 나눌 때는 각 그룹당 한 명에게 그들이 토론한 주제들의 간단한 목록을 기록해가는 기록자(서기) 역할을 해달라고 요청하라.

행사 마지막 15분 동안 각 집단이 함께 모여 집단에서 논의한 주제를 기록자가 보고하게 한다.

● 성인기 형제자매를 위한 지속적인 행사를 개최하라

일회성 형제자매 행사가 긍정적이었으면, 참석자들에게 다시 만나고 싶은지 물어본다. 만약 대답이 '그렇다'라면, 다음 과제는 참석자들이 만날 수 있는 좋은 시간과 관심 있는 주제를 결정하기 위한 정보를 찾는 것이다. 성인기 형제자매는 대부분 그들의 직업, 사회생활, 자녀, 부모님, 장애 형제자매로 인해 매우 바쁘다. 여러분은 그들의 요구와 관심사를 반영하고 그들이 바쁜 스케줄에 추가할 정도의 충분히 설득력 있는 프로그램을 만들고 싶을 것이다.

아래에 제시된 것과 유사한 설문지를 배포하는 것을 고려하라(온라인 설문지를 작성하고자 하는 경우 Survey Monkey와 같은 무료 웹 설문지가 있음). 여러분이 받는 피드백은 여러분의 모임이 가족 문제의 토론에 초점을 맞출 것인지, 혹은 정보에 초점을 맞출 것인지, 아니면 둘 모두를 조금씩 다룰 것인지에 대한 방향을 제공해 줄 것이다.

만약 여러분이 특강 강사를 찾고 있다면, 기관 임원진은 종종 특강을 자원할 것이다. 물론, 여러분이 그들에게 감사패를 줄 수 있다면, 무슨 수를 써서라도 그렇게 해야 한다. 쿠키 한 접시, 와인 한 병, 혹은 그들 또는 그들의 관리자에게 보내는 메모가 여러분의 감사를 표현하는 좋은 방법이 될 수 있다.

쿠키와 와인 이야기가 나와서 하는 말인데, 여러분의 모임을 즐겁게 하는 것 역시 고려해야 한다. 물론, 여러분은 무거운 주제를 다루게 되겠지만, 알려진 농담 같은 것도 함께 나누는 것이 이상적이 다. Sibshop은 어린 형제자매에게 즐거운 분위기 안에서 또래 지원과 정보를 제공하는데, 왜 성인기 형제자매는 행복을 강조하는 분위기에서 또래 지원과 정보를 즐길 수 없는가?

마지막 한 가지 제안: 많은 성인기 형제자매는 여러 가지 책임을 지고 있고, 정말 바쁜 사람들이다. 그들은 여러분이 만든 모임을 사랑하지만, 미처 모임 일정을 달력에 적어놓지 못했을 수도 있다. 전화를 걸어 그들이 미리 상기할 수 있도록 돕는 친절을 베풀어야 한다. 그들이 전화를 받을 것 같은 낮에 전화해야 한다. 전화를 돌리는 데 몇 분 정도 걸리겠지만, 더 많은 사람의 참석으로 보상을 받을 것이다.

형제, 자매, 장애 형제자매: 형제자매 모임 안내

안녕하세요! 특별한 도움이 필요한 사람들의 형제자매가 직면하고 있는 쟁점에 대한 토론에 참여해주셔서 고맙습니다. 이 토론을 하는 동안, 여러분은 장애가 있는 형제자매와 함께 하는 삶에 대해 이야기할 기회를 얻게 될 것입니다: 좋은 점, 좋지 않은 점, 그 사이에 있는 모든 것에 대해서 말입니다.

우선 여러분 자신에 대한 정보, 즉 여러분이 살고 있는 곳, 여러분의 직장 또는 학교에서의 위치, 관심 사항 등을 공유해주시길 부탁드립니다. 또한 장애를 가진 형제나 자매에 대한 정보를 공유해주시기 바랍니다. 우리는 또한 여러분이 자라온 환경과 가족에 대한 정보를 공유할 것을 부탁할 수도 있습니다- 총 형제자매 수 등.

아래에 나열된 질문은 여러분이 토론하기를 바라는 것들입니다.

과거

- 형제자매의 병이나 장애에 대해 어떻게 배웠고, 어떤 식의 설명을 들었나요?
- 자라면서, 형제자매의 장애나 질병이 여러분에게 어떤 특별한 문제를 일으킨 적이 있나요(친구, 학교, 집 등)?
- 형제자매의 장애나 질병으로 인해 여러분에게 특별한 기회가 생긴 적이 있나요?
- 여러분은 여자형제들의 경험이 남자형제들의 경험과 다르다고 생각하나요? 만약 그렇다면 어떻게 다른가요?

- 여러분은 손위 형제자매의 경험이 손아래 형제자매의 경험과 다르다고 생각하나요? 만약 그렇다면 어떻게 다른가요?
- 어린 형제자매에게 어떤 충고를 하고 싶나요? 부모님께는요?
- 장애인의 가족과 함께 일하는 서비스 제공자에게 어떤 메시지를 전달하고 싶나요?
- 여러분의 필요를 충족시켜줌과 동시에 형제자매의 특별한 요구에 가족이 적응할 수 있도록 부모님께서 특별히 잘하신 것은 무엇이라 생각하나요?
- 그분들이 하셨던 것과 다르게 바랐던 것이 있나요?
- 형제자매, 가족, 또는 여러분 자신에 대해 나누고 싶은 이야기나 일화가 있나요?

현재와 미래

- 여러분과 형제자매의 미래에 대해 생각하면 무엇이 떠오르나요?
- 형제자매의 미래에 대한 가족들의 계획은 어떻게 설명할 수 있나요?
- 장애인의 성인기 형제자매로서 여러분의 걱정을 해결해주기 위해 기관들이 할 수 있는 일은 무엇인가요?
- 성인기 형제자매의 관심과 쟁점을 해결하기 위한 서비스나 프로그램이 개발된다면 어떤 모습일까요?

© Sibling Support Project http://www.siblingsupport.org

우리의 형제자매와 우리 자신:
형제자매 모임 토론을 위한 설문지

안녕하세요, 좋은 아침입니다! 오늘 아침 워크숍에서, 우리는 여러분과 여러분이 생각하는 형제자매의 쟁점을 공유하려 합니다. 워크숍이 시작되기를 기다리는 동안, 잠시 시간을 내어 여러분 인생의 계절에 대한 생각을 적어 보십시오. 우리는 여러분의 의견을 참고해 워크숍을 진행할 것입니다.

과거_ 여러분이 자라온 경험을 바탕으로 볼 때, 어린 형제자매의 세 가지 가장 큰 걱정은 무엇이라고 생각하나요?

현재_ 장애 형제자매를 돌보는 것과 관련하여 여러분(여러분의 가족)이 직면하고 있는 과제는 무엇인가요? 그중 가장 큰 세 가지는 무엇인가요?

미래_ 다가오는 미래를 비추는 수정구슬을 들여다보세요. 앞에 놓인 도전은 무엇인가요? 여러분이 장애 형제자매를 돕는 것을 지원하기 위해 서비스 제공자가 할 수 있는 것은 무엇인가요?

여러분의 의견에 감사드립니다! 여러분의 답변을 빨리 듣고 싶군요!

ⓒ Sibling Support Project http://www.siblingsupport.org

4. 전문가 상담

또래들과 네트워크를 만드는 것은 가치가 있지만, 때때로 이것으로 충분하지 않을 수도 있다. 우리는 우리의 걱정을 듣고, 피드백을 제공하고, 우리가 더 깊은 이해나 새로운 관점을 얻을 수 있도록 도와줄 수 있는 전문적인 상담가, 치료사 또는 사회복지사의 지원이 때로는 필요하다.

상담가나 치료사의 도움을 받는 것에 대해 거리낌이 있었던 시대는 지났다. 오늘날 많은 사람은 그들의 관계, 경력, 인생의 다른 영역에서 그들의 목표를 달성하도록 돕고자 고용된 전문가의 도움을 높이 평가한다.

상담가, 치료사 또는 사회복지사의 도움을 구하는 데 있어, 형제자매로서 가진 여러분의 구체적인 요구에 반응할 수 있는 사람을 찾는 것은 중요하다. 안타깝게도, 모든 전문가가 형제자매가 가진 쟁점에 대한 경험이나 이해를 가지고 있는 것은 아니다. 만약 여러분이 건강보험이 있다면, 여러분의 보험사가 가진 행동 건강 전문가에 대한 안내 책자에는 전문가들의 전문분야 목록이 있을 수도 있다. 전문분야가 포함되어 있다면, 가족 치료를 제공하고 가족 관계와 관련된 쟁점들, 가족 역학 관계에 대한 배경을 가지고 있는 사람들을 찾아라.

형제자매 쟁점을 '이해'하는 전문가를 찾는 또 다른 전략은 가족 지원 서비스를 제공하는 장애인 기관에 문의하는 것이다. 이러한 서비스 제공자 중 너무 많은 이들에게 '가족'이라는 단어는 여전히 '부모'를 의미하지만, 이러한 기관에서 일하는 사람은 형제자매와 함께 일한 경험이 있는 동료를 알 수도 있다. 또한 많은 형제자매가 타인을 돕는 직업을 가지기 때문에 그들은 상담가이자 형제자매인 사람을 알고 있을지도 모른다.

만약 여러분이 운 좋게도 다른 형제자매를 알고 있어서 그들에게 추천을 요청하는 것이 편하다면, 그들은 전문적인 도움을 찾는 데 훌륭한 자원이 될 수 있다. SibNet이나 다른 온라인 커뮤니티를 통해 다른 형제자매에게 연락하는 것은 입소문을 내서 유용한 전문가를 소개받는 다른 방법이다. 형제자매 쟁점에 관심을 가진 상담가를 찾는 마지막 방법은 지역 Sibshop 조력자에게 연락하는 것이다. 그들은 일반적으로 어린 형제자매와 함께 일하는 동안, '형제자매에게 익숙하며' 성인기 형제자매를 만나곤 하는 상담가를 알게 된다. 여러분이 사는 지역사회에서 Sibshop 찾는 법을 알아보려면 http://www.siblingsupport.org/sibshops/find-a-sibshop을 방문하면 된다.

5. 가족휴식지원서비스 탐색

모든 사람, 특히 돌봄인은 휴식을 취할 자격이 있다. 최상의 상황으로 휴식을 취하기는 어려울 수 있지만, 휴식 선택권은 존재하며 탐구할 가치가 있다.

정확히 가족휴식지원서비스(Respite)[2]란 무엇인가? 가족휴식지원서비

---

2. **역자주**: 한국의 경우, 보건복지부에서 '발달장애인 가족휴식지원' 사업을 실시

스는 가족구성원이나 돌봄인에게 짧은 기간(보통 하루 이상)동안 휴식을 제공하기 위해 몸이 불편한 어른 혹은 아동을 일시적으로 거주기관에 의탁하는 것이다. 또한 가족휴식지원서비스를 통해 전문가가 가정에 방문하여 돌봄을 제공하기도 한다.

가족휴식지원서비스를 받으면 돌봄인은 2시간부터 2주까지의 기간 동안 집을 비울 수 있다. 성인의 경우, 요양원, 주간 활동 센터, 가정돌봄 기관, 동반자 서비스에서 가족휴식지원서비스를 제공한다. 심지어 일부 기관은 야간 및 주말 가족휴식지원서비스를 위해 아파트나 주택, 종사자를 지정한다. 노인의료보험제도(Medicare)는 그 비용은 제공해주지 않지만 약간의 지원을 제공해준다. 때때로 자원봉사자가 가족휴식지원서비스를 제공하며, 무료 혹은 공적 자금으로 보조될 수 있다.

지역사회에서 가족휴식지원서비스가 가능한 곳을 알아보려면 http://archrespite.org/respitelocator의 ARCH 돌봄인 위치탐색 사이트(Response Care Provider Locator)를 방문하면 된다.

우리 자신을 돌보기 위한 시간과 에너지를 찾는 것이 항상 쉬운 것은 아니다. 장애 형제자매를 둔 이들 중엔 그런 시간에 익숙하지 않은 사람들이 많다. 우리가 아는 형제자매 중 많은 이들은 성공적인 직업과 인상적인 취미를 가지고 있고, 여러 세대의 가족 구성원과 친구를 돌본다. 그들은 단번에 높은 빌딩을 뛰어넘는 것을 제외한 일상적인 재능들을 가지고 있다.

하지만 우리 자신을 돕는 능력은 우리가 특히 힘든 시기에 다른 사람들을 얼마나 잘 도울 수 있는지에 영향을 미친다. 우리가 난기류를 만났을 때, 우리의 본능은 먼저 산소마스크에 손을 뻗는 것이어야 한다. 우리가 숨을 쉴 수 있어야 다른 이들을 도울 수 있다.

6. 참고서적

형제자매가 쓴 책을 읽는 것은 다른 형제자매를 '만나는' 좋은 방법이 될 수 있다. 우리는 우리가 가장 좋아하는 작가들에게 이 책의 독자를 위해 그들의 이야기를 써달라고 요청했고, 그들이 쓴 것은 다음과 같다.

● Mary McHugh의 <Special Siblings>

Mary McHugh는 뇌성마비와 중도 지적장애를 가진 그녀의 형제인 Jack과 함께 자랐다. 그녀는 Jack에게 종종 사랑뿐만 아니라 분함, 화, 당혹감, 죄책감과 같은 양가적 감정을 느꼈다. 그녀는 장애인의 다른 형제자매도 같은 감정을 가지고 있는지 알고 싶었다. 그래서 그녀는 모든 유형의 장애 형제자매를 둔 다양한 연령대의 형제자매 100명을 면담했고, 그 분야의 전문가도 면담했다. 그 형제자매들은 그녀의 감정과 너무나 흡사한 자신의 감정을 말했고, 그들이 얼마나 자신에 대해 이야기할 기회가 없었는지를 이야기했다. Mary는 그들의 이야기를 자신의 이야기와 함께 그녀의 책인 <Special Siblings: Growing Up with Someone with a Disability>(Paul Brookes 출판)에 실었다.

그녀는 다른 형제자매에게 그들이 갖는 감정이 평범한 것이며, 그들 중 누구도 죄책감을 느끼지 말아야 한다고 말했다. 이 책은 유년기, 청소년기, 성인기로 구분되며, 이 세 가지 생애 기간 동안 일어날 수 있는 문제, 스트레스를 받을 때 도움을 청하는 방법을 포함하고 있다. 이 책은 전 세계의 장애 형제자매를 둔 사람들에게 친구가 되려는 의도로 집필되었다.

● Kate Strohm의 <Being the Other One>

이 책은 작가 자신의(뇌성마비가 있는 언니를 둔 여동생으로서의) 경험과 그녀가 모든 연령대의 형제자매와 면담한 내용에 바탕을 두고 있다. 먼저, Kate는 혼란과 고통에서 더 많은 이해와 수용으로 가는 자신의 여정을 공유한다. 그 후 다른 형제자매가 종종 느끼는 비밀스러운 감정을 탐구하고, 마지막으로 그들이 직면하는 도전에 대처하기 위한 귀중한 전략을 제시한다. 또한 장애 형제자매의 돌봄에 책임을 져야 하는 어린 시절부터 성인기까지 모든 삶의 단계에서 형제자매가 직면하는 어려움을 드러낸다. 비록 이 책이 형제자매가 직면할 수 있는 도전들을 솔직하게 들여다보고는 있지만, 이것은 형제자매뿐만 아니라 부모나 전문가를 위한 격려와 실천적 전략으로 가득하다. Kate는 형제자매가 자신의 감정과 걱정을 명확히 밝히고 공개적으로 표현할 수 있을 때, 부모와 건강 전문가가 필요한 지원을 제공할 때, 형제자매가 잘 자랄 수 있다고 강조한다. 이 책에는 개인적 탐구를 위한 쓰기 연습과제와 유용한 서적, 단체, 웹 사이트를 나열한 실질적인 자료가 포함되어 있다.

● Don Meyer가 편집한 <Thicker than Water>

이 수필집에서는 39명의 성인기 형제자매(이 책의 기고자 포함)가 장애 형제자매와의 관계에 의해 형성된 그들의 삶을 반영하고 있다. 기고자의 연령 범위는 20세부터 70세까지이며, 그들의 형제자매가 가진 장애는 다운증후군, 자폐성장애, 뇌성마비, 뇌전증, 시각장애, 약체 X 증후군, 지적장애 또는 정신질환을 포함한다.

● Rachel Simon의 <Riding the Bus with My Sister[3]>

이 책은 작가와 지적장애를 가진 그녀의 여동생 Beth와의 관계에 관한 것이다. 2005년 Hallmark는 이 책을 바탕으로 Rosie O'Donnell와 Andie MacDowell이 주연한 영화를 제작했다. 이 자매들은 나이 차이가 겨우 11개월 정도밖에 나지 않기 때문에(Rachel이 나이가 더 많다), Rachel은 형제자매의 경험을 특징짓는 복잡한 감정을 느끼지 않은 시기가 없었다고 말한다. 이러한 감정은 부모의 이혼, 자매가 10대일 때 있었던 가정의 혼란, 20대에 Beth가 그룹홈으로 이사를 가면서 더욱 복잡해졌다. Rachel의 감정의 강도는 Beth가 30대 초반에 자신의 아파트로 이사했을 때 절정에 달했다. 그 즈음 Beth는 시내버스 타기에 푹 빠졌다.

이 책은 Beth가 온종일, 매일 버스에서 보내기 시작한 지 6년 후부터 시작한다. 이것은 Rachel이 바랐던 여동생의 삶이 아니었고, Beth의 열정에 대

---

3. 역자주: 한국에서는 '세상에서 가장 큰 유리창이 있는 버스를 탔다'로 출판

한 그녀의 비판적인 감정이 그들 사이를 틀어지게 만들었다. 이 책의 편집자의 제안으로 Rachel은 여동생과 함께 하루 동안 버스를 탔고, 그녀가 버스 타기를 통해 우정을 쌓고 자립을 얻었다는 것을 알게 되었다. 그녀는 또한 자신의 자존심을 지키려면, 그 관계에서 부정적인 감정을 해결하려고 노력할 필요가 있다는 것을 깨달았다. 그 하루는 일년으로 이어졌고, Rachel의 책은 그 해와 더불어 그들의 삶을 유아기부터 중년까지 기록한다.

Rachel이 여동생과 버스를 타기 시작했을 때, 그녀의 삶은 어두운 터널을 지나고 있었다. 외롭고 슬픈 그녀는 재정적인 안정과 감정적인 탈출 모두를 위해 여러 가지 일을 하고 있었다. Beth의 버스 운전사 친구들, 복지관 직원, 남자친구와 친구가 되면서, Rachel은 삶에 대한 그들의 많은 통찰이 그녀에게 특별한 반향을 불러일으킨다는 것을 알게 되었고, 그녀는 자신의 개인적인 고립을 해결하기 위한 조치를 취하게 되었다.

그녀는 또한 자기결정이라고 불리는 시민권 개정 때문에 Beth에게 자신의 삶을 선택할 권리가 있다는 것을 알게 되었다. Rachel은 여동생의 그대로를 받아들임으로써, 다른 모든 사람을 그들이 되고 싶은 사람으로 받아들이기 시작했다. 궁극적으로 이러한 태도 변화는 작가 자신의 삶을 바꿀 수 있게 했다.

Rachel은 '나쁜 언니'처럼 느끼는 것을 멈추기 위해 버스를 타기 시작했다. 그녀는 그 여행을 훨씬 더 좋은 언니로 마칠 수 있었다.

● Susan Meyers의 <Check This Box If You Are Blind>

42세의 Andy는 개, 드라큘라 백작, 클래식 자동차, TV를 보면서 간단히 먹는 저녁, Olivia Newton-John을 사랑한다. 그는 재미있고, 예민하고, 고집이 세다. 그는 지적장애를 가지고 있고, 불행하게도 시력을 잃어가고 있다. Andy는 자신의 눈 상태에 대해 동의하지 않으며, 자신의 시야가 곧 돌아올 것이라고 믿는다. 그때까지 그는 눈이 보일 때처럼 지내기로 했고, 그것은 그의 직장과 많은 우정, 그의 안전을 위험에 빠지게 했다. Susan은 Andy의 누나이자 평생 보호자다. 그들이 어렸을 때, 그녀는 매일 아침 그의 통통한 작은 손을 쥐고 그를 학교까지 바래다주었다. 그러나 성인기 남매로서 Susan은 완벽한 삶을 살기 위해 고군분투하고 있다: Andy의 고민은 똑딱거리는 시한폭탄 같고, 그녀는 Andy를 구출하기 전까지는 행복할 수 없다. Susan은 "우리의 인생은 서로 엮어진 것처럼, 분리되어 있지만 꼬여있어요."라며, "이게 바로 형제자매죠."라고 말한다. 이것은 모든 형제자매가 해야만 하는 것을 배워 온 Susan의 여정에 대한 이야기이다: 그녀와 남동생이 장애인과 비장애인으로서가 아니라, 구조자와 희생자로서가 아니라, 부모와 자식으로서가 아니라, 옳은 것과 그른 것으로서가 아니라 최선을 다해야 한다는 것. 비록 동등하거나 완벽하지는 않지만 서로를 돌보는 사람들, 즉 누나와 남동생으로서, 가족으로서 만날 때 그 관계가 최상이라는 것을 그녀는 차차 알게 되었다.

● Paul Karasik와 Judy Karasik의

<함께 살아가기: 조금 특별하게 조금 다르게 (The Ride Together: A Brother and Sister's Memoir of Autism in the Family)>

"우리는 제각기 다른 조각이지만 같은 캔에서 나와 어떤 집에 버려진 한 컵의 과일 칵테일 같았다."라는 글과 함께 다른 책들과 달리 절반은 만화로, 절반은 글로 되어 있는, 자폐성장애와 함께 살아가는 한 가족과 그 이상한 삶(그들에게는 평범하지만)에 대한 책이 시작된다. 이 획기적인 작품은 가정 속에서 자폐성장애 함께하는 삶이 어떤 것인지를 정직하고 유창하며 공손하게 표현하여 뉴욕타임즈에 소개되었다.

● Eileen Garvin의

<How to Be a Sister: A Love Story with a Twist of Autism>

Eileen Garvin은 1970년대에 아일랜드 가톨릭 가정에서 태어난 다섯 아이 중 막내였다. 그녀의 언니 Margaret은 3살 때 자폐성장애 진단을 받았다. Margaret과 함께 자라는 것은 쉽지 않았다. 어색하기도 하고, 재미있기도 하고, 가슴이 아프기도 하며, 때로는 세 가지 모두를 한꺼번에 느낄 수도 있었다. 가끔 잃어버린 머리빗처럼 하찮은 것이 Margaret을 몇 시간 동안 소리 지르고 견딜 수 없게 만들기도 했다. 결혼식과 같은 격식 있는 행사에는 늘 열광적인 웃음, 고함, 노래가 함께 했다. 20대에 Eileen은 집에서 1,600마일 떨어진 곳으로 이사했다. 그러나 몇 년 후 그녀는 태어났을 때부터 자신을 괴롭혀온 문

제에 맞닥뜨리기 위해 돌아왔다: 그녀는 Margaret과 무엇을 할 것인가?

이 책은 Margaret과 다시 함께하려는 Eileen의 시도에 대한 이야기를 들려준다. 이메일도 할 수 없고, 전화통화도 할 수 없고 사랑한다고도 말하지 못하는 사람과 어떻게 관계를 맺을 수 있을까? 부모가 나이 들어가는 동안, 부모 사후에 그녀는 Margaret의 삶에서 어떤 역할을 할 것인가? 그녀는 Margaret을 위한 공간을 그녀의 삶에서 찾게 될 것인가, 아니면 그냥 떠날 것인가? 깊은 회고록인 이 책은 자폐성장애인의 형제자매, 부모, 친구, 교사, 다양한 사람과 연결되기 위해 애쓰는 모든 사람에게 말한다.

● Terrell Harris Dougan의
<THAT Went Well...Adventures in Caring for My Sister>

발달장애를 가진 형제자매가 몹시 화난 상태에서 우리를 향해 던진 물건을 피해본 적 있는가? 여러분은 그들에게 화를 내서는 안 되는 건가? 나의 경우 슈퍼마켓에서 포장된 닭고기가 날아왔는데, 그것을 본 계산원이 마침내 웃음을 멈추고 말했다. "당신은 이 일에 관해 책을 써야해요."

Ernest Hemingway는 무엇이 여러분을 분노나 사랑 또는 좌절에 열정적으로 만드는지 알아내서, 그것을 쓰라고 말했다. 왜냐하면, 바로 거기에 핵심이 있기 때문이다. 그는 정말 옳았다. 나는 그것을 종이에 적었다. 희극적인 장면과, 다른 사람들은 비극적이라고 생각하지만 우리에게는 당연한 삶의 일부인 장면을 말이다. 또한 나는 우리가 특별한 형제자매를 어떻게 다루어야 하는지(잘 알지도 못하면서) 훈수를 두는 친구들을 욕했다. 나는 이런 일들을 겪으면서 살아가는 모든 형제와 자매들에게 이것을 바쳤다. 여기 책의 서두가 있다.

"오, 그럼요. 저도 알아요. 저도 똑같이 겪어 봤어요. 지금도 겪고 있고요. 그 일들은 항상 여기에 있고 사라지지 않을 거예요. 저는 매일 잠에서 깨어나서, 여러분처럼 "이 얼마나 생생한 지옥인가!"라고 외쳐요. 저랑 같이 차 한 잔해요. 뭐, 물론 좀 더 강한 걸 섞어야죠. 우리는 충분히 그럴만한 자격이 있어요."

7. 형제자매 멘토링

철학자인 Kierkegaard는 "행복의 문은 바깥으로 열린다."고 말했다. 많은 성인기 형제자매는 어린 형제자매들에게 그들이 어렸을 때 받았으면 하는 도움을 주는 데서 가치를 찾았다. 이 형제자매는 그들이 다른 사람을 돕는 것으로부터 얻는 성취감이 자기관리에 강력하고 재미있는 시간을 제공한다고 말한다.

어린 형제자매를 위한 가장 잘 알려진 또래 지원 모델은 Sibshop이다. Sibshop은 어린 형제자매들에게 활기차고 즐거운 맥락에서 또래들의 지원과 정보를 제공한다. 참여자는 Sibshop에서 다른 형제자매를 만나고, 즐겁게 놀고, 웃고, 장애 형제자매에 대해 이야기하며, 새로운 게임을 하고, 그들의 형제자매가 받는 서비스에 대해 배운다.

　아이 다루기 기술과 경청 기술을 가진 성인기 형제자매는 훌륭한 Sibshop의 조력자가 된다. 그들은 재미의 중요성을 이해하고, 프로그램을 '솔직'하게 유지하도록 도울 수 있으며, 때때로 자신의 어린 시절 경험을 공유한다. 성인기 형제자매 조력자들은 어린 형제자매와 어울리는 것이 그들 자신을 더 넓은 시각으로 바라보는 데 도움이 된다고 말한다. 미국, 캐나다, 그 외 국가에 수백 개의 Sibshop이 있다. 서비스를 제공하거나 서비스를 시작하려면 http://www.siblingsupport.org를 방문하여 온라인 안내 책자와 추가 정보를 확인하면 된다.

Chapter 8

지원 서비스 정보의 필요성 / 지원 서비스의 시작 / 발달장애인법 / 발달장애인법의 기여 / 자립생활운동 / 국립 자립생활협회 / 권리옹호 운동 / 지원 서비스 / 장애 정의 / 지원 서비스 자금: 의료부조 / 의료부조가 보장하는 지원 서비스 / 장애인 지원 서비스 / 21세 이하의 아동 지원 서비스 / 성인 지원 서비스 / 가족 지원 서비스 / 유용한 정보 / 동료지원 / 미래 돌봄 계획 / 결론

_199

Emily Holl
&
Don Meyer

발달장애인 지원 서비스

Emily Holl & Don Meyer

이 책에서 가장 까다로운 장 가운데 하나를 읽게 된 것을 환영한다. 이 장을 쓰면서 우리는 이 주제 자체로 (매우 긴) 책 한 권이 될 수 있음을 바로 알게 되었다.

장애 서비스 시스템은 복잡하고, 계속 바뀌며, 주마다 다르다. 미국 전역에 걸친 장애 서비스에 대한 종합적인 안내책자를 작성하는 것은 역사학자, 정부 관료, 의료부조(Medicaid) 전문가, 장애 서비스 제공자, 변호사, 재무설계사, 의학 전문가, 교육자, 심리학자, 정신과 의사, 언어치료사, 작업치료사, 물리치료사, 다양한 분야의 의사, 물론 서비스 수혜자인 지적장애인 및 발달장애인 당사자와 그 가족을 포함하는 다양한 분야의 (매우 박식한) 전문가 집단의 도움을 요구한다.

그런 종합적인 가이드는 장애 형제자매를 위한 서비스 정보를 찾고 있는 이들에게 확실히 도움이 된다. 그러나 서비스 시스템은 매우 빠르게 변하기 때문에 이 책이 출판되는 시점에는 구식이 될 것이다.

따라서 이 장에 대한 우리의 목적은 여러분이 알기 원하는 장애 서비스에 대한 모든 것을 가르쳐주는 것이 아니다. 대신 우리의 목적은 여러분이 일반적으로 이용 할 수 있는 지원의 유형과 그것을 더 잘 찾는 방법을 배우도록 장애 서비스 시스템에 대한 전반적인 개관을 제공하는 것이다.

1. 지원 서비스 정보의 필요성

여러분의 장애 형제자매에게 유용한 서비스에 대해서 아는 것이 왜 중요한가?

한 가지 중요한 이유는, 유명한(때로는 논쟁이 되기도 하는) 전 영부인이 말했던 육아에 관해 자주 인용되는 문구를 빌리자면, 장애를 가진 가족 구성원을 위한 지원은 최소한 마을 하나를 필요로 하기 때문이다. 돌봄에 관여하는 사람이 많을수록, 최소한 이론적으로는 여러분이 사랑하는 형제자매의 요구와 여러분의 요구 사이의 균형을 맞추는 것이 더 쉬워진다. 우리의 스트레스 관리 능력은 -우리와 우리의 공동저자들이 이 책 전반에 걸쳐 공유하는 것처럼- 궁극적으로 모든 사람에 대한 더 나은 돌봄으로 이어진다.

사랑하는 장애인을 돌보려고 할 때 어느 두 개의 마을도 완벽히 똑같지는 않다. 여러분의 마을은 여러분 형제자매의 지원을 기꺼이 도울 수 있는 많은 가족 구성원- 조부모님, 부모님, 고모/이모, 삼촌, 사촌들- 을 포함할지도 모른다. 아니면 여러분의 마을은 친구, 이웃, 지역사회의 다른 구성원들과 더불어 여러분의 직계가족을 포함할 수도 있다. 혹은 여러분의 마을에는 오직 여러분만 있을지도 모른다.

어느 가족도 상황이 똑같지 않으며, 장애인과 그 가족이 필요로 하는 지원의 유형과 양은 모두 다르다. 적절한 양질의 서비스에 대한 이용 가능성과 더불어 가족의 구조, 역동성, 믿음, 종교, 문화가 공적 지원을 얻고자 하는 가족의 결정에 영향을 미칠 수 있다.

대다수의 지적장애인이 공식적인 장애 서비스 없이도 지역사회에서 살아가고 있음을 우리는 연구를 통해 알고 있다(Johnson Foundation at Wingspread, 2011).

우리는 또한 부모가 연로해지거나 부모 사후에 종종 형제자매가 지적장애 형제 혹은 자매를 돌보는 책임을 진다는 것을 알고 있다(Heller & Kramer, 2009; Burke, Taylor, Urbano, and Hodapp, 2012).

2011년, AARP[1] 공공정책연구소(Public Policy Institute)는 노인과 장애인을 포함하여 일상적인 활동에 제한을 가진 성인을 돌보는 데 드는 비용을 평가한 연구 결과를 발표하였다. 2009년 미국에서 성인에게 돌봄을 제공하는 18세 이상의 가족 돌봄인은 4,210만 명으로 추산되었고, 그들의 무보수 돌봄의 경제적 가치는 거의 450조 달러로 추산되었다. 게다가 많은 돌봄인은 수당이나 임금이 삭감되고, 정서적 및 신체적 건강이 손상되며, 가족 및 사회관계에서 어려움을 겪고, 전반적인 대처 능력이 감소하는 것을 경험한다고 이야기하였다(AARP Public Policy Institute, 2011).

2013년 AARP는 각 주(state)의 가족 돌봄인을 위한 지원성과를 측정하고자 다차원적 접근인 장기 서비스와 지원(Long-Term Services and Supports) 평점표를 갱신했다. 그 결과, 국가 전체와 대부분의 주에서 돌봄인을 위한 지원의 전반적인 개선이 있었으며, 주마다 지원성과는 다르다고 밝

---

1. **역자주**: 50세 이상 사람들의 삶을 지원하고자 만들어진 비영리단체

혀졌다. 이러한 개선은 환영할만하지만, AARP는 그러한 개선이 점진적이며 베이비부머 세대의 증가하는 요구를 맞추려면 가속화되어야 한다고 지적했다. 더 많은 정보와 여러분이 사는 주의 순위를 확인하려면 http://www.longtermscorecard.org를 방문하면 된다.

가족 돌봄인을 향한 지원의 부족은 가족 옹호자가 가족의료휴가법(Family Medical Leave Act, FMLA)과 같은 법률을 위해 투쟁하는 이유인데, 이 법은 1년에 최대 12주의 무급휴가 기간 동안 가족을 돌보고자 휴가를 사용하는 직원의 고용과 건강 수당을 보장해준다.

한편 장애를 가진 가족 구성원을 돌보는 것이 삶의 가장 기쁜 경험이고, 이러한 역할을 지속하는 것을 몇 번이고 되풀이해서 선택하겠다고 말하는 수많은 부모 및 형제자매를 우리는 알고 있으며, 그들을 존경한다.

장애 서비스를 이용할 때 모든 장애인과 그 가족은 그것의 이용 여부에 대한 현명한 결정을 내리기 위하여, 서비스에 접근할 수 있는 그들의 권리와 무슨 유용한 지원이 있는지를 이해해야 한다. 미국에서는 이것을 가능하도록 만들기 위해 오랫동안 열심히 투쟁해온 권리 옹호자, 가족 구성원, 그 외 사람들의 방대한 역사가 있다.

2. 지원 서비스의 시작

만약 여러분과 여러분의 형제자매가 1950년대 혹은 그 전에 태어났다면, 장애인과 그 가족에게 유용한 서비스 선택지가 20세기 중반과 매우 다르다는 것을 알 것이다.

그때는, 소아과 의사나 다른 전문가가 발달지체 혹은 발달장애를 가진 아동의 부모에게 정부가 운영하는 대규모 시설에 아동을 보내라고 권유하는 것이 일반적이었다. 그 당시에 장애인은 의료집단에 의해 '병이 있거나', '치료'를 필요로 하는 사람으로 여겨졌고, 이는 널리 수용되는 관점(어쨌든 그들은 의사였다)으로 이러한 사람을 '고장 난', '고칠' 필요가 있는 사람으로 여기는 사회적 인식에 영향을 미쳤다. 가족의 눈을 통해서 바라본 미국 역사와 관련된 이 장은 <Where is Molly?> -Jeff Daly라는 이름의 형제와 그의 아내 Cindy의 다큐멘터리-에 감동적으로 편집되어 있다. 이 다큐멘터리는 소아과 의사의 권유로 인해 부모님의 선의로 시설로 보내진 어린 여동생 Molly와 47년이 흐른 뒤 재결합한 Jeff의 이야기이다. 홈페이지(http://www.wheresmolly.net)에 방문하면 그 이야기에 대해 더 알 수 있으며, 다큐멘터리를 구입할 수도 있다.

안타깝게도 주에서 운영하는 규모가 큰 장애인 시설의 대부분은 예산이 부족하고, 규제를 받지도 않았으며, 시설 구조상 방임과 학대가 만연했다. 이에 관심 있는 가족 구성원이 함께 연합하여 국립 옹호 단체를 형성하였고,

이러한 시설의 비참한 상황을 규탄하면서 인권이라는 쟁점을 통해 장애인의 대우를 개선하였다. 그들의 목소리는 국가 전체의 서비스 모습이 완전히 바뀌도록 도왔다.

3. 발달장애인법

1963년, 시민권 운동이 일어나던 동안 지적장애를 가진 여동생 Rosemary를 둔 John F. Kennedy 대통령은 정신지체 시설 및 지역사회 정신건강센터 건축법(Mental Retardation Facilities and Community Mental Health Centers Construction Act)을 촉진했다. 이 법은 안전한 공공시설로의 접근, 과학적 이해의 향상, 전문적 교육의 촉진을 보장하고자 고안되었다 (NCD, 2011).

옹호자들은 시설의 질을 향상하려는 정부의 헌신을 반기기는 했지만, 이것이 장애인과 그 가족을 지원하는 데 있어 궁극적인 해결책은 아니라는 것을 알았다. 지체된 아동을 위한 국립협회(National Association for Retarded Children, 현재 The Arc라 불림), 뇌성마비 협회 등과 같은 부모 단체는 시설이 아닌 부모와 살고 있는 아동 및 성인을 위한 사립 특수학급과 워크숍을 제공하고, 지역사회 내에 정부 지원을 받는 적절한 서비스를 옹호하기 시작했다.

이즈음 장애 아들을 둔 어머니이자 국립 옹호 단체의 회원이었던

Elizabeth Boggs 박사와 Elsie Helsel 박사는 뇌성마비처럼 주로 신체나 감각에 장애가 있는 사람뿐 아니라 지금은 덜 자주 사용되는 용어인 정신지체[2]를 가진 사람을 포괄하는 '발달장애'라는 용어를 만들었다(NCD, 2011). 또한 Boggs 박사와 Helsel 박사는 장애인을 위해 배정된 연방정부 자금을 조정하고, 서비스를 이용하는 사람에 의해 만들어진 지역사회 기반 서비스를 창설하는 정부기관 설립을 옹호하였다.

그들의 옹호 결과는 1970년 발달장애 서비스 및 시설 건축 개정법(Developmental Disabilities Services and Facilities Construction Amendments)의 제정이었다. 이 법률은 1963년 Kennedy 대통령의 시설 건축법을 개정하였고 그 범위를 상당히 넓혔다. 대부분의 사람이 이 법을 발달장애 지원 및 권리장전법(Developmental Disabilities Assistance and Bill of Rights Act)의 초석으로 여기고 있다.

흔히 발달장애인법(DD Act)으로 알려진 발달장애 지원 및 권리장전법은 발달장애인의 삶을 향상시키고, 그들의 시민권 및 인권을 보호하며, 자립, 생산성, 지역사회로의 통합을 증가시킴으로써 그들의 잠재력을 최대로 촉진하는 프로그램을 설립하였다(NCD, 2011).

2000년에 개정된 발달장애인법은 장애인 당사자와 그 가족이 전국의 장애 서비스를 이용하고 그 서비스에 영향을 미치며 서비스 방향 설정을 도울 수 있는 정보, 지원, 역량을 지니고 있음을 보장하고자 특정 권한을 가진 세

---

2. 역자주: 현재 지적장애로 용어 변경

가지 정부기관을 설립했다.

각 주는 다음을 가지고 있다:

- 발달장애협회(Council on Developmental Disabilities),
- 권리옹호 기구(Protection and Advocacy Agency, P&A),
- 발달장애 우수대학센터(University Center for Excellence in Developmental Disabilities, UCEDDs).

세 기관은 장애인 당사자와 그 가족에게 정보를 제공하고 지원하고 역량을 강화하고자 함께 일한다.

또한 발달장애인법은 연방정부 차원의 국가중요사업(Projects of National Significance, PNS)과 지적장애인을 위한 대통령 직속 위원회(President's Committee for People with Intellectual Disability, PCPID)를 설립했다. 연방 지적장애 및 발달장애국(Administration on Intellectual and Developmental Disabilities, AIDD) 웹사이트로부터 얻은 이 프로그램들 각각에 대한 약간의 정보가 아래에 적혀있다. 그 웹사이트는 현재 지역사회 주거 부서에 의해 관리되고 있다: http://tinyurl.com/ssg-aidd

각각의 주 혹은 영토에서 발달장애인법에 따라 장애인 당사자와 그 가족을 지원하고자 하는 단체와 기관은 연방정부에 보조금을 신청할 수 있다. 연방 지적장애 및 발달장애국에 따르면[3]:

---

3. "Administration on Intellectual and Developmental Disabilities," US Department of Health and Human Services, Administration for Community Living, 2014. 4. 2. http://www.acl.gov/Progras/AAIDD/Index.aspx.

"각각의 기관(예를 들면 발달장애협회, 권리옹호 기구, 발달장애 우수 대학센터)이 구체적인, 때로는 이질적인 목적을 위해 기능할지라도 다양한 기관들은 협력과 상호연결성을 촉진하고자 하는 공동의 목적으로 설립되었다. 주립 발달장애 네트워크내의 각 기관은 그 구조상 발달장애인법의 조항과 그것의 핵심가치를 충족시키고자 여러 분야에 걸쳐 일할 수 있다: 자기결정, 자립, 생산성, 지역사회의 모든 측면에서 통합"

❶ 주립 발달장애협회

미국 및 그 영토 전역에 걸쳐 있는 56개의 협회는 자기결정 및 통합을 촉진시키고자 옹호, 시스템 변화, 역량 강화를 위해 노력한다. 주요 활동으로는 봉사활동 수행, 교육과 보조공학 제공, 장벽 제거, 연합 형성, 시민참여 증진, 장애 관련 쟁점에 대한 정보를 정책 입안가에게 알리기 등이 있다. 여러분이 사는 주의 발달장애협회에 대한 연락처를 얻으려면 http://tinyurl.com/ssg-dd를 방문하면 된다.

❷ 주립 권리옹호 기구

57개의 주립 권리옹호 프로그램-일반적으로 P&A로 알려진-은 발달장애인의 개인적 권리 및 시민권을 위한 계속되는 투쟁에 전념한다. 권리옹호 기구는 주의 서비스 제공 기관과는 별개이며 발달장애인 당사자의 역량을 강화하고 그들을 대표하여 옹호함으로써 주 차원에서 발달장애인을 보호하고자 일한다. 권리옹호 기구는 전통적으로 제대로 대우받지 못하거나 부당한 취급을 당한 집단에 법적 지원을 제공함으로써 그들이 법적 시스템을 찾도록 돕고 시스템의 변화를 촉진하게 한다. 여러분이 사는 주의 권리옹호 기구를 찾으려면 http://tinyurl.com/ssg-pa를 방문하면 된다.

❸ 발달장애 교육, 연구, 서비스 우수대학센터 네트워크

미국 및 그 영토 전역에 걸쳐 있는 67개의 발달장애 우수대학센터(보통 UCEDDs로 불린다)는 학문과 지역사회의 간의 연결고리로 기능하고자 대학과 협력한다는 점에서 연방 지적장애 및 발달장애국 프로그램 수혜자 중에서도 특별하다. 발달장애 우수대학센터는 독립적이지만 상호연결된 센터들의 네트워크로써, 문제를 다루고, 해결책을 찾고, 발달장애 당사자 및 그 가족의 요구와 연관된 연구를 진행하는 데에 필요한 방대한 국가 자원을 대변한다. 여러분이 사는 주의 발달장애 우수대학센터에 대해 알고 싶다면 http://tinyurl.com/ssg-ucedd를 방문하면 된다.

❹ 국가중요사업

국가중요사업은 발달장애인과 그 가족에게 영향을 미치며, 이들이 지역사회의 모든 측면에 기여하고 참여하는 기회를 만드는 데 가장 중점을 둔다. 연방 지적장애 및 발달장애국은 국가중요사업을 통해 국가 및 주의 정책 개발을 지원하고, 발달장애인의 자립, 생산성, 통합을 증진하기 위한 보조금 및 약조를 얻는다. 여러분이 사는 주의 국가중요사업에 대해 알고 싶다면 http://tinyurl.com/ssg-pns를 방문하면 된다.

❺ **지적장애인을 위한 대통령 직속 위원회**

지적장애인을 위한 대통령 직속 위원회의 임무는 지적장애인과 지적장애 영역에 영향을 미치는 광범위한 주제에 대하여 미국 대통령과 보건복지부(Health and Human Services) 장관에게 조언과 지원을 제공하는 것이다. 지적장애인의 완전한 시민권, 자립, 자기결정, 지역사회 평생 참여를 지켜줌으로써 지적장애인이 경험하는 삶의 질을 향상하고자 하는 목표가 위원회의 중심 임무이다. 더 많은 정보를 위해서는 http://tinyurl.com/ssg-president를 방문하면 된다.

4. 발달장애인법의 기여

발달장애인법은 장애인의 권리와 기회를 보장하는 법률, 프로그램, 정책의 몇몇 중요한 부분들을 창출할 수 있는 장을 마련했다. 몇 가지 괄목할만한 성과는 아래 기술하였다(목록 전체를 알고 싶으면 'Rising Expectations: the Developmental Disabilities Act Revisited'를 읽어보라. 이는 http://tinyurl.com/ssg-ddact에 pdf 파일로 탑재되어 있다.)

- **1971년:** 사회보장법의 19조항의 개정은 중간수준 돌봄시설(Intermediate care facility, ICF[4])에 의료부조 변제를 인정하였다(의료부조는 대부분 장애 서비스에 대한 주요 자금원이다).

- **1972년:** 1972년 사회보장개정법은 노인과 장애인을 위한 생계보조비(Supplementary Security Income, SSI)를 만들었다.

- **1973년:** 재활법(Rehabilitation Act)은 중도장애인을 지원하는 것을 강조하고자 초기 직업재활법을 수정하고 차별금지 조항을 포함했다.

---

4. **역자주:** 일반적으로 15인 이하가 거주하는 돌봄 시설

- **1975년:** 장애아동교육법(Education for All Handicapped Children Act)은 3-21세 장애 아동이 최소제한환경에서 개별화교육계획을 기반으로 무료의 적절한 교육을 받고 적법절차에 의해 보호(due process) 받는 것을 의무화했다.

- **1977년:** 연방정부의 재정지원을 받는 모든 프로그램이나 활동으로부터 장애인이 배제되는 것을 금지하는 재활법의 차별금지 조항을 시행했다.

- **1980년:** 의료부조 가정 및 지역사회 기반 서비스 예외 조항(Medicaid Home and Community-Based(HCBS) Services Waiver[5]) 프로그램이 만들어졌다.

- **1980년:** 1980년 시설거주인 시민권법(Civil Rights of Institutionalized Persons Act, CRIPA)은 시설에 거주하고 있는 사람들을 보호하기 위해 소송을 할 수 있도록 법에 의해 규정된 권한을 법무부에 제공했다.

---

5. **역자주:** 원래 의료부조는 저소득층의 의료혜택 제공을 위해 제정된 건강보험 프로그램으로 의료부조의 재정지원을 받으려면 각 주는 연방정부가 제시하는 기준을 따라야 함. 지역사회 내에서 생활하는 장애인들이 지역사회 서비스를 받을 수 있도록 의료부조 재정 사용 기준요건을 완화할 수 있는 재량을 주정부에 부여

- **1986년:** 장애아동교육법 개정안은 영유아를 위한 조기교육 프로그램을 제공하도록 주에 재정적 지원을 제공했다.

- **1988년:** 장애인 공학 관련 보조법(Technology Related Assistance for Individuals with Disabilities)은 장애인을 위한 보조공학 개발 및 확산을 촉진 할 수 있도록 보조금 프로그램을 설립했다.

- **1990년:** 미국장애인법(Americans with Disabilities Act, ADA)은 장애에 대한 차별을 금지했다.

- **1992년:** 장애아동교육법은 장애인교육법(Individuals with Disabilities Education Act, IDEA)으로 개정되고 학교로부터 성인기로의 전환을 지원하기 위한 내용이 포함되었다.

- **1999년:** 고용티켓 및 노동장려 증진에 관한 법률(Ticket-to-Work and Work Incentives Improvement Act[6])은 생계보조비와 장애인연

---

6. 역자주: Ticket-to-Work 프로그램은 사회보장국(Social Security Administration)에서 생계보조비(SSI)나 장애인연금(SSDI) 수급자를 대상으로 실시하고 있는 자발적인 무료 프로그램으로써 수급자들이 직업 활동을 통해 자립을 달성하도록 권장하는 장려책임. 1999년에 제정된 고용티켓 및 노동장려 증진에 관한 법률(Ticket-to-Work and Work Incentives Improvement Act)에 의해 도입되었으며 18세에서 64세 국민 중 장애로 인해 사회보장급여를 받고 있는 경우라면 누구나 이용 가능

금(Social Security Disability Income, SSDI) 수급자를 위한 새로운 프로그램과 노동 장려를 이루었다.

- **1999년:** 미국 대법원은 옴스테드 판결에서 장애인을 시설에 불필요하게 분리하는 것은 장애를 차별하는 것으로 간주하였다.

- **2001년:** New Freedom Initiative는 장애인이 기술을 배우고 발전시키며, 생산적인 업무에 종사하고, 일상생활에 대한 선택을 하며, 지역사회에 충분히 참여하는 기회를 가지도록 하는 것을 목적으로 한다.

- **2001년:** 아동낙오방지법(No Child Left Behind Act)은 모든 아동이 양질의 교육을 받을 수 있는 공평하고, 평등하며, 의미 있는 기회를 가짐을 보장하고자 만들어졌으며, 주가 책무체계를 갖추도록 요구하였다.

- **2006년:** Combating Autism Act는 자폐성장애인 서비스를 위한 연방정부 재정지원 법률로서 Geroge W. Bush 대통령에 의해 법으로 승인되고, 2011년 Barack Obama 대통령에 의해 개정되었다. 2014년 Autism CARES로 개정되어 국립보건원, 질병통제예방센터, 보건자원 및 서비스국(Health Resources and Services Administration)의 자

폐성장애 연구, 서비스, 교육, 감독을 위한 재정적 지원을 계속하고 있다.

5. 자립생활운동

서비스 시스템에 변화를 가져오는 데 있어 장애인은 중추적인 역할을 한다. -장애인과 평등권에 대한 비전을 공유하는 사람들에 의해 추진된-풀뿌리 자립생활운동은 사회가 장애인을 대하는 방식 및 장애인이 추구하는 삶, 자유, 행복을 지원하고자 개발된 정부 서비스를 실제로 완전히 바꾸었다. 이 운동은 주립 거주시설이 대거 폐쇄되었음에도 장애인이 지역사회로 돌아오는 것은 환영받지 못한 이후인 1960년대에 가속화되었다.

다음의 정보는 국립 자립생활협회(National Council on Independent Living, NCIL)의 웹사이트에서 발췌되었고, 더 많은 정보는 http://www.ncil.org에서 찾을 수 있다.

자립생활센터는 장애인에 의해, 장애인을 위해 만들어졌다. 자립을 위한 지원, 옹호, 역량강화에 대한 정보를 동료의 관점, 즉 '장애인 서비스'에 대한 논의 및 실행에서 배제되어왔던 관점에서 제공한다.

자립생활 활동가들은 미국 시민권 운동 역사상 가장 오랫동안 연방정부 건물을 점거한 것을 포함하여 가장 대담한 시위를 했으며, 이는 연방정부의 재정지원을 받는 프로그램이 장애인을 차별하는 것을 금지하는 규정이 만들어지도록 했다. 자립생활 철학이 국가 전체에 강력하게 퍼지고, 장애인권운동이 사회적 수용과 정치적 영향력을 가지게 되면서 종합적인 장애인권리법률(the ADA)을 위한 풀뿌리 운동이 이루어졌다.

오늘날 자립생활센터는 장애인의 권리를 보장하기 위해 비슷한 싸움을 하고 있다. 미국장애인법이 통과되었음에도 장애인권운동과 장애 커뮤니티의 옹호 및 지원이 시민권 법률의 시행에 있어서 필수적이었음을 장애인 당사자는 종종 깨닫고는 한다.

6. 국립 자립생활협회[7]

국립 자립생활협회는 가장 오랫동안 운영되어왔으며, 모든 장애 유형을 아우르는 풀뿌리 조직으로, 장애인에 의해, 장애인을 위해 운영된다. 1982년에 설립된 국립 자립생활협회는 장애인 당사자, 자립생활센터, 주 단위의 자립생활협회, 미국 전역에서 장애인 인권과 시민권을 옹호하는 단체를 포함하는 수많은 단체와 개인을 대표한다.

자립생활센터는 지역사회 기반이며, 모든 장애 유형을 포괄하는 비영리단체로 장애인에 의해 운영된다. 자립생활센터는 소비자 주도라는 확고한 철학에 따라 운영된다는 점에서 독특한데, 즉 모든 유형의 장애를 가진 당사자가 단체를 직접 운영하고 종사자로 일한다. 자립생활센터에서 제공되는 서

---

7. 역자주: 한국에는 한국장애인자립생활센터총연합회가 있음(http://www.koil.kr)

비스는 동료지원, 정보제공과 의뢰, 개인 및 시스템 옹호, 자립생활기술 훈련을 포함한다. 이 책의 출간 당시에는 미국 전역에 403개의 자립생활센터, 330개의 지부, 56개의 주 단위 자립생활협회가 있었다. http://www.ncil.org에서 지역 자립생활센터 혹은 주 단위 자립생활협회를 찾을 수 있다.

7. 권리옹호 운동

권리옹호 운동은 장애인이 서비스 시스템에 영향을 미치고, 그 시스템을 만들어온 또 다른 중요한 방식이다. 다음의 정보는 자기옹호연합(Allies in Self-Advocacy) 웹사이트(http://alliesinselfadvocacy.org)의 출판물로부터 발췌한 것으로, 여러분은 이 웹사이트에서 권리옹호 운동의 역사, 오늘날 자기권리 옹호자들의 활동 및 우선사항에 대한 더 많은 내용을 읽을 수 있다.

권리옹호 운동은 지적장애인 및 발달장애인에 의해 주도된 인권과 시민권 운동이다. 국립 옹호 단체, Self-Advocates Becoming Empowered(이하SABE)의 말을 빌자면:

"권리옹호 단체는 정의를 위해 함께 일하고자 모인 장애인 당사자의 독립적인 단체로 우리가 서로의 삶을 돌보고 차별에 대항하도록 도와준다. 그리고 우리가 더 자립적으로 살아가기 위해 우리의 삶에 영향을 미치는 결정과 선택을 어떻게 해야 하는지를 가르쳐주며, 또한 우리의 권리에 대해 가르쳐준다. 하지만 우리는 권리를 배우는 것과 동시에 책임도 배운다. 우리 스스로를 옹호하는 법을 배우는 것은 자신감을 얻도록 서로를 지원하고 돕는 것이며, 우리는 우리가 믿는 것에 대한 의견을 말할 수 있다."(Hayden and Nelis, 2002)

이 운동은 수백만 명의 지적장애인 및 발달장애인의 삶을 바꾸어놓았다. 삶과 관련된 선택을 하도록 역량을 강화시켰고, 자신의 의견을 말할 기회를 제공했고, 지도력을 개발할 수 있는 길을 열어주었다(Caldwell, 2010). 장애 커뮤니티에 접근할 수 있도록 했으며, 많은 이들이 긍정적인 자아정체성 및 장애에 대한 긍정적인 태도를 갖는 데 기여하였다(Caldwell, 2011). 더욱이 그 운동은 장애에 대한 부정적인 태도에 도전하였고 권리, 완전 참여, 사회정의 부분에서 주요 발전을 이루었다(Goodley, 2000).

그러나 미국 내에서 이 운동은 사회기반 시설과 필요한 지원을 위한 안정적인 자금 조달을 위해 고군분투하였다. 소수의 주는 강력하게 운동을 진행하고 있지만 많은 주에서 이 운동은 자금과 지원의 부재로 최근에 약해지고 있다. 또 다른 주는 여전히 조직형성의 초기 단계에 있다.

8. 지원 서비스

수년에 걸쳐 장애 서비스 시스템은 상당히 발전되어왔다. 오늘날 여전히 나라 전역에 장애인 거주시설이 있지만 장애인 대부분은 지역사회 기반 서비스를 선택한다. 이러한 서비스는 몇 가지 영역에서 지원을 제공하여 장애인이 기술을 습득하고 자립을 증진하도록 돕는다. 장애인의 목표 성취를 가족이 도울 수 있도록 가족을 지원하는 서비스도 있다.

이용 가능한 서비스 유형에 대해 여러분에게 더 말하기 전에 이러한 서비스가 어떻게 재정적으로 지원되고, 서비스에 대한 적격성 여부가 어떻게 결정되는지에 대한 몇 가지 사항을 이야기하려 한다. 이 주제는 그 자체로 한 권의 책이 될 가치가 있으나 다음에서는 기본적인 개관과 더 많은 정보를 위해서 여러분이 찾아볼 수 있는 자료를 제공한다.

9. 장애 정의

여러분의 형제자매가 장애 서비스에 적격한지 여부를 결정하는 것은 그 형제자매가 연방정부의 발달장애 정의 기준에 부합하는지를 알아보는 것부터 시작해야 한다.

매우 간단하게 들리는가?

그렇지 않다.

형제자매의 장애가 무엇인지를 확실히 모르는 많은 형제자매를 우리는 알고 있는데, 그 이유는 부모 혹은 전문가가 어떤 정보도 말해주지 않아서이거나, 진단명이 과거에는 있었지만 바뀌었거나, 애당초 아는 사람이 아무도 없었기 때문이다.

형제자매는 때로 그들의 형제자매의 장애에 대해 많이 알지 못한다는 것에 대해 민망해한다. 그러나 그들의 지식이 부족한 데는 이유가 있다. 장애를 정의하는 것은 알다시피 간단한 일이 아니다.

장애의 정의는 항상 바뀌며 누가 정의를 하느냐에 따라 달라진다. 법과 정책에서 사용되는 장애의 정의, 사회보장국(Social Security Administration), 미국장애인법처럼 다양한 기관에서 사용되는 장애의 정의는 다양하다.[8] 또한, 연방정부의 장애 정의는 주 차원에서 해석되고 변경될 수 있어 각 주는 약간씩 다른 정의를 사용하기도 한다. 그 정의는 또한 시간에 따라 변하므로 최근에 사용되고 있는 정의를 알아보는 것은 중요하다.

❶ 사회보장국의 장애 정의 및 의료부조 자격 조건

이 장에서 설명되는 서비스 대부분은 의료부조에서 지급된다. 의료부조의 자격조건은 재정적 필요 및 '범주별' 요구에 의해 결정된다. 개인이 속한 다양한 '조건'-임산부, 부모, 장애인과 같은-에 따라 의료부조를 받을 자격요건이 되기 위한 수입 및 자산의 제한이 달라진다. 몇몇 주에서는 최근 의료부조의 확대를 통해 다양한 조건에 있는 사람들 간의 자격요건의 격차를 메우고 있다(그러나 모든 주에서 그런 것은 아니다).

많은 주에서 의료부조를 받을 수 있는 자격이 되는 성인의 장애는 사회보장국의 생계보조비를 위한 장애 정의와 연관되어 있다. 이 정의는 발달장애인법, 미국장애인법, 질병통제예방센터, 장애인교육법의 정의와는 다르다.

---

8. 역자주: 한국은 장애인 복지법의 장애 정의와 장애인 등에 대한 특수교육법의 장애 정의가 다름

의료부조의 자격요건에 대한 더 많은 정보는 http://www.tinyurl.com/ssg-eligibility를 방문하면 된다.

사회보장국의 성인에 대한 장애 정의는 근로 능력에 중점을 둔다. 보조금은 '기본적인 근로 관련 활동을 방해하는' 의학적 질환을 장기간에 걸쳐 가진 사람에게 주어진다. 자격요건이 되는 의학적 질환은 다운증후군과 같은 선천성 장애와 뇌성마비, 뇌전증, 외상성 뇌 손상과 같은 신경학적 장애를 포함한다. 자격요건에 대한 목록 전체, 각각의 보조금 및 정의는 http://www.tinyurl.com/ssg-eligibility를 방문하면 알 수 있다.

아마도 자격요건을 갖춘 의학적 질환에 대한 가장 중요한 사회보장국 정의는 지적장애일 것이다:

> 지적장애는 일반적인 지적 기능이 유의미하게 평균 이하이면서, 적응기능에 결함을 가지고, 발달기간 동안에 처음으로 나타나는 것을 언급한다: 즉 22세 전에 손상이 발생한 것을 입증하거나 지원할 수 있는 증거가 있어야 한다.

이 장애가 A, B, C, D의 요구사항들을 만족시킬 때, 사회보장국에 의해 요구되는 장애의 심각성 정도도 충족된다.

A 개인의 요구(예: 신변처리, 식사, 옷 입기, 목욕)를 충족하기 위한 타인 의존 및 지시 따르기의 어려움으로 분명히 증명되는 정신적 능력 부족으로 인해 지적 기능을 측정하는 표준화된 검사도구 사용이 불가능함.

B 언어성, 동작성, 혹은 전체 지능점수가 59 혹은 그 이하;

C 언어성, 동작성 혹은 전체 지능점수가 60-70이고, 작업과 관련된 기능에 추가적이면서 상당한 제한을 일으키는 신체적 혹은 다른 정신적 손상;

D 언어성, 동작성, 혹은 전체 지능점수가 60-70으로, 이는 최소한 다음 두 가지를 야기함:

1. 일상생활 활동에 두드러진 제한

2. 사회적 기능을 유지하는데 상당한 어려움, 혹은

3. 집중, 인내, 혹은 속도를 유지하는데 상당한 어려움, 혹은

4. 반복되는 대상부전의 발생, 매번 상당히 오랫동안 지속됨.

    몇몇 발달장애 성인은 노인의료보험제도(Medicare)와 의료부조 모두의 자격조건이 된다. 발달장애인의 부모가 퇴직하거나 질병에 걸린 경우에는 노인의료보험제도와 부모의 사회보장 부담금을 토대로 한 사회보장 유족연금의 자격조건이 된다. 형제자매의 장애를 결정하고 노인의료보험제도-혹은 의료부조-에서 보조금을 지급하는 서비스에 자격요건을 결정하는 것은 복잡한 과정일 수 있다. 우리는 여러분이 도움을 구하기를 권장한다. 모든 주에는 수당과 선택지에 대한 상담을 제공하기 위해 국가 보조금으로 운영되는 노인 및 장애 자원 센터(Aging and Disabilitt Resources Centers, ADRC)가 있다. 그러한 센터나 여러분 지역의 사회보장국 지부는 여러분이 적격성을 결정하

도록 도와줄 수 있다. 여러분 주의 노인 및 장애 자원 센터를 찾으려면 http://www.tinyurl.com/ssg-adrc를 방문하면 된다.

서비스 적격성에 대한 부가 설명

이 장에서 논의되고 있는 서비스 대부분은 의료부조를 통해 보조금을 받고 있는 반면, 몇몇 서비스는 자신들만의 자격요건을 가진 연방정부, 주, 지역 자원으로부터 보조금을 받는다. 이러한 서비스들의 자격요건을 결정하기 위한 가장 좋은 방법은 서비스나 프로그램을 제공하는 단체가 어떻게 보조금을 받고, 그 서비스나 프로그램에 참여할 수 있는 자격요건이 무엇인지를 알아보는 것이다.

❷ 발달장애인법의 장애 정의

발달장애인법이 장애를 어떻게 정의하는가는 의료부조나 다른 사회서비스를 위한 보조금 수령의 자격요건에 영향을 미치지는 않는다. 하지만 이 정의는 발달장애인법에 따라 권리가 보호되는 사람과 발달장애인법 프로그램이 지원하려는 사람의 특성을 서술한다. 발달장애인법 전문을 읽고 싶으면 http://www.tinyurl.com/ssg-ddact1을 방문하면 된다. 장애 정의에 대한 주요 발췌본은 아래와 같다:

'발달장애'란 용어는 심각하고 만성적인 장애를 의미한다:

Ⅰ) 정신적 손상 혹은 신체적 손상, 혹은 정신적 및 신체적 모두의 손상으로 기인하며;

Ⅱ) 22세 이전에 나타나며;

Ⅲ) 영구적으로 지속되며;

Ⅳ) 다음의 주요 삶의 영역 중 3가지 혹은 그 이상에서 잠재적 기능 제한으로 이어지며;

　(ⅰ) 자조기술

　(ⅱ) 수용언어 및 표현언어

　(ⅲ) 학습

　(ⅳ) 이동

　(ⅴ) 자기지시

(vi) 자립생활 역량

(vii) 경제적 자기충족:

V) 평생 또는 장기간에 걸쳐 개별적으로 계획되고 조정된 특별 서비스, 간학문적 서비스, 포괄적인 서비스, 개별화 지원, 또 다른 형태의 지원에 대한 개별적 요구를 반영한다.

❸ 질병통제예방센터의 장애 정의

우리 대부분이 들어본 발달장애 정의는 질병통제예방센터에서 정의한 것이다. 더 많은 정보는 http://www.tinyurl.com/ssg-cdc에서 찾을 수 있다.

- **주의력결핍 과잉행동장애** 주의력결핍 과잉행동장애(Attention-Deficit/Hyperactivity Disorders, ADHD)는 아동의 가장 일반적인 신경발달장애이다. 보통 아동기에 처음으로 진단되고 종종 성인기까지 계속된다. 주의력결핍 과잉행동장애 아동은 주의집중, 충동적 행동의 통제에 어려움을 겪을 수 있다(결과가 어떻게 될지 생각하지 않고 행동하기도 한다).

- **자폐범주성장애** 자폐범주성장애(Autism Spectrum Disorders, ASD)는 발달장애로 심각한 사회성 부족, 의사소통 및 행동의 어려움을 야기한다. 자폐범주성장애인은 외적으로는 다른 사람과 차이가 없지

만, 대부분의 사람과는 다른 방식으로 의사소통하고, 상호작용하고, 행동하고, 배우기도 한다. 자폐범주성장애인은 학습, 사고, 문제해결력이 뛰어난 사람부터 매우 도전적인 사람까지 범위가 다양하다. 일부 자폐범주성장애인은 그들의 일상생활에 많은 도움을 필요로 하는 반면 다른 자폐범주성장애인은 덜 필요로 한다. 자폐범주성장애인의 진단은 과거에는 개별적 진단을 위해 사용되었던 몇 가지 장애를 아우른다: 자폐성장애, 달리 분류되지 않는 전반적 발달장애(PDD-NOS), 아스퍼거 증후군. 이들이 지금은 모두 자폐범주성장애로 불린다.

● **뇌성마비** 뇌성마비(Cerebral Palsy, CP)는 운동능력과 균형 및 자세 유지 능력에 영향을 미치는 장애이다. 뇌성마비는 가장 일반적인 아동기 운동장애이다. 뇌(Cerebral)는 뇌와 관계가 있다는 것을 의미한다. 마비(Palsy)는 근육이 약하거나 사용하는 데 어려움이 있다는 의미이다. 뇌성마비는 비정상적인 뇌 발달 혹은 근육을 통제하는 능력에 영향을 미치는 뇌 발달의 손상에 의해 야기된다.

● **태내알코올증후군** 태내알코올증후군(Fetal Alcohol Spectrum Disorders, FASDs)은 임신 기간 동안 산모의 음주로 인해 발생하는 장애이다. 이 증후군의 영향은 신체문제, 행동과 학습문제를 포함한다. 종종 태내알코올증후군을 가진 사람은 이러한 문제를 복합적으로 가지

고 있다.

- **약체X증후군** 약체X증후군(Fragile X Syndrome, FXS)은 유전자 장애이다. 유전자 장애는 유전자 변이가 있다는 것을 의미한다. 약체X증후군은 Fragile X Mental Retardation 1(FMR1) 유전자 변이에 의해 야기된다. FMR1 유전자는 Fragile X Mental Retardation Protein (FMRP)을 만든다. FMRP는 정상적인 뇌 발달을 위해 필요한데, 약체X증후군을 가진 사람은 이 단백질을 만들지 못한다. 약체 X 염색체 관련 다른 장애(Fragile X-associated disorders)를 가진 사람들은 FMR1 유전자 변이가 있지만 일반적으로 어느 정도의 단백질은 만든다.

- **청각장애** 청각장애(Hearing Loss)는 귀의 어떤 부분이 정상적으로 기능하지 않을 때 발생한다. 이는 외이, 중이, 내이, 청신경, 청각기관을 포함한다. 청각손실은 사람마다 매우 다양하며 수많은 원인이 있다.

- **지적장애** 정신지체로도 알려진 지적장애(Intellectual Disability)는 학습에 어려움을 겪고 일상생활에서 기능하는 능력에 제한이 있을 때 사용되는 용어이다. 지적장애의 정도는 아동마다 매우 다양하다-아주 약간의 문제부터 매우 심각한 문제까지. 지적장애 아동은 그들이 원하는 것이나 요구를 다른 사람에게 알리거나 자기관리에 어려움을 가진

다. 지적장애 아동은 비슷한 연령대의 다른 아동보다 더 천천히 배우고 발달한다. 지적장애 아동은 도움 없이 말하기, 걷기, 옷 입기, 식사하기를 배우는 데 오랜 시간이 걸리기도 하고 학교에서 학습에 어려움을 겪는다.

- **투렛증후군** 투렛증후군(Tourette syndrome)은 신경조직 장애이다. 투렛증후군은 '틱'을 야기한다. 틱은 사람이 반복적으로 하는 갑작스러운 경련, 움직임, 소리이다. 틱을 하는 사람은 그들의 이러한 행동을 제어할 수 없다. 예를 들어, 계속해서 반복적으로 눈을 깜빡일 수 있다. 혹은 의도하지 않게 끙끙거리는 소리를 낸다. 틱이 있다는 것은 딸꾹질을 하는 것과 조금 비슷하다. 여러분이 딸꾹질을 원하지 않더라도 여러분의 몸은 어쨌든 딸꾹질을 한다. 때로 특정 틱을 잠깐 멈출 수 있지만, 그것은 어려우며 결국에는 틱을 하게 된다.

- **시각장애** 시각장애는 시력이 정상 수준으로 교정되지 않는 것을 의미하며, 여러 가지 이유로 야기될 수 있다.

- **외상성뇌손상** 장애인교육법에서 정의하는 흔히 진단되는 장애는 외상성뇌손상이다. 장애 아동을 위한 국립 정보보급센터(National Dissemination Center for Children with Disabilities) (http://www.

nichcy.org/disability/categories)의 정의는 다음과 같다: 외부의 물리적 힘에 의해 야기된 뇌손상으로, 완전한 혹은 부분적 기능장애, 또는 심리사회적 손상, 혹은 두 가지 모두를 일으키며, 아동의 교육적 수행에 악영향을 미친다. 그 용어는 인지, 언어, 기억, 주의집중, 추론, 추상적 사고, 판단, 문제해결, 감각, 지각 및 운동능력, 심리사회적 행동, 신체적 기능, 정보 처리, 발화와 같은 영역 중 한 가지 혹은 그 이상의 영역에서 손상을 야기하는 개방성 혹은 폐쇄성 두부 손상에 적용된다. 이 용어는 선천적이거나, 퇴행성이거나, 출산 시 외상에 의한 뇌손상에는 적용되지 않는다.

한 개인이 발달장애가 있는지 여부를 결정하는 것은 의학 전문가의 평가와 진단을 요구한다. 만약 여러분의 형제자매가 공식적으로 진단받지 않았다면 이 영역을 전공한 의사에게 지원을 받아야 한다. 평가를 실행해줄 전문가를 찾으려면 정보 및 의뢰 서비스를 제공하는 지역 장애 서비스 제공자, 여러분이 사는 주의 장애 서비스를 재정적으로 보조해주는 주립기관, 여러분 주의 The Arc 지부, 여러분이 사는 주의 발달장애계획협회(Developmental Disabilities Planning Council, 점차 발달장애협회라고 불리고 있는) 혹은 발달장애 우수대학센터에 연락하면 된다. 이 분야에 전문성이 있는 소아신경과 의사, 신경과 의사, 심리학자, 정신과 의사 등과 같은 의학 전문가 또한 발달장애를 진단하는 것을 지원할 수 있을 것이다. 우리가 아동기에 있는 개인에게 먼저 영향을 미치는 지적장애 및 발달장애에 중점을 두고 있지만, 지원을 필요로 하는 많은 정신장애 및 신체장애가 22세 이후에도 나타날 수도 있음을 주목하는 것은 중요하다. 그런 장애를 위한 지원은 주마다 다양하므로 이 범주에 속하는 사람에게 유용한 서비스를 결정하기 위해서는 여러분이 사는 주의 장애 서비스 기관에 상담해야 한다.

10. 지원 서비스 자금: 의료부조

성인을 위한 대부분의 장애 서비스는 연방정부 및 주의 의료부조 자금에 의해 재정적으로 지원된다. 의료부조는 일정 수준 이하의 수입과 자산을 가진 빈곤층이나 장애인을 도우려는 연방정부와 주의 연합 건강보험 프로그램이다. 몇몇 서비스는 법적으로 의무화된 반면, 일부 서비스는 주에 따라 선택된다.

모든 주는 의료부조 주 계획(Medicaid state plan)을 가지고 있다. Medicaid.gov에 따르면, 주 계획이란 주가 어떻게 자체 의료부조 프로그램을 운영할 것인지를 서술하는 연방정부와 주 사이의 계약을 말한다. 이는 주가 연방의 규칙을 따를 것과 자체 의료부조 프로그램 활동을 위하여 연방의 공동자금 출자를 요구할 수 있음을 보장한다. 주 계획은(의료부조) 혜택을 받는 개인, 제공해야 하는 서비스, 서비스 제공자가 환급 받는 방법, 주가 충족해야 하는 행정상의 요구사항들을 포함한다. 여러분은 http://www.medicaid.gov/

State-Resources-Center/Medicaid-State-Plan-Amendments/Medicaid-State-Plan-Amendments.html(축약주소: http://tinyurl.com/ssg-medicaid)에서 자신이 사는 곳의 주 계획에 대하여 더 자세히 알 수 있다.

장기 서비스 및 지원을 받는 장애인들의 대부분은 의료부조 프로그램의 가정 및 지역사회 기반 서비스 예외 조항 프로그램을 통해 지원을 수혜한다. 가정 및 지역사회 기반 서비스를 위한 예외 조항은 1980년대에 시작되었는데, 그 이전의(1965년도에 만들어진) 의료부조는 장기요양시설, 지적장애인을 위한 중간수준 돌봄시설(IFC/MRs), 또는 그 외 시설에서의 장기돌봄에만 자금을 제공하였다. 오직 시설에서만 장기돌봄을 제공한다는 주의 지침을 철회하기 때문에 이러한 프로그램을 '예외 조항(waivers)'이라고 부른다. 가정 및 지역사회 기반 서비스를 위한 예외 조항 프로그램은 주에 따라 선택적이며, 주는 가정 및 지역사회 기반 서비스를 제공하기 위해 반드시 철회를 신청해야 한다. 이 프로그램이 처음 시작될 때는 오직 몇 개의 주만이 자체 의료부조 프로그램을 통해 가정 및 지역사회 기반 서비스를 제공 하였으나 현재는 모든 주에서 가정 및 지역사회 기반 서비스를 제공하고 있으며, 국가에서는 모든 장기 서비스 및 지원에 필요한 금액의 절반 정도를 가정 및 지역사회 기반 서비스에 사용하고 있다(Medicaid.gov, 2014).

의료부조의 예외 조항 혜택은 의료부조 주 계획에 포함된 다른 혜택들과 비교했을 때 다양한 자격요건을 가지고 있다. 그러므로 예외 조항 서비스는 비교적 제한적일 수 있고, 등록 정원이 정해져 있을 수도 있다. 이것이 바로 많은 주의 가정 및 지역사회 기반 서비스 프로그램이 대기명단을 가지고 있는 이유이다.

가정 및 지역사회 기반 서비스로의 접근 가능성을 확대하고자 하는 옹호자들의 노력은, 지난 10년 동안 가정 및 지역사회 기반 서비스를 예외 조항에서 주 계획의 복지로 변경하는 과정을 진행하고 있다. 1915(i) 프로그램과 지역사회 우선 선택 옵션(Community-First Choice Option)은 모두(서로 다른 방법으로) 가정 및 지역사회 기반 서비스를 의료부조 주 계획을 통해 제공한다. 이 책이 출판될 때는 오직 몇 개의 주만이 1915(i)나 지역사회 우선 선택 옵션을 시작했다. 더 많은 정보를 원한다면, http://tinyurl.com/ssg-hcbs와 http://tinyurl.com/ssg-cfc에 방문하면 된다.

2014년 초, 연방의 노인의료보험제도와 의료부조 서비스 센터(Center for Medicare and Medicaid Services, CMS)는 그것이 만들어진 이래에 가정 및 지역사회 기반 서비스 프로그램에 가장 커다란 변화를 가져오기 시작했다. 처음으로 노인의료보험제도와 의료부조 서비스 센터는 지역사회로의 통합을 극대화하기 위한 노력으로 가정 및 지역사회 기반 서비스를 받는 사람, 특히(서비스) 제공자 소유의 환경이나 통제된 환경에서 거주하는 사람들의 자립, 자기결정, 지역사회 통합에 관한 기준을 마련하였다. http://tinyurl.com/ssg-hcbs2에서 더 자세한 내용을 알 수 있다.

의료부조와 건강보험개혁법(Affordable Care Act)

최근 의료부조 적용 범위에 있어 건강보험개혁법[9](the Affordable Care Act)은 몇 가지 변화를 촉발했다. 아래의 정보는 2013년에 의료부조 및 무보험자들에 관한 Kaiser 위원회에서 제작한 의료부조 기본 지침(Medicaid: A Primer)에서 가져왔으며, 이곳에서 전문을 읽을 수 있다: http://kaiserfamilyfoundation.files.wordpress.com/2010/06/7334-05.pdf.

의료부조는 미국 최대 규모의 건강보험 프로그램이며, 국가 전체의 최빈곤층 수 백만 명과 가족들을 포함하여 6200만 명의 미국 국민이 혜택을 받고 있다. 의료부조는 또한 건강관리 자금 조달의 중요 자원으로서 기능하며, 국가의 장기 돌봄 자금을 조달하는 주요한 자원이기도 하다.

의료부조는 장애와 복잡한 요구를 가진 수많은 사람을 돕고, 건강관리 제공 및 지급에서의 혁신과 발전의 중요한 통제소로 기능하고 있다. 2014년에 시작된 건강보험개혁법은 의료부조를 크게 확대했다. 확장된 의료부조 프로그램은 건강보험개혁법이 무보험자들을 위하여 만든 더 넓은 체계를 위하여 필수적이다.

의료부조는 수혜자들의 다양한 요구를 충족하기 위하여 광대한 서비스 범주를 다룬다. 아동을 위한 의료부조 혜택은 특히 포괄적이며, 성인 혜택은 주에 따라 상당히 다르다. 의료부조는 저소득층의 접근성을 향상하는 정기적인 이동

---

9. **역자주**: 부담적정보험법 또는 오바마케어

(transportation) 및 전환 서비스뿐만 아니라, 개인보험(private coverage)과 의료보험이 배제하거나 제한하는 다양한 장기 서비스 및 지원을 포함한다. 건강보험개혁법의 확대 덕택에 의료부조 대상이 된 성인 대부분이 수혜하게 될 혜택의 새로운 최소 기준을 건강개혁법이 마련하였다.

11. 의료부조가 보장하는 지원 서비스

의료부조법은 장애인을 위해 재정지원을 제공하는 넓은 범위의 몇 가지 서비스 범주들을 규정하고 있다. 우리는 2000년에 미국 보건복지부와 조지워싱턴 대학교(George Washington University) 보건정책연구센터에서 출간한 보고서에서 장애인 서비스에 관한 몇 가지 정보를 가져왔다. 아래 발췌문은 보고서 전문에서 가져온 것이며, 전문은 이곳에서 읽을 수 있다: http://aspe.hhs.gov/daltcp/reports/primer.htm#Chap1.

● **활동지원**

활동지원은 개인이 매일의 일상적 활동을 독립적으로 수행할 수 없게 만드는 신체적 또는 정신적 손상을 가지고 있을 때, 그러한 활동들을 수행하도록 돕는 것을 포함한다. 이러한 활동에는 일상생활 활동(Activities of Daily living)과 도구적 일상생활 활동(Instrumental Activities of Daily living)이 포함될 수 있다. 일상생활 활동에는 식사하기, 목욕하기, 옷 입기, 화장실 이용하기, 침대에서 의자로 이동하기 등이 포함된다.

도구적 일상생활 활동에는 간단한 집안일, 세탁, 교통수단 이용하기와 돈 관리와 같은 활동이 포함된다. 활동지원은 매일 집이나 지역사회 내 장소에서 개인을 도와주는 유급 근로자(예: 활동보조인이나 간병인)의 형태를 취할 수 있다. 이러한 지원은 그룹홈과 지원 주거시설과 같이 지역사회 주거 환경에 거주하는 개인에게도 제공될 수 있다.

다양한 유형의 장애가 있는 개인은 종종 전 생애에 걸쳐 이러한 유형의 기본적인 지원을 요구한다. 따라서 그것은 많은 이들이 의료부조 장기돌봄 서비스를 찾는, 최우선적인 이유는 아니라 하더라도, 중요한 이유가 된다. 주는 일상생활 활동과 도구적 일상생활 활동에 대한 지원을 의미하는 몇 가지의 서로 다른 용어를 사용하고 있으며, 이러한 지원은 가정건강수당(Home Health Benefit)의 일부로서, 의료부조 주 계획의 활동지원을 통해, 또는 예외 조항 프로그램을 통해 제공된다.

● **건강 관련 서비스**

장기 건강 및 건강 관련 서비스는 광범위한 범주의 만성적인 질환(예: 경관식이, 도뇨관 삽입, 관절가동운동)을 다루는 숙련 및 비숙련 요양 서비스를 포함한다.

이러한 서비스들은 의료부조의 가정건강수당으로 보장되지만, 예외 조항 프로그램에 의해서도 보장될 수 있다. 장애인을 위한 주요 및 단기치료 목적의 건강관리수당의 주요 자원은 기본 의료부조 주 계획이다. 주(state)는 또한 추가적인 건강관리 서비스를 제공하는 선택지를 가지고 있어 가정 및 지역사회 기반 서비스 예외 조항 프로그램을 통해 이러한 수당을 보충한다. 이러한 서비스는 의료원에 의해 위임된 경우 및 그러한 서비스의 시행이 주 법에 따라 인지되어 사전에 승인된 경우, 주 계획을 통해 활동보조수당에서 제공될 수도 있다.

● 전문 서비스

전문 서비스는 개인이 가진 손상(impairment)의 구체적인 특성과 관련된 광범위한 분야를 망라한다. 대체로 이러한 서비스들은 개인의 기능을 향상하려는 공통의 목표를 공유한다.

정신질환 재활 서비스는 정신질환을 가진 개인의 요구를 충족시킨다. 교육 (habilitation) 서비스는 지적장애인이 더욱 독립적이도록 돕기 위해 기술을 습득하거나 향상할 수 있도록 하는 서비스이다. 보조공학은 다양한 유형의 장애를 가진 수많은 사람이 더욱 자립적일 수 있도록 돕는다. 주는 이러한 서비스를 가정 및 지역사회 기반 서비스 예외 조항 프로그램을 포함한 여러 가지 선택지를 통해 제공할 수 있다. 많은 유형의 보조공학(가령 전동 휠체어, 의사소통 장치)은 의무적 가정건강수당에 의해 제공되는 의료기구나 보급품이다.

● 적응 서비스

신체적 손상을 지닌 수많은 사람은 지역사회 내 자택 혹은 어디선가 살아가는데 집과 자동차의 개량을 통해 혜택을 받는다. 주택 개량(Home modification)은 신체적 손상을 지닌 개인이 집에서 자유롭게 다닐 수 있게 하기 위한 휠체어 경사로 설치, 출입구 확장, 욕실 및 주방 보수를 포함한다.

자동차 개량(vehicle modification)은 개인이 지역사회를 자유롭게 다닐 수 있게 하기 위한 자가용 및 승합차 개조를 포함한다. 이러한 서비스는 가정 및 지역사회 기반 서비스 예외 조항 프로그램을 통해 보장될 수 있다.

● 가족 및 돌봄인 지원

이러한 지원은 장애인에게 방대한 지원을 제공하는 가족이나 지인들을 돕기 위하여 설계된다. 이러한 지원을 유지하거나 강화하기 위하여 여러 가지 의료부조 선택지를 이용할 수 있다.

주돌봄인을 위한 가족휴식지원서비스(respite services)는 이러한 서비스의 일종이다. 주는 또한 돌봄인에게 훈련 및 교육을 제공할 수 있는데, 이것은 그들이 돌보는 사람의 요구를 충족시키기 위한 능력을 강화하기 위한 것이다. 이러한 서비스는 분리된 환경이 아닌 지역사회에서 살아가기를 선택한 장애인을 위한 예외 조항 프로그램에 의해 보장받을 수 있다. 훈련 및 지원은 또한 가정건강수당과 같은 다른 수당의 일부에서 제공될 수 있다.

● 사회적 지원

사회적 지원은 개인이 자신의 가족과 지역사회 양쪽 모두에 능동적으로 참여하도록 돕는다. 이러한 지원은 사회적인 고립을 피할 수 있게 한다.

예를 들면, 동행 서비스와 같은 사회적 지원은 개인이 지역사회 활동에 참여할 수 있도록 지원을 제공한다(예: 개인이 교회에 참석하도록 동행인을 제공하는 것). 이러한 서비스는 오직 가정 및 지역사회 기반 서비스 예외 조항 프로그램을 통해서만 보장될 수 있다.

● **사례/돌봄관리 또는 서비스/돌봄조정**

사례관리와 돌봄조정 서비스는 여러 가지 자원을 통해 서비스와 지원이 필요한 개인을 돕는다. 이 중 몇 가지는 의료부조 주 계획을 통해 이용할 수 있고, 어떤 것은 다른 공공 프로그램을 통해 얻을 수 있다. 접근하기 어렵기는 하지만 다른 개인적 자원으로부터의 지원들 역시 이용할 수있다.

가정 및 지역사회 서비스들의 공통적인 특징은 사례 관리자를 제공한다는 점인데, 그들은 돌봄 코디네이터 또는 서비스 코디네이터라고 불리기도 한다. 그들은 주로 한 개인에게 필요한 모든 서비스와 지원을 확인하고 조달하는 방법을 세심하게 짜서 개별화계획을 준비한다. 뿐만 아니라, 그들은 가정 및 지역사회 서비스의 질과 효과를 점검하는 데 적극적인 역할을 한다. 사례관리와 돌봄조정 서비스를 보장하기 위해 몇 가지 의료부조 선택지를 이용할 수 있다.

12. 장애인 지원 서비스

서비스 시스템이 어떻게 진화했는지, 한 개인이 서비스 수혜에 적격한지를 어떻게 결정하는지, 이러한 서비스가 어떻게 자금을 지원받는지에 대한 기본적인 이해를 갖게 되었으니, 지금부터는 장애를 가진 아동과 성인이 공통적으로 이용할 수 있는 서비스에 관한 몇 가지 정보를 공유하고자 한다.

이러한 서비스 전부를 모든 주에서 동일하게 이용할 수 있지는 않다는 점과 지역 제공자로부터 여러분의 지역에서 이용할 수 있는 또 다른 서비스를 찾을 수 있다는 점을 반드시 명심해야 한다. 여기에서는 보다 일반적인 몇 가지 서비스들에 대한 개관을 제시한다.

13. 21세 이하의 아동 지원 서비스

이 책이 주로 장애인의 성인기 형제자매를 위해 쓰였으므로, 우리는 아동이 이용할 수 있는 서비스에 대해 깊게 파고들지는 않을 것이다. 하지만 아동 서비스가 흔히 성인기의 개인과 가족에게 필요하거나 필요하지 않은 지원, 성인기에 접근할 수 있는 지원의 근간이 되기도 하기 때문에 영유아와 아동에게 유용한 것에 대한 일반적인 개관을 제공하는 것은 중요하다. 만약 여러분의 장애 형제자매가 아직 학교에 다니고 있지만 여러분이 개입하여 부모의 역할을 떠맡아야 하는 경우, 장애 아동의 부모를 위한 자원을 찾기를 추천한다. 수백만 문헌들이 장애 아동을 위한 교육과 치료 서비스를 얻는 것에 대한 주제를 다루고 있다. 또한 성인기 장애 형제자매를 둔 성인기 형제자매를 돕는 것에 초점을 둔 정보는 이 책의 다른 부분에서도 얻을 수 있을 것이다.

❶ 조기교육

조기 개입 서비스는 일반적으로 지체를 초래하는 장애를 진단받은 아동의 지체를 예방하기 위해서 뿐만 아니라, 발달지체 영유아가 어려움을 겪는 기술을 습득하는 것을 돕기 위하여 개발됐다. 이러한 서비스는 연방 특수교육법인 장애인교육법을 통해 출생부터 두 살까지의 적격한 아동에게 제공된다.

현저하게 지체되었거나 발달지체에 대한 높은 위험이 있는 것으로 진단된 아동은 다양한 서비스를 받을 수 있는데, 이러한 서비스에는 다음과 같은 것들이 포함된다.

- 물리 치료
- 작업 치료
- 언어 치료
- 유아교사에 의한 교육
- 가족 상담 및 중재
- 청능 서비스
- 간호 또는 의료 서비스
- 보조공학 서비스
- 영양 서비스
- 심리 서비스

이러한 서비스는 무상으로 또는 가족 수입과 주 정책에 따라 차등적으로 제공될 수 있지만, 한 아동의 조기 개입에 대한 적격성을 결정하는 평가는 항상 무상으로 제공된다. 여러분이 사는 주의 적격성 판정 절차와 서비스를 알아내기 위하여 여러분이 해볼 수 있는 몇 가지 방법은 다음과 같다.

- 여러분의 담당 소아과 의사에게 지역의 조기 개입 프로그램에 대한 연락처 정보를 문의하라.
- 여러분이 다니는 병원의 소아과에 전화하여 연락처 정보를 문의하라.
- 유아 보조공학센터(Early Childhood Technical Assistance Center) 웹사이트에 방문하라: http://ectacenter.org/contact/ptccoord.asp

❷ 특수교육

아동이 조기 개입 범위의 나이가 지나면, 즉 일반적으로 3세가 넘으면, 그 아동은 특수교육을 받을 자격을 갖는다. 적격한 장애 아동이 누릴 수 있는 권리와 서비스가 무엇인지뿐만 아니라, 서비스 수혜 자격에 어떤 것들이 포함되는지를 설명하는 것 역시도 장애인교육법이다. 이러한 권리 중 가장 중요한 것은 '최소제한환경'에서 '무상의 적절한 교육'을 받을 권리이다. 간단히 말해서 이것은 장애 아동이 교육과정 내에서 가능한 많은 발전을 보일 수 있도록 하고, 비장애학생과 최대한 함께 하는 환경인 학교에 출석하면서도 여전히 기대하는 성장을 보일 수 있도록 적합한 서비스를 누릴 자격이 있음을 의미한다.

만약 여러분에게 학교에 다니는 혹은 다녔던 장애 형제자매가 있다면, 아마도 특수교육 서비스를 결정하는 개별화교육계획에 친숙할 것이다. 이 개별화교육계획은 그 학생의 현재 수행 수준을 서술하고, 개별화된 목표를 설정하며, 또한 해당 목표를 달성하도록 도와주기 위해 받아야 할 서비스들, 교육이나 치료가 실행될 환경, 필요한 모든 조정(accommodation, 계산기 사용과 같은 특별한 도움)이나 수정(modification, 가르칠 것이나 기대하는 것에서의 변화) 등을 제시한다. 부모, 교사, 치료사, 학교의 다른 전문가와 학생 당사자를 포함하는 다학문적 팀이 학생의 개별화교육계획을 개발한다.

조기 개입 서비스와 같이 특수교육 서비스는 치료(물리, 작업, 언어), 전문적인 교수, 보조공학 서비스, 통역 서비스, 아동의 장애로 인해 나타나는 문제들을 최소화 하도록 고안된 기타 관련 서비스를 포함할 수 있다. 또한 더 나이가 든 학생들은 학교 이후의 삶을 준비할 수 있도록 돕는 전환 서비스를 받을 권리를 갖는다. 이러한 서비스들은 교통수단 이용 교수, 고용기술 훈련, 자립생활 기술 연습 등을 포함한다.

장애인교육법에 따르면, 전환 서비스는 아동이 늦어도 만 16세에는 시작해야만 하며, 개별화교육계획팀에 의해 적절하다고 결정되었다면 그 이전에 시작되어야 한다. 개발된 계획은 이후 매년 갱신되어야 한다. 전환계획과 관련하여, 팀에 의해 개발된 개별화교육계획은 연령에 적합한 전환 평가에 근거하는 중등 이후 목표(postsecondary goals)를 포함할 수 있으며, 그러한 목표는 훈련, 교육, 취업, 및 자립생활 기술과 연관되어야 한다. 개별화교육계획팀은 학생을 위하여 중등교육 이후의 세상에 초점을 맞춘 측정 가능한 목표를 개발해야 하며, 그러한 목표를 달성하도록 돕기 위해 어떤 전환 서비스가 필요한지를 구체화해야 한다.

14. 성인 지원 서비스

성인기 장애 서비스는 일반적으로 22세 이상의 개인이 이용할 수 있는 서비스를 의미한다. 성인기 서비스의 모습은 지난 50년간 극적으로 변화해왔으며, 자금 흐름의 변화와 과거로부터 습득한 교훈 및 최선의 실제, 현존하는 서비스 모델, 장애인 당사자 및 가족의 역량을 강화하는 것의 중요성에 대한 높아진 인식으로 인하여 지금도 빠르게 진화하고 있다.

❶ 중등이후교육

오늘날 장애인이 중등이후교육(postsecondary education)을 받을 기회는 그 어느 때보다 많다.

그러나 장애 학생에게 연방정부의 재정 지원을 받아 중등이후교육 권리를 제공하는 프로그램은 없다. 즉, 장애 학생이 적절한 혹은 심지어 적절하지 않더라도 대학교육이나 기술교육을 받을 수 있도록 보장하는, 장애인교육법에 상응할 연방 법률이 없다는 것이다. 하지만 만약 장애 학생이 대학이나 연방정부의 재정지원을 받는 기타 중등이후 교육기에 입학하고 출석한다면,

그들은 1974년에 제정된 재활법을 적용받는다. 이 법은 장애 대학생이 어떤 종류의 조정을 받을 권리가 있는지에 대한 규정을 포함한다(가령, 장애 대학생은 시험을 치르기 위해 추가 시간을 받거나, 필기 보조를 받거나, 계산기 사용을 허가받을 수 있다). 또한 Perkins 학자금 대출과 Stafford 학자금 대출과 같은 연방 보조금 제공을 허가받은 기타 중등이후교육 기관에 장애 학생이 입학한다면, 그들은 그러한 유형의 재정 보조를 받을 자격을 가질 수 있다. 최근에는 장애 학생에게 대학이나 특별 프로그램에서 성공하기 위한 지침을 제공하는 것은 물론이고 장애 학생이 그들에게 적절한 중등이후교육 프로그램을 찾도록 돕고자 노력하는 수많은 단체가 설립되고 있다. 그중 하나는 'Think College', http://www.thinkcollege.net이다. 그 웹사이트에 따르면, 'Think College'는 지적장애인을 위한 통합적 고등교육 선택지를 개발하고 확장하고 향상하기 위해 헌신하는 국립기관이다. 'Think College'는 지식을 생산하여 공유하고, 기관의 변화를 주도하고, 공공 정책을 알리고, 학생, 교수 및 가족과 교류함으로써 증거에 기반하고 학생 중심적인 연구를 지원한다.

장애인을 위한 중등이후교육 프로그램에 대한 정보를 얻을 수 있는 사이트는 다음과 같다:

> Association on Higher Education and Disability(AHEAD)
> http://www.ahead.org
>
> Division of Adult Education and Literacy
> Office of Vocational and Adult Education
> US Department of Education
> http://www2.ed.gov/about/offices/list/ovae/pi/AdultEd/disability.html
> (축약주소: http://tinyurl.com/ssg-adulted)
>
> HEATH Resource Center
> National Youth Transitions Center
> http://www.heath.gwu.edu
>
> DO-IT: Disabilities, Opportunities, Internetworking, and Technology
> http://www.washington.edu/doit/
>
> Education-Portal.com

학위 수여 프로그램, 진로 직업 정보, 학교별 후기 및 교육 관련 뉴스를 싣는 사이트이다.
http://education-portal.com/index.html

PEPNet: Deaf and Hard of Hearing[10]
http://www.pepnet.org

Center for Parent Information and Resources
고등교육에 참여하는 장애인을 돕고자 헌신하는 단체의 종합 목록과 설명을 제공한다.
http://www.parentcenterhub.org/repository/foradults/#postsec
(축약주소: http://tinyurl.com/ssg-postsec)

❷ 서비스 조정

사례관리로 지칭되기도 하는 서비스 조정은 장애인과 그 가족이 서비스 시스템을 모색하고, 유용한 서비스가 무엇인지와 서비스에 대한 자격요건 및 신청 방법을 이해하도록 도와주는 중요한 서비스이다. 서비스 코디네이터는 장애인과 그 가족이 필요한 서비스와 지원을 확인하고 이를 수령하도록 돕는다. 또한 개인, 가족 또는 후견인과 함께 서비스를 점검 및 평가한다. 서비

---

10. **역자주**: 2016년에 사이트가 삭제되었음. 관련 정보는 http://www.nationaldeafcenter.org를 방문

스 코디네이터의 핵심 역할은 서비스를 받기까지 필요한 과정과 서류 작업을 돕는 것이다. 장애 성인에게 서비스를 제공하는 여러 기관의 시스템은 복잡하고 혼란스러울 수 있는데, 지원 코디네이터는 '하나의 진입 지점'을 제공한다.

서비스 코디네이터 역할에 대한 자세한 내용은 http://tinyurl.com/ssg-scl에서 The Arc의 입장 성명서를 참조하면 된다.

의료부조 자금을 받는 서비스를 이용할 자격이 있는 장애 성인이라면, 서비스를 받고 관리하는 것을 도와줄 서비스 코디네이터/사례 관리자를 배당 받을 수 있다. 또한 서비스 코디네이터는 의료부조 이용 자격은 되지 않지만 주별 또는 지역별로 제공되는 장애 서비스를 받을 자격이 있는 사람에게도 유용하다. 여러분이 살고있는 주에서 서비스를 제공하는 단체와 필요조건을 알고 싶다면 http://tinyurl.com/ssg-services를 방문하면 된다.

❸ 주간 활동 프로그램

때때로 '보호 작업장' 또는 '주간 치료 프로그램'이라고 불리는 주간 프로그램은 과거에는 종종 특수교육 서비스를 받을 나이가 넘은 성인을 위한 '다음 단계'로 여겨졌다.

주간 프로그램은 역사적으로 지역사회 기반 시설의 교실 환경에서 이루어졌다. 그 프로그램은 프로그램 참여자의 수, 철학/모델, 자금이 어떻게 제공되느냐에 따라 매우 다양하다. 좀 더 집중적인 주간 치료 프로그램 중 일부는 전통적으로 식사, 개인위생 관리 등과 같은 기본적인 일상생활 활동을 장애인에게 교수하는 데 중점을 두었다. 다른 프로그램은 직업 전 훈련이나 기술 개발을 제공한다.

오늘날, 발달장애 관련 분야가 발전하고 지역사회와의 상호작용의 중요성에 대한 인식이 증가하고 있다. 더불어 건축물에 대한 정부 보조가 줄어들고 있다. 이에 따라 많은 주간 서비스들이 "건물 없는" 접근방식을 채택하고 있다. 이 혁신적인 프로그램들은 사회성 기술, 여행 기술, 자원봉사(예: 요양원, 무료 급식소, 동물보호소)를 통한 지역사회 참여에 중점을 두고 있으며, 시민단체 혹은 기타 단체가 점차 참여하고 있다.

평생 지역사회와 학교에 통합되어 온 자녀를 둔 많은 가족은 주간 프로그램을 점점 더 외면하고, 대신에 지역사회와의 상호작용과 개인적인 흥미 및 능력에 초점을 둔 프로그램을 채택함으로써 '보호 시스템을 갖춘' 환경이 아닌 곳에서 직업과 활동을 찾으려고 애쓴다.

❹ 고용 프로그램

1990년 미국장애인법은 고용 시 자격을 갖춘 장애인을 차별하는 것을 불법으로 규정하고 있다. 그러나 장애를 가지고 있다는 것만으로 사람을 고용하지 않는 것은 불법임에도 불구하고 미국 노동부의 통계에 따르면, 2012년 비장애인의 63.9%가 일을 하고 있거나 일자리를 찾고 있는 데 비해 장애인은 17.8% 뿐이었다.

비장애인의 19%가 시간제 일자리에 취업한 데 비하여 장애인의 33%가 시간제에 고용되었으며, 장애인은 비장애인보다 자영업자가 될 가능성이 더 컸다.

장애인이 직업 기술을 개발하고, 일자리를 탐색하고 신청하고, 일단 고용되면 고용을 유지하는 것을 돕기 위해 고안된 서비스(예: 직무지도원)는 대부분의 주에서 이용 가능하다. 이러한 서비스는 종종 직업 및 노동문제를 감독하는 주립기관을 통해 관리된다. 여러분이 사는 주에서 고용 프로그램을 관리하는 기관을 찾고 싶다면 다음 사이트를 방문하면 된다:

> Center for Parent Information and Resources
> http://www.parentcenterhub.org/repository/foradults/#jobs
> (축약주소: http://tinyurl.com/ssg-jobs)
>
> Council of State Administrators of Vocational Rehabilitation
> http://www.rehabnetwork.org
>
> Association of People Supporting Employment First(APSE)
> http://www.apse.org
>
> United States Department of Labor

Office of Disability Employment Policy
http://www.dol.gov/odep

장애 성인을 위한 일자리를 탐색할 때, 돈을 버는 것이 의료부조와 생계보조비 같은 정부 혜택에 대한 적격성에 미칠 수 있는 영향을 고려하는 것은 중요하다. 의료부조나 생계보조비 혜택을 받고 있는 개인이 벌 수 있는 월 소득 액수에는 매우 엄격한 제한이 있을 뿐만 아니라, 그 개인의 자산 가치(일반적으로 주 및 특정 수당 프로그램에 따라 약 2,000~3,000달러로 설정됨)에 대해서도 매우 엄격한 제한이 있다. 만약 소득이나 자산 한도를 초과한다면, 그 개인에게는 의료부조와 생계보조비가 삭감되거나 심지어 완전히 없어질 것이다.

의료부조의 소득 및 자산 한도에 대한 일반 정보는 http://www.medicaid.gov에서 확인할 수 있으며, 생계보조비는 http://www.ssa.gov/ssi/text-eligibility-ussi.htm에서 확인할 수 있다.[11] 여러분은 소득과 자산에 대한 현재의 한도를 알기 위해 주별 정보를 얻을 필요가 있을 것이다. 또한 여러분의 장애 형제자매를 위한 ABLE 계좌 개설 가능성을 검토할 수 있다(글상자 참조).

---

11. **역자주**: 복지로 사이트에 가면 자산 현황에 따른 서비스 검색 가능. <복지서비스 모의 계산기 이용> http://bokjiro.go.kr/gowf/wel/welsvc/imtcalc/WellmtCalcMain.do

ABLE Act

2014년 말 이 책이 출판될 당시, 미국 의회에서는 장애 성인의 의료부조 자산 한도 해결방법을 제공하는 ABLE법 제정에 대해 양당의 강력한 지지가 있었다. ABLE(Achieving a Better Life Experience)법은 장애인이 비과세 저축계좌에 장애와 관련된 경비를 위해 저축할 수 있다는 내용이다. 대학 학비를 위해 529 플랜에 저금 할 수 있는 금액(주에 따라 대략 200,000달러 ~ 400,000달러)과 동일한 금액까지 최대한 저축할 수 있다. ABLE 계좌에 저축된 돈은 법령이 허용하는 목적으로 사용되는 한 개인의 의료부조 자격을 결정할 때 고려되지 않을 것이다. 그 목적은 교육, 주택, 교통, 고용 지원, 건강, 보조공학 및 개인적 지원이 포함된다(현재 법에 따르면, 주거비로 10만 달러 이상을 할당하면 개인의 생계보조비 혜택이 정지되지만 취소되지는 않는다). 본 법률의 진행 과정을 확인하려면 다음 웹사이트를 방문하면 된다.

- **상원 법안:** https://beta.congress.gov/bill/113th-congress/senate-bill/313
- **하원 법안:** https://beta.congress.gov/bill/113th-congress/house-bill/647

❺ 지역사회 훈련

지역사회 훈련이란 여러분이나 여러분이 돌보는 누군가가 그것을 필요로 하지 않는 한 마주칠 일이 없는, 정감 없고 특수한 용어 중 하나이다. 이것은 장애인이 지역사회에서 가능한 독립적으로 살 수 있도록 돕기 위해 고안된 다양한 서비스를 포함하며, 장애인을 위한 분리된 환경보다는 가정이나 지역사회 안에서 의료부조 서비스를 받고 있는 사람에게 일반적으로 유용하다. 여기에는 광범위한 기술과 목표를 촉진하기 위해 지역사회에서(종종 개인의 가정에서) 제공되는 서비스가 포함된다.

- 지역사회 통합
- 관계 형성
- 개인위생
- 자기관리(식사, 몸단장 등)
- 일반적인 가사일
- 이동 훈련
- 개인건강관리
- 재정관리
- 적절한 사회성 기술
- 생활안전

지역사회 훈련은 일대일 또는 집단으로 제공되며, 개인의 특별한 기술과 목표에 중점을 둔다. 또한 이 서비스는 종종 개인의 집에서 제공되기 때문에 개인의 목표와 이를 성취하기 위한 구체적인 실천 및 행동을 지원하고자 가족과 함께 실행하는 데 중점을 둘 수 있다.

❻ 사회성 기술과 지원 네트워크 구축

여가와 사회성 프로그램은 오랫동안 장애 성인이 모여서 다양한 활동을 즐기고 그 과정에서 사회성 기술을 향상시킬 수 있는 기회를 제공해 왔다.

오늘날, 장애 분야 전반에 걸쳐 장애인 공동체 안에서뿐만 아니라 지역사회 내에서 우정과 대인관계를 형성하도록 돕는 것이 삶의 다른 영역에서 중요한 성과를 성취하도록 돕는 데 필수적이라는 인식이 증가하고 있다.

여러분의 가족, 친구, 사랑하는 사람이 여러분의 삶과 직장에서 여러분을 지원할 때 수행하는 역할을 생각해보라. 친구와 가족은 여러분이 살 곳을 찾는 것을 돕거나 임대료를 나누거나 첫 번째 집의 계약금을 지불하는 것을 도울 수도 있다. 그들은 우리를 고용주에게 소개함으로써 우리의 경력에 도움을 줄지도 모른다. 아니면 휴가중 애완동물 맡아주기, 저녁 데이트 동안 아이 봐주기 등 실제로 재정적 가치가 있는 그 밖의 방법들로 우리를 도울 수도 있다. 이렇게 우리가 관계 속에서 얻을 수 있는 정서적이면서도 재정적인 가치는 흔히 사회적 자본이라고 불리기도 하는데, 장애인의 경우 전통적으로 직계가족이나 유료 지원 시스템 이외의 사람과 이러한 자본을 개발할 기회가 적었다.

미국, 캐나다, 호주 각지의 장애인 서비스 단체인 Interdependence Network(http://www.buildingsocialcapital.org)의 Al Condeluci 박사와 그의 동료들은 사회적 자본의 개념, 재활 분야와 장애인의 삶 속에서 그것의 역할을 탐구하고 있다.

그들은 장애인을 고치거나 바꾸는데 집중하지 않는다. 그 대신 의미 있는 사회적 관계를 형성하고 유지하게 함으로써-이러한 관계에 개방적이도록 사회를 변화시킴으로써-개인이 자립하도록 돕는데 초점을 맞추고 있다.

많은 형제자매가 장애 형제자매와 함께 지역사회 활동에 참여하거나, 그들을 사회성 프로그램에 연결해주거나, 자신의 친구, 교회나 성당의 공동체, 자신이 참여하는 스포츠, 공예, 음악, 이외의 다른 모임에 그들을 소개함으로써 장애 형제자매가 사회적 자본을 개발하도록 돕는데 중요한 역할을 한다.

여러분의 형제자매가 사회적 자본을 형성하도록 돕는 것은 새로운 주거, 고용, 교통수단 이용, 그들의 삶에 큰 영향을 미치는 다른 기회들로 이어질 수 있다. 어떤 중요한 목표를 달성하는 것에 대한 옛 속담을 생각하라 : 가끔은 '무엇을 아느냐가 아니라, 누구를 아느냐가 중요하다.'

❼ 주거 서비스

장애 형제자매가 어디에서 살 것인가에 대한 질문과 걱정은 수많은 형제자매를 잠못 이루게 한다. 특별히 장애가 있는 형제자매가 나이 든 부모와 함께 집에서 살고 있는 경우에 그렇다. 장애인을 위한 접근성 좋고 적절한 가격의 주택은 늘 부족하고, 이는 자립생활운동의 주요 쟁점이며 현재 옹호 활동의 주요 내용이다.

좋은 소식은 주거 서비스가 장애 성인에게 유용하다는 것이며, 나쁜 소식은 거의 모든 주에서 긴 대기명단이 존재하기 때문에 이 서비스를 이용하기가 점점 더 힘들어진다는 것이다.

주거 프로그램은 여러 주에서 서로 다른 이름으로 불리는데, 몇 가지 예를 들자면 지역사회 주거, 개별 주거 대안, 개별 지원 서비스 등이다. 특정 환경에 얼마나 많은 사람이 살 수 있는지와 직원대비 주거인의 비율, 공간에 대한 물리적 요구사항과 같은 것을 결정하는 규정과 기타 규정들 역시 주마다 다양하다. 주의 장애인을 위한 주거 및 기타 서비스를 관리하는 정부기관을 찾으려면 http://tinyurl.com/ssg-services을 방문하면 된다.

미국 전역에서 공통적으로 나타나는 현상은 연방정부와 주정부 차원에서 정부가 지역사회에 거주하는 사람들(즉, 가족과 함께 살거나 혼자 사는 사람들)에게 비용이 덜 드는 지원을 제공함으로써 그룹홈, 아파트, 여기에 거주하는 사람을 돕는 직원들에 대한 지출을 줄이려고 한다는 것이다.

2014년 1월, 노인의료보험제도와 의료부조 서비스 센터는 주거 프로그램을 포함한 의료부조의 가정 및 지역사회 기반 서비스 프로그램이 '지역사회 거주의 혜택을 최대한 활용하며 가장 통합된 환경에서 서비스를 제공'하도록 하는 규정을 발표했다. 규정에 대한 자세한 내용은 http://hcbsadvocacy.

org/learn-about-the-new-rules를 참조하면 된다. 요점은 다음과 같다:

'건강보험개혁법'의 일부인 이 규정은 보건복지부의 지역사회 거주 발의안(Community Living Initiative)을 뒷받침하는데, 이것은 2009년에 발족하여 장애인과 노인이 의미 있는 지역사회 생활을 즐길 기회를 늘리기 위한 혁신적인 전략을 개발 및 실시하고 있다. 최종 규정에 따르면, 의료부조 프로그램은 시설돌봄의 대안으로 기능하며 개인이 느끼는 경험의 질을 고려하여 가정 및 지역사회 기반(주거)환경을 지원한다.

주거맥락에서 이 모든 것들이 가리키는 곳은 지역사회 내의 자신의 집에 사는 사람을 지원하는 데 중점을 둔 더 적은 수의, 더 작은 단위의 그룹홈이다.

노인의료보험제도와 의료부조 서비스 센터 규정을 잘 알고 있는 한 형제자매는 다음과 같이 말했다:

"그것의 성과는 사람들이 작은 공동체 환경에서 살면서 공동체의 일부가 된 거예요. 사람들은 소규모 공동생활 환경(congregate settings)에서 동거인과 함께, 자신의 주택이나 아파트에서 가족, 파트너 혹은 배우자 등과 함께 살 수 있으며, 또 살고 있어요. 이건 국가적인 기대지요. 주에서는 자택 소유, 해비타트 운동(Habitat for Humanity) 등의 창의적인 프로그램을 운영할 수도 있어요. 어떤 가족은 사랑하는 사람(장애 형제자매)을 위해 주택/콘도를 구입했고, 동거인들의 집주인이 되기도 했어요."

◦ 주거모형의 예시

재정지원 모형과 규정을 수정한 결과, 많은 장애인과 가족이 창의적인 해결책을 생각해내기 위해 다시 한번 힘을 합쳐야 했다. 지역사회에 사는 장애인과 가족에 의해 추진된 몇 가지 주거 대안에 대해 형제자매에게서 들은 바는 다음과 같다.

한 형제자매는 자신의 대학가에서는 비교적 독립적이지만 100% 혼자 살 수 없는 누군가를 위해 '동료(buddy)'로서 도움을 제공하면서 함께 살 의향이 있는 대학생에게 무료로 아파트를 임대하는 장애 성인 혹은 가족이 있다고 이야기했다.

매사추세츠주의 한 자매는 그녀가 사는 주에서는 성인 가족 돌봄 프로그램(Adult Family Care program)에 따라 가족 구성원에게 주택을 제공하고자 가족이 의료부조로부터 재정지원을 받게 하고 있다고 말했다. 공유주거(Shared living)의 주인은 장애인에게 주택을 제공하면 면세 혜택을 받는다. 가족도 Agency with Choice[12] 선택지를 통해 집을 구입하고 직원을 채용하는 것을 선택할 수 있으며, 공동생활주택(congregate housing) 프로그램(그룹홈)도 존재한다고 그녀는 언급했다.

미국 중서부의 몇몇 형제자매는 공동체 관리자(community builders)라고 불리는 한 커플을 제외하고는 아파트 입주자 모두가 장애인으로 구성된

---

12 역자주: 발달장애인과 가족이 자신에게 필요한 서비스를 스스로 결정하도록 돕는 사이트 (http://yourawc.org)

모델에 대해 말해주었다.

　　애리조나주의 한 형제자매는, 장애인이 아파트나 주택을 소유하면서 주정부의 자금을 사용하여 지원 서비스를 받고자 스스로 돌봄인/기관을 고용할 수 있는 개별 주거 배치(individual living arrangement)에 관해 말해주었다 (자기주도적 지원에 대한 아래 내용 참조).

　　애리조나주에서 사용되는 또 다른 모형은 장애 성인이 개인 주택(즉, 자택에서 생활함)에 거주하도록 하고 교통 및 여가활동과 같은 서비스를 위해 주와 계약을 맺도록 하는 것이다.

　　또 다른 형제자매는 캔자스에 사는 남동생과 그의 아내가 딸을 위한 주거 프로그램을 개발하기 위해 다른 부모들과 함께 일하고 있다고 이야기해주었다. 그녀는 자신의 지역사회에서, 장애 성인과 그 가족이 개인에게 맞는 주거환경을 만들기 위해 함께 협력하는 사례가 점점 더 많아지고 있다고 말했다.

　　클리블랜드에 사는 한 형제자매는 부모 단체와 협력하여 그들의 아들을 위한 집을 설계하면서, 의료부조 예외 조항으로부터의 지원 이외의 의료부조 예외 조항을 통해 이용 가능한 보조와 공학을 사용하였다. 혁신적인 자립생활 프로젝트에 대해 더 많이 알고 싶으면 여기를 방문하면 된다: http://tinyurl.com/ssg-leap

　　형제자매들이 우리에게 이야기해준 것과 같이 전국 곳곳에 새로운 유형의 주거모형을 만드는 혁신적인 단체는 다음과 같다:

- Center for Independent Futures: http://www.independentfutures.com
- Onondaga Community Living: http://www.oclinc.org
- L'Arche: http://www.larcheusa.org
- Connections of Central New York: http://www.connectionscny.org

❽ 자기주도적 지원

장애 서비스의 미래를 내다볼 때, 국가적인 논의의 중심에는 자기주도적 지원(Self-Directed Supports)이 있다. 장애 관련 재정지원을 감독하는 연방기관인 지역사회 거주 관리국(Administration on Community Living)은 지역사회에 사는 개인을 위한 개별화되고 자기 주도적인 서비스를 향한 움직임이 증가하고 있음을 반영한다.

자기주도적 지원은 노인의료보험제도와 의료부조 서비스 센터에 의해 개발된 모형으로, (그룹홈이나 기타 정부 지원의 주거환경에 거주하는 개인과는 달리) 자신의(또는 그 가족의) 집에 거주하는 개인의 개별 예산 내에서 승인된 의료부조 기금을 통제하고 주도할 수 있는 선택지를 장애인과 그 가족이 갖는다.

자기주도적 지원을 통해 개인이 서비스 제공자를 찾고 서비스에 등록할 수 있도록 돕고자 브로커 또는 재정 중개자(주에 따라 명칭이 다름)가 고용된다. 개인과 가족이 자신의 요구에 가장 잘 맞는 서비스를 학습하고 계획하도록 돕는 서비스 코디네이터와 달리, 브로커는 오로지 재무만을 담당한다.

2009년 미네소타 대학교(University of Minnesota)는 미국 전역의 자기주도형 서비스에 대한 종합 연구를 발표했고, 각각의 주마다 자기주도적 지원을 구현하기 위한 독특한 접근법과 전략을 취하고 있다는 사실을 발견했다. 여러분은 그들의 <지적장애인 및 발달장애인을 위한 소비자 주도 서비스의 구현: 국가정책연구> 보고서 전문을 여기에서 읽을 수 있다. http://ici.umn.edu/products/prb/201/default.html

개인중심계획(Person-Centered Planning: PCP)은 장애인 서비스에 대한 담론에서 요즘 자주 언급되는 또 다른 용어다. 개인중심계획은 장애인과 그 가족이 지원을 주도적으로 사용하는 데 효과적인 도구가 될 수 있다. 이것은 지적장애인 및 발달장애인과 그들이 선택한 사람들로 모인 팀이 장애인 당사자에게 중요한 것, 그의 미래에 대한 비전, 그 목표를 달성하도록 도와줄 지원 및 서비스를 파악하기 위해 함께 일하는 지속적인 과정이다.

일반적으로 말해서, 어떤 개인과 가족은 자신의 요구를 가장 잘 충족하는 서비스에 어떻게 자금을 사용할 것인지에 대한 의사결정 권한을 가질 수 있기 때문에 자기주도적 지원 모형을 선호하며, 정부는 이론적으로 비용 효율적이기 때문에 이 모형을 선호한다.

그러나 일부, 특히 서비스 시스템에 새로 진입한 개인과 가족은 전문적인 서비스 코디네이터의 도움 없이 서비스 시스템을 헤매야 할 거라고 생각하고 자기주도적 지원에 대해 두려움을 느낄지도 모른다.

게다가 많은 주에서 (의료부조와 같이) 자기주도적 지원이 서로 다르게 구현된다는 사실은 장애인에게 자기주도적 지원이 실제로 무엇을 의미하는지를 이해하고, 서비스가 얼마나 효과적으로 그들을 지원하고 있는지를 평가하는 것을 혼란스럽게 만들 수 있다.

15. 가족 지원 서비스

가족은 장애인을 지원하는 데 중요한 역할을 하며, 수년간 장애 서비스는 가족을 지원하는 프로그램을 포함하고자 확대되었다. 전통적으로 '가족'은 부모를 의미하고 있다. 그러나 이제는 가족의 정의에 형제자매와 다른 돌봄인이 포함되도록 확대하고, 그들을 지원해야 한다는 필요성에 대한 인식이 더 커졌다. 인식개선의 한 가지 이유는 장애인이 예전보다(그들의 부모보다도 더) 오래 살기 때문이다. 또 다른 이유는 자기주도적 지원과 같은 서비스 모델이 '자연적'(이라고 쓰고 공짜라고 읽는) 지원에 의존하기 때문이다.

미국 전역에 걸쳐 가족 지원 서비스에 대한 일관된 정의는 없지만, 가족 구성원, 연구자 및 정책 입안가는 가족을 지원하는 것이 왜 중요한지, 가족을 지원하는 최선의 방법이 무엇인지 탐구하고 있다. 더 많은 정보를 얻고 싶다면 http://supportstofamilies.org/cop/resources/를 방문하면 된다.

현재 지적장애인 및 발달장애인의 가족이 이용할 수 있는 몇 가지 서비스가 있는데, 여러분은 이것을 알아두어야 한다. 주요 서비스 중 몇 가지는 다음과 같다.

❶ 위기 지원 서비스

여러분의 형제가 경찰에 체포될 때 여러분은 어떤 선택을 할 수 있는가? 아니면 자매의 심해지는 치매가 여러분 자녀를 위험에 처하게 해서 자매를 위한 대안적 주거공간을 찾아야 할 때 여러분은 어떻게 해야 하는가? 전부는 아니지만 일부 주에서는 장애인을 위한 위기관리 서비스를 운영하고 있다. 웹에서 '위기 서비스 장애(crisis services disability)'와 여러분이 사는 주의 이름을 검색해 보는 것은 가치 있는 일이다. 각 주에는 장애인을 위한 권리옹호 프로그램이 있는데, 권리옹호 기구 프로그램(이라고도 불리는)은 좋은 첫 번째 정차역이 될 수 있다. 국립 장애인권 네트워크(National Disability Rights Network)에 따르면:

"권리옹호 기구는 모든 연방법 및 주법에 따라 모든 장애인에게 법정 대리 및 기타 옹호 서비스를 제공하는 권한을 가진다(서비스를 위한 우선순위 체계를 토대로). 모든 권리옹호 기구는 장애인을 돌보는 시설에 상주하면서 그곳에서 부정적인 상황을 감시하고, 조사하며, 개선을 시도한다. 또한 이러한 기관은 통합 교육 프로그램, 재정 혜택, 건강관리, 접근하기 쉬운 주택 및 생산적인 고용 기회에 대한 완전한 접근을 보장하는 데 상당한 자원을 투입한다."

여러분은 국립 장애인권 네트워크(http://www.ndrn.org/)를 방문하여 그들이 제공하는 것과 여러분이 사는 주의 프로그램에 어떻게 연락해야 하는지에 대해 더 많은 것을 배울 수 있다.

만약 여러분의 형제자매가 가진 위기가 정신 건강과 관련된 요소를 가지고 있다면, 여러분이 사는 지역의 국립 정신질환연합(National Alliance on Mental Illness, NAMI) 지부에 연락하는 것을 고려해보라. 국립 정신질환연합의 직원은 위기 상황을 매우 자주 다루므로, 좋은 조언을 제공할 수 있을 것이다. 국립 정신질환연합에 대한 자세한 내용과 여러분 지역의 지부를 확인하려면 http://www.nami.org를 방문하면 된다.

만약 여러분이 여러분의 형제자매와 관련하여 911에 전화할 필요가 있다면, 위기개입팀(Crisis Intervention Team) 훈련을 받은 경찰관을 요청하라. 위기개입팀 훈련은 경찰관이 정신질환이나 발달장애를 가진 사람과 연관된 상황에 적절하게 대처하도록 돕는다. 국립 정신질환연합과 기타 단체는 미국 전역의 지역사회 내 경찰관을 훈련하기 위해 국제적 위기개입팀과 제휴하고 있다. 여러분은 http://www.citinternational.org를 방문하거나 'CIT NAMI'를 검색하여 위기개입팀에 대해 더 많이 배울 수 있다.

❷ 가족휴식지원서비스

가족휴식지원서비스는 가족 돌봄인에게 일시적인 휴식을 제공하기 위하여 장애인에게 주어지는 미리 계획된 혹은 긴급적인 돌봄이다. 성인기 형제자매의 경우, 가족휴식지원서비스는 몇 시간에서 며칠, 또는 그 이상의 기간 동안 훈련된 돌봄인의 집에 여러분의 장애 형제자매를 데려가는 것(또는 돌봄인이 여러분의 집에 오는 것)을 포함할 수 있다. 그 시간 동안 돌봄인은 숙식, 교통, 오락, 여러분이 평상시 제공하는 자조기술 혹은 기타 기술 지원을 제공하며, 여러분은 기존의 책임으로부터 벗어나 휴식을 취할 수 있다.

ARCH[13] 국립 가족휴식지원 네트워크 및 자원 센터(National Respite Network and Resource Center, 이 섹션의 내용 중 상당 부분의 출처)에 따르면, 여러분은 가족휴식지원서비스가 필요하다고 생각되는 때가 오기 이전에 이 서비스를 고려해야 한다. 가족휴식지원서비스는 여러분이 지치고, 고립되고, 책임감에 압도되기 전에 사용할 경우 가장 도움이 되기 때문이다. 가족휴식지원서비스는 돌봄인과 돌봄을 받는 사람 모두에게 유익하고 의미 있으며 즐거울 수 있다.

만약 여러분이 장애 형제자매를 돌보고 있다면, 여러분은 아마도 정기적인 휴식지원 시간이 필요할 것이다. 휴식 시간을 어떻게 보내고 싶은지 잘 생각해 보라. 가족휴식지원서비스는 장애 형제자매에게 안전하고 즐거울 뿐만 아니라 여러분의 필요와 계획을 충족시킬 수 있도록, 목적과 의미가 있어야 한다.

때때로, 여러분은 개인적인 건강 위기, 주택이나 직업 상실, 또는 여러분의 장애 형제자매를 위험에 빠뜨릴 수 있는 상황에 대처하기 위해 긴급 상황에서의 가족휴식지원서비스가 필요할 수도 있다. 비상 또는 위기 상황의 가족휴식지원서비스는 찾기가 더 어려울 수 있으므로 긴급 가족휴식지원서비스를 제공할 수 있는 제공자를 미리 알아두거나, 그러한 제공자에게 미리

---

13. 역자주: Access to Respite Care and Help의 약자

등록해두는 것이 중요하다.

전부는 아니지만 많은 주에서 평생 가족휴식지원서비스 프로그램(Lifespan Respite Program)을 시행하고 있는데, 이 프로그램은 가족들이 휴식 서비스 제공자를 찾고 휴식 서비스에 대한 비용을 지불하는 방법을 알아내는 데 도움을 주기 위해 고안되었다. 만약 가족휴식지원서비스 선택지를 찾고 있다면, 여러분이 정보를 위해 먼저 방문해야 하는 곳은 여러분이 사는 주의 평생 가족휴식지원서비스 프로그램이다: http://arciespite.org/lifespan-programs. 만약 여러분의 주에 평생 가족휴식지원서비스 프로그램이 없다면, ARCH 국립 가족휴식지원서비스 위치탐색 사이트를 방문하여 비상 혹은 정기적 가족휴식지원서비스를 찾아보면 된다: http://archrespite.org/respitelocator.

가족휴식지원서비스 선택지에 대한 자세한 내용은 웹을 검색하여 여러분이 사는 주의 노인 및 장애 자원 센터, 노인 돌봄 위치탐색 서비스(Eldercare Locator Service) 및 Easter Seals 지부 등과 같은 단체, 치매 협회, The Arc, 또는 뇌성마비협회 등의 관련 조직을 알아보면 된다. 이 기관 중 어디라도 여러분에게 지역사회의 가족휴식지원서비스를 알려줄 수 있을 것이다. 추가적인 가족 돌봄인 지원 및 보조는 가족 돌봄인 연합(Family Caregiver Alliance)의 주 별 안내서인 가족 돌봄 안내(Family Care Navigator) 사이트를 방문하여 찾을 수 있다: https://caregiver.org/family-care-navigator.

여러분이나 여러분의 형제가 재향군인이라면, VA Caregiver Support

Line에 1-833-260-3274로 전화하거나 온라인 VA Caregiver Support Center (http://www.caregiver.va.gov)를 방문하면 된다.

가족휴식지원서비스의 종류에는 가정 내 프로그램과 가정 외 프로그램이 포함된다. 많은 가족은 가정에서 제공되는 가족휴식지원서비스를 선호하는데, 장애인이 자신의 집에서 가장 편안할 수 있고 다른 환경에 적응할 필요가 없기 때문이다. 돌봄인 또한 돌봄 수혜자가 집을 떠나지 않아도 되는 경우에 더 편안할 수 있다.

가정 외 휴식은 좀 더 독립적인 생활 방식을 위해 가족을 떠나려고 준비하는 청소년, 또래와 함께 있기를 선호하는 장애 청년, 심지어 경증부터 중증의 기억상실을 가진 노년층에게도 매력적인 선택일 수 있는데, 왜냐하면 새로운 환경을 경험할 기회, 다양한 기대, 또래 관계, 심지어는 인지적, 정서적 자극을 제공하기 때문이다. 가족들은 끊임없는 보살핌의 제약 없이 자유롭게 자신의 집에서 시간을 즐길 수 있고, 다른 가족에게 더 많은 관심을 쏟을 수 있다.

가족휴식지원서비스는 슬라이딩 요금제(Sliding Fee Schedule)[14]에 따라 제공되거나, 가족의 사례비, 주 기금, 연방 기금(의료부조 면제자 포함) 및 민간 보험의 조합으로 제공받을 수 있다. 비용에 대한 자세한 내용은 http://archrespite.org 소비자 정보에서 '가족지원휴식서비스 비용 지불' 부문을 참조하면 된다.

---

14. **역자주**: 소득에 따라 요금을 차등적으로 부과하는 방식의 요금제

16. 유용한 정보

여러분 자신과 가족, 여러분의 형제자매를 돕기 위해 필요한 정보를 얻는 것은 막막할 수 있다. 우리는 부모님께서 종합대학교 도서관에서 얻을 수 있었던 것보다 새벽 4시에 잠옷 차림으로 인터넷을 통해 더 많은 정보를 접할 수 있는 시대에 살 수 있어서 다행이다. 아래는 여러분이 구글에서 정보를 찾을 수 있을 거라고 생각하는 (많은 지역 지부를 두고 있는) 몇 가지 국립기관이다. 이들은 국립기관이므로 지역 서비스에 대한 추가 정보는 주 또는 군을 포함하는 웹 검색(예: '인디애나주 장애인 여가활동')을 통해 확인할 수 있다.

주택:

- Center for Universal Design: http://www.ncsu.edu/www/ncsu/design/sod5/cud (축약주소: http://tinyurl.com/ssg-design))
- L'Arche: http://www.larcheusa.org
- NOEWAIT(대기명단을 줄이기 위한 국립기관): http://www.noewait
- National Council on Independent Living: http://www.ncil.org
- Technical Assistance Collaborative: http://www.tacinc.org/technical-assistance-consultation/knowledge-areas/affordable-housing

(축약주소: http://tinyurl.com/ssg-tech)

● The Arc: 주택 문제:

http://www.thearc.org/what-we-do/public-policy/policy-issues/housing

(축약주소: http://tinyurl.com/ssg-housing)

● US Dept. of Housing and Urban Development, People with Disabilities :

http://www.hud.gov/offices/fheo/disabilities/pwd.cfm

(축약주소: http://tinyurl.com/ssg-urban)

자기옹호:

● ACT: Advocating Change Together- 함께 변화를 옹호하기: www.selfadvocacy.org

● Autistic Self-Advocacy Network: http://autisticadvocacy.org

● SABE-Self-Advocates Becoming Empowered: www.sabeusa.org

여가활동:

● National Arts and Disability Center(NADC): http://www.semel.ucla.edu/nadc

● Next Chapter Book Clubs: http://www.nextchapterbookclub.org

● Special Olympics: http://www.specialolympics.org

● VSA(formely Very Special Arts): http://www.kennedy-center.org/education/vsa

장애인 건강:

● DDHealthInfo.org: 건강관리 제공자를 위한 발달장애인 자원: http://www.ddhealthinfo.org

● United Cerebral Palsy, UCP. 건강과 안녕의 조언: http://ucp.org/resources/health-and-wellness

17. 동료지원

비슷한 길을 걷고 있는 다른 사람들이 있음을 아는 것은 안심이 될 수 있다. 7장에서 논의된 대로, 1996년부터 SibNet은 수천 명의 장애인의 형제자매를 위한 중요한 지원이었다. SibNet은 이메일 기반의 야후 그룹과 페이스북 그룹 두 가지를 통해 이용할 수 있다. 페이스북 버전은 '폐쇄적' 그룹으로서, 여러분의 친구도 회원이 아니면 여러분이 SibNet에 게시한 내용을 볼 수 없다는 것을 의미한다. SibTeen은 폐쇄적인 페이스북 그룹으로만 제공되며 전 세계의 10대와 20대 초반의 수백 명의 회원을 연결한다. 형제자매 지원 프로젝트(Siblings Support Project)는 SibNet과 SibTeen을 모두 관리하며, 이 그룹에 대한 자세한 정보는 http://www.siblingsupport.org 또는 SibNet 또는 SibTeen의 간단한 웹 검색을 통해 확인할 수 있다.

비록 형제자매를 위한 실제적인 지원 그룹은 마땅히 있어야 할 만큼 흔하지는 않지만, 확인해 볼 만한 가치가 있다. 성인기 형제자매 행사에 대해 알 수 있는 좋은 장소는 형제자매 리더십 네트워크(Sibling Leadership Network, SLN)의 웹사이트 http://siblingleadership.org이다. 그곳에서, 여러분은 형제자매 모임과 학회, 형제자매 리더십 네트워크 지부에서 주최하는 주 전체의 행사에 대해 알 수 있다. 보다 비공식적으로, 같은 대도시 지역에 사는 SibNet 회원들은 때때로 근처의 커피숍이나 식당에서 비공식 모임을 제안하기도 한다.

하지만 또래 집단의 지지는 형제자매만을 위한 것이 아니다. 여러분의 장애 형제자매도 동지애를 즐길 수 있다. SABE는 전국적인 회의를 개최하며, 자폐성장애인 권리옹호 네트워크는 지역 지부를 가지고 있다. 또한 많은 장애 관련 단체들이 장애인을 위한 행사를 포함하는 국립 또는 주립 학회를 개최한다. 여러분의 장애 형제자매 주변의 단체에 대해 알 수 있는 쉬운 방법 중 하나는 '자기옹호 캔자스'와 같은 용어를 사용하여 검색하는 것이다. 또 다른 방법은 http://www.meetup.com의 Meetup을 방문하는 것이다. 일단 웹사이트에 접속하면, Meetup의 검색바를 사용하여 집단의 초점(예: 아스퍼거)과 특정 위치(예: 댈러스, 텍사스)에서 검색할 반경(예: 25마일 이내)을 결정한다.

18. 미래 돌봄 계획

10장에서는 장애를 가진 가족 구성원의 미래를 위한 계획과 동반되는 복잡한 문제에 대해 논한다. 특별한 요구에 대해 계획하는 것의 복잡함을 잘 아는 사람으로부터 조언을 구하기 어려울 수도 있다. 여러분에게 유용할 두 가지 자원이 있다.

특별 요구 계획 전문가 협회
(The Academy of Special Needs Planners)

특별 요구 계획 전문가 협회(The Academy of Special Needs Planners,

http://www.specialneedsanswers.com)는 특별한 요구를 가진 사람과 그 가족에게 도움이 되는 서비스와 조언을 제공하는 특별 요구 계획 전문가(변호사, 재무 계획자, 신탁 관리자)로 구성되어 있다. 협회는 회원들에게 전국적으로 합법적 계획 개발에 관한 정보와 장애인에게 서비스를 제공하는 최선의 실제를 교환하기 위한 토론회를 제공한다. 또한 회원들에게 특별한 요구와 관련하여 계획하는 도중 발생하는 독특한 도전을 이해하는 데 필요한 도구와 교육을 제공한다.

특별 요구 변호사 연합[15]

(The Special Needs Alliance)

특별 요구 변호사 연합(The Special Needs Alliance, http://www.specialneedsalliance.org)은 장애인과 그 가족, 그들에게 봉사하는 전문가를 돕기 위해 헌신하는 국립 비영리단체이다. 그 웹사이트에 따르면, 그들의 변호사중 많은 사람은 특별한 요구를 가진 가족 구성원이 있으며, 모두 공공의 이익, 보호자/ 후견인, 장애인을 위한 계획, 특수교육 쟁점에 관한 일을 한다. 이 동맹은 회원들에게 협력 훈련, 문제해결, 전문성 개발을 제공한다.

---

15. 역자주: 4장, 10장 내용 참고

19. 결론

　　형제자매가 성인기 장애 서비스 시스템에 대해 배우고 탐색하는 것을 돕기 위해 우리는 책 한권을 쓸 수도 있다. 여기에서 제공한 개요를 통해 서비스 시스템이 어떻게 발전했는지, 누구를 위해 서비스하도록 설계되었는지, 장애가 있는 사람과 그 가족이 일반적으로 어떻게 지원을 받을 수 있는지에 대한 기본적인 이해를 얻기 바란다.

　　틀림없이 여러분이 이 책을 읽을 때쯤이면 이 내용 중 무언가는 바뀌었을 것이다. 서비스는 새로운 아이디어와 최선의 실제, 변화하는 자금 흐름, 그것들로부터 지원을 받는 개인과 가족들의 요구에 대응하여 계속 발전할 것이다.

　　결코 변하지 않는 것은 장애인, 가족, 형제자매가 장애 서비스에 영향을 미치는 법안에 대해 계속 알고자 하는 요구를 가지고 있다는 것과 장애 커뮤니티를 지원하는 정책을 옹호하는 데 적극적으로 관여하고자 한다는 것이다.

참고문헌

Buchanan, I. and J. Walmsley. "Self-Advocacy in Historical Perspective." British Journal of Learning Disabilities 34 (2006): 133-38.

Burke, M. M., J. L. Taylor, R. Urbano, and R. M. Hodapp. "Predictors of Future Caregiving by Adult Siblings of Individuals with Intellectual and Developmental Disabilities." American Journal on Intellectual and Developme ntal Disabilities 117, no. 1 (2012): 33-47.

Caldwell, J. "Leadership Development of Individuals with Developmental disabilities in the Self-Advocacy Movement." Journal of Intellectual Disability Research 54 (2010): 1004-1014.

Center for Parent Information and Resources. "Early Intervention."Accessed June 9, 2014. http://www.parentcenterhub.org/repository/ei-overview.

Dybwad, G. "Setting the Stage Historically." In G. Dybwad and H. Bersani (Eds.), New Voices: Self-Advocacy by People with Disabilities (pp. 1-17). Cambridge MA: Brookline Books, 1996.

Feinberg, L., S. C. Reinhard, A. Houser, and R. Choula. "Valuing the Invaluable: 2011 Update. The Growing Contributions and Costs of Family Caregiving."Insight on the Issues, 51 (2011): 1-28. Washington, DC: AARP Public Policy Institute, 2011.

Goodley, D. Self-Advocacy in the Lives of People with Learning Difficulties. Philadelphia: Open University Press, 2000.

Hayden M. and T. Nelis. "Self-Advocacy." In R.L. Schalock, P.C. Baker, M.D.Croser (Eds.), Embarking on a New Century: Mental Retardation at the End of the 20th Century (pp. 221-33). Washington, DC: American Association on Mental Retardation, 2002.

Hecht, E. and M. Reynolds. Building a National Agenda for Supporting Families with a Member with Intellectual and Developmental Disabilities: Findings from the Wingspread Family Support Summit. Racine, WI: Johnson Foundation at Wingspread, 2011.

Heller, T. and J. Kramer. "Involvement of Adult Siblings of Persons with Developmental Disabilities in Future Planning." Journal of

Intellectual and Developmental Disabilities 47, no. 3 (2009), 208-19.

National Council on Disability. "Rising Expectations: The Developmental Disabilities Act Revisited." 2011.

http://www.ncd.gov/publications/2011/Feb142011#toc5.

National Dissemination Center for Children with Disabilities. "Overview of Early Intervention." Accessed June 9, 2014.

http://www.parentcenterhub.org/repository/ei-overview/.

People First of Washington. Speaking Up and Speaking Out: A Report on the International Leadership Conference. Tacoma, WA: People First of Washington and the University of Oregon, 1984.

SABE. "Accomplishments of Self-Advocates: Becoming Empowered." Self Advocacy Nation, 20th Anniversary Issue. 2010.

Available at: http://www.sabeusa.org

United States Department of Labor. "Persons with a Disability: Labor Force Characteristics Summary." 2012.

http://www.bls.gov/news.release/disabl.nr0.htm.

Chapter

권리옹호 역사 / 변화 요구 / 권리옹호의 출발점 / 옹호 활동 조력 / 옹호 사례 / 옹호 활동

Angela Martin
&
Barb Sapharas

권리옹호

장애 형제자매를 지원할 때, 옹호는 우리가 변화를 만들 수 있는 가장 강력한 방법 중 하나이다. 입법가에게 우리 형제자매가 가진 쟁점, 요구, 권리에 대해 알리고, 그것들을 충족시키고 증진시키는 법률, 정책, 규정을 지지해 달라고 요청하는 것은 우리 모두가 높은 삶의 질을 유지하고 지역사회에 기여할 수 있는 기회를 갖도록 한다.

1. 권리옹호 역사

미국에서는 시민의 구체적인 권리를 요약한 권리장전과 더불어 헌법이 모든 시민을 통치하고 있다. 이 문서는 위대한 국가를 위한 비전을 공들여 만든 헌법 기초자의 총명함을 담고 있다. 헌법에는 다음과 같이 명시되어 있다.

"우리 연합 주(states)의 국민은 더욱 완벽한 연방을 형성하고, 정의를 확립하고, 국내의 안녕을 보장하고, 공동의 방위를 도모하고, 국민의 복지를 증진하고, 우리와 우리의 후세에게 자유와 축복을 확보할 목적으로 미국을 위하여 이 헌법을 제정한다."

미국 헌법, 1787년[1]

권리장전은 정부의 보호를 보장받기 위해 모든 시민이 갖는 권리를 상세히 설명하기 위해 쓰였다. 우리의 다섯 가지 기본 자유-종교의 자유, 언론의 자유, 출판의 자유, 평화적 집회의 권리, 정부에 청원할 권리-를 확인하는 것이 권리장전이다(권리장전, 1791).[2] 이러한 권리를 통해 모든 시민은 정책이 삶에 어떻게 영향을 미치는지를 정부에게 알리는 권한을 가지고, 우리가 옳

---

1. The Constitution of the United States, http://www.archives.gov/exhibits/charters/constitution_transcript.html.
2. Bill of Rights of the United States, Amendment 1, http://www.archives.gov/exhibits/charters/bill_of_rights_transcript.html.

다고 믿는 것을 지지하기 위해 입법가의 결정에 영향을 미칠 수 있다.

권리장전에 설명된 기본권은 특별히 장애 운동에 중요하다. 장애인 인권 운동은 장애인이 지원을 받는 방식에서의 변화를 옹호하기 위해 이러한 권리를 활용해 왔다. 그로 인해 장애인교육법(Individuals with Disabilities Education Act, P.L. 94-142) 및 재활법(Rehabilitation Act, 29 U.S.C §791-794)과 같은 역사적 입법이 이루어졌다. 이러한 정책 변화는 장애인이 학교와 직장에 다니고, 지역사회에 기여할 수 있는 또 다른 기회를 얻도록 이끌었다.

대부분의 옹호 운동과 마찬가지로, 정책 변화를 가져오려면 입법가와 직접 소통하는 것이 중요하다. 이것이 정부가 시민을 지원하기 위해 더 잘할 수 있는 것을 아는 방법이다. 시민이 그들의 요구와 우려를 전달하기 위해 사용하는 전략은 지난 20년 동안 발전해 왔다. 정책 입안가에게 서면을 보내는 전통적인 방법은 여전히 매우 효과적이다. 그러나 기술의 발전은 새로운 기회도 만들어냈다. 이메일은 정책 입안가 및 정부 관료와 의사소통을 할 수 있는 빠르고 비용 효율적인 방법이다.

소셜 미디어의 유용성은 의사소통을 한 단계 더 발전시켰다. 많은 입법가와 정부 프로그램은 대중과 그들의 유권자에게 다가가기 위해 페이스북과 트위터를 사용한다. 소셜 미디어는 또한 개인이 고민이나 어려움을 공유할 수 있는 시간 효율적인 방법이다. 그것은 사실상 즉각적인 의사소통이다. 멀티미디어는 또한 옹호를 위한 강력한 도구를 제공한다. 짧은 동영상이나 오디오 클립은 자신의 이야기를 공유하고 있는 사람의 모습을 더 완벽하게 제공해주는 소셜 미디어 게시물과 연결될 수 있다. 물론 사생활로 보호되어야 하는 세부사항(비공개 건강정보 같은)이나 공유하고 싶지 않은 것이 있는 경우엔 소셜 미디어를 피하는 것이 좋다. 이 점이 우려되는 경우, 우편으로 발송되는 편지, 전화, 직접 방문과 같은 보다 전통적인 의사소통 방법을 사용하라.

기술의 진화는 장애인이 정부 관료 및 입법가와 더 효과적으로 소통하는 데 도움을 주었다. 온라인 장애 활동 센터는 대개 웹 기반의 서면양식을 가지고 있으므로 여러분은 매우 적은 시간이나 노력으로도 편지를 보낼 수 있다. 연락처를 입력하고 연락을 받고 싶은 사람을 선택하면 몇 분 안에 전자로 편지가 보내진다. 몇몇 국립 장애인 단체는 이러한 종류의 기술을 사용한다. 여러분이 잘 알고 있는 국립 장애인 단체의 활동 센터를 이용하는 것을 고려해보라. 보완 의사소통장치를 사용하는 장애인에게 있어 공학 기반 의사소통은 변화를 위한 옹호역량을 진정으로 넓혔다.

형제자매는 장애 형제자매가 개선된 서비스와 지원을 옹호하도록 도울 수 있는 독특한 위치에 있다. 형제자매의 관점은 옹호에 또 다른 측면을 제시하며, 결과적으로 정부 관료와 정책 입안가가 특정한 쟁점이 장애인 당사자, 즉 한 명의 유권자이자 투표자에게 뿐 아니라 형제자매 및 다른 가족을 포함한 다른 유권자들에게 어떤 영향을 미치는지 이해하는 데 도움을 준다. 옹호에 관한 한 숫자의 힘은 대단하다.

2. 변화 요구

내가 어렸을 때, 우리 가족은 수도 워싱턴 D.C.를 방문하기 위해 신나는 여행을 했다. 1980년대 말이었고 미국장애인법(Americans with Disabilities Act, P.L 110~325)이 법으로 제정되기 불과 2년 정도 전이었다. 1990년 제정된 미국장애인법은 차별을 금지하고 장애인에게 동등한 기회를 보장하는 역사적인 법률이다.[3] 우리 가족은 짧은 여행을 계획했고 크게 기대하고 있었다. 우리 가족에게 최고의 관광 행사는 백악관을 방문하는 것이었다.

당시 백악관 관광 입장권을 구하려면 한정된 숫자의 당일 입장권으로 인해 줄을 서서 기다려야 했다. 우리 가족이 입장권을 구할 수 있을지 없을지를 확인하기 위해 기다리는 것은 긴장되는 일이었지만, 다행히도 우리는 충분히 일찍 도착했기 때문에 관광 입장권을 얻을 수 있었다. 우리 가족이 입장권을 받았을 때, 공원 관리인은 내 여동생이 휠체어 스타일의 유모차를 타고 있다는 것을 알아챘다. 우리는 내 여동생이 백악관 투어에 접근할 수 있도록 다른 입구를 이용하라는 말을 들었다.

이것은 특별한 일이 아니었다. 우리 형제자매에게 있어서, 우리의 '일' 중 하나는 내 여동생이 건물 안으로 들어가도록 가장 접근하기 쉬운 방법을 찾는 것이었다. 그러나 우리 가족은 우리 관람이 축소될 것이라는 말을 듣지

---

3. United State Department of Justice, Civil Rights Division, Americans with Disabilities Act of 1990," 42 U.S.C. §§ 12101 et seq., http://www.ada.gov/2010_regs.htm.

못했다. 백악관에는 휠체어가 접근할 수 없는 특정 공간이 있었다. 어린 마음에 나는 우리가 전체 관람을 할 수 없어서 실망했지만, 무엇보다도 이것은 어린이다운 옹호의 마음을 불러일으켰다. 나는 대통령에게 편지를 썼고, 그에게 그 접근성의 제한이 우리 가족 여행을 얼마나 망쳤는지 직접 알려주었다. 빠르게 약 2년이 흘러 바로 그 대통령인 조지 부시는 미국장애인법을 법으로 제정했다.

이제 나는 부시 대통령이 미국장애인법을 법안으로 통과시키도록 만든 것이 백악관 관람에 대한 나의 실망이 아니었다는 것을 안다. 그러나 많은 미국인은 미국장애인법이 없는 삶을 상상할 수 없다. 여기에는 장애가 있는 사람, 형제자매를 포함한 가족, 장애에 직접적으로 영향을 받지 않는 시민이 포함된다. 가끔 나는 유모차에 아이를 태우고 쇼핑하는 가족을 본다. 그 가족은 유모차가 출입할 수 있는 자동화된 출입문 스위치를 찾는다. 만약 그 가족이 스위치를 찾을 수 없다면, 그들은 불만을 가질 것이 분명하다. 이것은 어떻게 변화가 지역사회의 일부가 되었는지를 알게 한다. 변화로부터 직간접적으로 이익을 얻는 사람은 이러한 변화를 지역사회의 당연한 부분으로 여긴다. 입법가가 변화를 만드는 것이 좋다고 생각했기 때문에 이러한 변화가 일어나는 것은 아니다. 그것은 장애가 있는 사람과 그 가족이 이러한 변화를 옹호하기 때문에(때로는 요구하기 때문에) 발생한다.

3. 권리옹호의 출발점

돈을 따라가라—그것은 그냥 하는 말이 아니다. 프로그램이 어떻게 자금을 지원받는지 아는 것은 여러분의 옹호 노력이 어디로 향할 수 있는지를 확인하는 데 도움이 될 수 있다. 일부 장애 프로그램 또는 지원은 연방정부에서 후원하고 연방정부에 의해 운영된다. 이것의 예로는 사회보장국(Social Security Administration)이 있다. 어떤 장애 정책이나 프로그램은 연방정부에서 자금을 지원하지만 주에서 운영하고 관리한다. 일부 서비스와 지원은 연방정부와 주정부가 공동으로 자금을 지원하지만 주정부가 직접 관리한다. 대부분의 교육 프로그램은 이러한 방식으로 운영된다. 더 혼란스러운 것은 연방정부에서 특정 명칭의 프로그램을 만들어도 주정부에서는 그것을 다르게 부르기도 한다.

이 모든 자금 문제를 분류해내는 것은 매우 어렵다. 모든 세부사항에 압도당하지 마라. 여러분이 여러분의 옹호에 집중할 수 있도록 프로그램 자금의 출처를 파악하라. 만약 그것이 주정부가 관리하는 프로그램이라면 여러분은 문제를 주 입법가나 주립기관에 제기해야 한다. 프로그램이 연방정부 수준에서 관리되는 경우 의회 대리인에게 문의하라. 어느 쪽이든, 정책 입안가는 프로그램이나 정책의 직접적인 영향을 받는 사람들에게 귀를 기울여야 한다.

4. 옹호 활동 조력

● 국립 장애인 단체 및 주 지부

많은 국립 장애인 단체는 그들의 웹사이트에서 정보와 옹호 지원을 제공한다. 예를 들어, SABE(Self-Advocate Becoming Empowered, http://www.sabeusa.org), 자폐성장애 권리옹호 네트워크(Autistic Self Advocacy Network, http://autisticadvocacy.org), ADAPT(American Disabled for Attendent Programs Today, http://www.adapt.org)와 같은 국립 권리옹호 단체는 장애인이 집단으로 정책 변화를 옹호할 수 있도록 지원하고 있다. 예를 들어, The Arc(http://www.thearc.org), 국립 정신질환연합(National Alliance on Mental Illness, http://www.nami.org)과 같은 단체와 장애와 연관된 특정 국립 단체는 연방정부의 장애 정책과 변화를 옹호하는 방법에 대한 정보를 제공한다. 이러한 단체의 주 지부나 협력단체 또한 주 차원의 정책 옹호 활동을 도울 수 있다. 주립 협회는 지역 옹호 활동에 참여할 수 있는 정보나 기회를 제공하는 좋은 자원이다. 일부는 장애인 당사자 및 형제자매를 포함하는 그 가족이 옹호를 준비할 수 있도록 훈련의 기회를 제공하기도 한다.

● **정책 입안 파트너들**

　미네소타 주지사 소속 발달장애위원회의 획기적이고 혁신적인 교육 프로그램인 '정책 입안 파트너(Partners in Policymaking)' 프로그램은 전국 각 주에서 자기옹호자 및 옹호자의 가족 구성원으로 하여금 장애인이 생활하고, 일하며, 지원받고, 주목받고, 교육받는 방식에서의 변화를 옹호할 수 있도록 준비하는 데 활용되고 있다. '정책 입안 파트너' 프로그램은 미국 내외 수천 명의 사람이 개선된 장애 정책을 옹호할 수 있도록 교육하고 있다. 미국에서는 많은 주가 발달장애위원회 기금으로 이 프로그램을 활성화한다. '정책 입안 파트너' 프로그램은 1987년에 대면 교육 프로그램으로 시작했다. 이 프로그램은 현재 멀티미디어와 온라인을 활용하여 미네소타 주지사 소속 발달장애인 웹사이트(http://mn.gov/mnddc/pipm)를 통해 많은 교육 내용을 공유하고 있다. 여러분은 자신의 지역사회에서 정책 입안 파트너 제휴 프로그램을 찾기 위해 이 웹사이트를 방문할 수 있다.

5. 옹호 사례

　1970년대는 남녀 모두에게 긴 머리, 나팔바지, 플랫슈즈의 시대였다! 우리 엄마는 미혼모였기 때문에 우리가 이 모든 유행을 따라가도록 해줄 수가 없었다. 그러나 어머니는 내 형제 Nick이 언제나 자신에게 어울리는 옷을 입어야 하고 머리 모양도 정돈되어 있어야 한다는 점에는 단호했다. Nick이 필요 이상으로 장애인으로 보이지 않는 것이 어머니에게는 중요했다. 뇌성마비와 척추측만증으로 Nick은 종종 휠체어에 몸을 기댄 채 침을 흘렸다.

어느 날, Nick은 '바가지' 머리를 하고 학교에서 집으로 돌아왔다. 나는 아무 생각 없이 불쑥 말했다. "Nick, 너는 네 머리를 만지지 말라고 그들에게 말할 권리가 있어!" 그의 선생님은 그의 머리가 너무 길다고 생각했고, 그에게 '바가지' 이발을 함으로써 '도움'을 주기로 결정했던 것이다. 나는 겨우 10대였지만, 이미 나는 형제의 권리를 옹호하고 있었다. 그때도, 나는 형제가 내가 가진 것과 같은 권리를 가지고 있다고 믿었다.

Nick과 나는 만약 누군가 또 그를 이발하려 하거나 그에게 허락을 받지 않고 어떤 행동을 하려고 하는 경우 어떻게 말하고 행동해야 하는지에 대하여 전략을 논의했다. 우리는 조심스럽게 진행해야 했다: Nick은 자신의 이발에 대해 어떻게 느꼈는지를 선생님께 이야기한다면 그 선생님이 자신에게 화를 낼까 봐 걱정했기 때문이다. 그들의 행동은 Nick, 어머니, 나의 가족에게 무례했지만, 우리는 그들이 선의였다는 것을 알고 있었다. 우리는 또한 어머니가 직장에서 돌아와 그 머리 모양을 보는 것에 대비해야 했다. 어머니는 선생님이 자신이 Nick을 돌보지 못한다고 생각한 것에 매우 상처받았다. 이 경험은 주는 사람이 아니라 받는 사람이 '도움'을 정의한다는 것을 가르쳐 주었다.

나는 어린 나이에도 Nick이 나와 똑같은 권리를 갖고 있다는 것을 이해해주길 원했다. 우리 모두는 1964년 민권법(Civil Rights Act)과 1988년 민권법 복원에 따라 자기결정이라는 시민권을 가지고 있다. 우리 모두는 스스로 결정을 내리고 우리의 삶을 통제할 권리가 있다. Nick과 나는 그가 자신의 권리를 알고 있고, 그가 결정을 내리고 그의 삶을 통제할 권리가 있다는 것을 모두에게 알릴 전략을 찾을 필요가 있었다.

우리는 수십 년에 걸쳐 효과적인 자기옹호 전략을 찾아냈다. 세월이 흐르면서 Nick은 자신이 원하는 것과 자신이 느끼는 바를 말하는 것이 편안해졌다. 만약 그가 압박감이나 조급함을 느끼면 그는 사람들에게 자신의 여자 형제와 이야기하고 싶다고 말할 것이다. Nick은 나를 고민을 의논하고 싶은 사람으로 확실하게 인식하였고, 나도 그를 지원하게 되어 기뻤다.

통상적으로 Nick의 계획 회의에서 그의 팀은 내가 Nick의 후견인이 될 수 있는지 물어보곤 했는데, 그들은 Nick에게 후견인이 분명히 필요하다고 생각했다. 그들은 Nick이 스스로나 다른 사람을 위험에 빠뜨리는 결정을 내린 적이 없는데도 왜 그가 결정을 내릴 수 없다고 생각하는지 이유를 제시하거나 설명하지 않았다. Nick은 보호자가 필요하다고 생각하지 않았기 때문에 매우 불안해하고 걱정하고는 했다. 나는 기관 종사자에게 Nick이 결정을 내려야 할 때, 그는 보통 나와 이야기를 나누곤 한다는 것을 상기시키고는 했다. 나는 그들에게 Nick의 계획에 그가 가족 내에 지원망을 가지고 있다는 내용과 우리와 함께 문제를 논의할 것을 선택한다는 내용을 적어달라고 요청했다. Nick과 나는 또한 그가 전화를 걸기 위해 물리적인 도움이 필요하기 때문에 그가 나와 대화하기를 원하면 그가 전화를 걸 수 있도록 기관 종사자가 도와주어야 한다는 내용을 적어달라고 요청했다.

나중에 기관 종사자가 나에게 전화를 걸었을 때 나의 첫 번째 질문은 "Nick이 당신이 나에게 연락하는 것을 알고 있나요?"였다. 나는 그들이 Nick에게 나와 이야기해도 괜찮은지를 물어봤는지 확인하고 싶었다. 기관 종사자가 통화를 하기 전에 "Nick은 저와 함께 있고 당신에게 전화하라고 요청했습니다"라고 말하는 연락은 단지 두 통 정도였다. 이것은 그들이 대화를 시작하기 위한 완벽한 방법이었다. 형제자매는 초대받지 않는 한 그들의 장애 형제자매의 삶에서 무슨 일이 일어나고 있는지 알 법적 권리가 없다. 내 역할은 Nick을 설득하거나 그를 위해 결정을 내리는 것이 아니라 Nick이 스스로 결정을 내리도록 지원하는 것이었다.

현재의 미국 의료정보보호법(HIPAA)의 사생활 규율 때문에(이는 시간에 따라 변화 하기도 한다), 병원 환자는 의료 제공자가 정보를 공유하기 위해 접촉할 수 있는 지원망 내 사람을 정하도록 요청받는다. 우리는 우리가 신뢰하는 사람과 우리를 지원하는 사람을 알아내야 한다. 그런데 우리 장애 형제자매는 그들의 지원망에 누가 소속되어 있는지를 질문받은 적이 있는가? 지원망이 무엇이며, 부모, 형제자매, 사촌, 친구를 비롯하여 자신과 가깝고, 말을 걸고, 믿을만하며, 자신을 돌봐주는 사람 등 지원망에 포함할 수 있는 사람은 누구인지를 이야기해준 적이 있는가?

Nick이 현명한 결정을 내릴 수 있도록 지원하고 역량을 강화함으로써, 나는 Nick이 모든 정보를 가지고 있다는 것을 확신했다. 나는 또한 그가 제시된 정보를 이해하고 있고 그가 서두르거나 강요당하지 않고 결정을 내릴 시간이 있다는 것을 이해하고 있음을 확신했다. 나는 그가 마음을 바꿀 수 있다는 것을 그가 확실히 알게 했다. 마지막으로 그가 정보와 결정을 공유할 때, 내가 이해했다고 생각한 것이 아니라 Nick이 의미한 것을 이해한 것인지를 확실히 했다.

Nick이 불치병에 걸렸다는 것을 알았을 때, 우리는 그가 원하는 것이 무엇이고, 그에게 중요한 것이 무엇이며, 그가 남은 시간 동안 그의 인생에서 무엇을 하고 싶은지, 그가 그의 장례식에 무엇을 원하는지에 대해 논의했다. 나는 그의 가치관과 신념을 알고 있다고 생각했기 때문에, 그가 나에게 화장하기를 원한다고 말했을 때 매우 놀랐다. 나는 그가 그리스 정교회에서 장례식을 치르고 우리의 사랑하는 Yiayia(할머니) 옆에 묻히기를 원한다고 알고 있었다. 그러나 우리 교회는 화장을 지지하지 않았다. 그가 왜 이런 결정을 내렸는지, 이것을 어떻게 어머니께 설명해야 할지 생각했다. 그러는 동안, 이 일관성 없어 보이는 소망에 반응하지 않는 것은 아주 힘들고 어려웠다. 나는 그에게 "왜?"라고 묻고 싶지 않았고, 그 결정이 잘못되었을 수도 있고 그가 결정을 정당화해야 한다고 암시하는 위험을 감수하기를 원하지 않았다. 혹시 누가 그에게 화장하는 것이 매장하는 것보다 비용이 저렴하다고 말한 것이 아닌가 하는 생각이 들었다.

오랜 논의 끝에 나는 그의 진짜 걱정을 알게 되었다. 그리스 정교회 장례식 마지막에, 가족과 친구들이 마지막 조의를 표하기 위해 열린 관으로 가도록 초대받는다. 어떤 이유에서인지 Nick은 조문객들이 자신의 눈을 쳐다보는 것을 원치 않았다. 그의 걱정을 확인했으니 우리는 가능한 해결책인 선글라스에 대해 논의했다. Nick이 청한 대로 나는 새로운 선글라스를 구입하러 갔다. 비록 그가 이미 십여 개의 멋진 소장품을 가지고 있었음에도 말이다.

6. 옹호 활동

　형제자매는 대부분 같은 가치, 전통, 문화, 믿음을 가지고 있는 동일한 가족 환경에서 자란다. 만약 장애 형제자매가 우리에게 요구한다면, 우리는 옹호자로서 중요한 정보와 지원을 제공할 수 있다. 우리는 장애 형제자매가 원하는 삶과 가치를 얻을 수 있도록 돕고 지원하는 '내용 전문가'가 될 수 있다. 우리는 다음과 같은 개인중심(person-centered) 정보를 제공함에 따라 장애 형제자매를 지지하고 옹호할 수 있다.

- **개인적인 성과:**

장애 형제자매가 삶에서 원하는 것, 그들이 바꾸고 싶은 것.

- **다른 사람들이 장애 형제자매에 대해 좋아하고 존경하는 것:**

동정심, 정직, 끈기, 유머 감각, 예술적 관점처럼 우리가 사랑하는 장애 형제자매의 자질과 특성을 서비스 제공자 및 다른 사람에게 상기시키면서, 우리의 형제자매를 위한 대사가 될 수 있다.

- **장애 형제자매에게 중요한 것:**

의식, 일상, 사람들, 활동, 사물, 전통, 문화, 영적 활동 등. 그들에게 중요한 것이 그들의 삶에 있을 때 삶의 질은 높아질 것이다.

- **지원 방법:**

지원은 다양한 사람들에게 다양한 의미를 지닌다. 형제자매로서, 우리는 장애 형제자매를 효과적으로 지원할 수 있는 방법을 훨씬 더 잘 알고 있다.

한편, 서비스 제공자는 '과정 전문가'이다. 그들은 서비스와 지원을 제공하는 방법, 자금 조달 방법, 서류 작성 방법, 다양한 규정 준수 과정을 따르는 방법을 알고 있다. 서비스 제공자와의 협력을 통해, 형제자매는 장애 형제자매에게 있어서 중요한 정보(그리고 그들에 대한 중요한 정보)를 알림으로써 적절한 서비스와 지원을 받도록 할 수 있다. 또한 이 정보는 우리 형제자매가 지역사회에서 가치 있는 삶을 살고 가치 있는 기여자로 보이도록 보장할 수 있다.

- **자조모임을 통한 역량강화:**

다음과 같은 것을 포함하는 다양한 차원의 옹호가 있다: 자신을 위한 옹호, 타인을 위한 옹호, 관심 및 고민을 공유하는 소수를 위한 옹호, 단체를 위한 옹호, 모두를 위한 옹호, 사회적 정의를 위한 옹호.

우리가 어떻게 옹호하는지에 상관없이, 우리의 걱정을 공유하는 다른 사람과 교류하고 네트워크를 형성하는 것은 우리 모두에게 유용하다. 장애인의 형제자매는 형제자매 리더십 네트워크(Sibling Leadership Network), 다양한 주립 형제자매 단체 및 SibNet과 같은 온라인 형제자매 지원 모임으로부터 지원을 받을 수 있다(7장에서 자세히 설명함).

우리의 형제자매는 다음과 같은 자조모임에 가입함으로써 지지를 얻을 수 있다: People First, SABE, 프로젝트 STIR(Steps Toward Independence and Responsibility). 이러한 모임은 옹호, 통합, 자기결정 등에 대한 지원과 훈련을 제공한다. 어떻게 하면 우리가 형제자매를 지원하는 SABE나 STIR과 같은 조직에 적극적으로 참여함으로써 다른 사람을 옹호할 수 있는지 생각해 보라. 여기에는 자원봉사, 위원회나 단체에서 일하는 것, 이사회나 강사로 일하는 것 등이 포함될 수 있다.

- **웹사이트:**
  - Project STIR: http://www.cidd.unc.edu
  - Center for Self-Determination: http://centerforself-determination.com
  - The Learning Community for Person Centered Practices: http://www.learningcommunity.us
  - Self Advocates Becoming Empowered: http://www.sabeusa.org

● **기억할 사항:**

- 자기결정권은 시민권이며 오직 오직 법원의 판결만이 이를 빼앗을 수 있다.
- 자기결정권은 시민권이기 때문에 이 권리를 지지하기 위해 우리가 해야 할 일은 장애 형제자매의 역량강화이다.
- 장애 형제자매가 현명한 결정을 내리기 위해서는 그들이 이해하는 방식으로 제시되는 정보, 강요받지 않고 원한다면 지원을 받아 의사결정을 내릴 시간적 여유, 마음을 바꿀 수 있음을 알려주는 정보, 적절한 사람에게 통지함으로써 마음을 바꿀 기회가 필요하다.
- 장애 형제자매에게 그가 받는 서비스에 여러분(혹은 다른 형제자매)이 개입하기를 원하는지 물어봐라.
- 우리 형제자매 중 많은 이는 다른 사람의 비위를 맞추는 데 익숙할 수 있으므로, 그들의 진정한 바람에 대해 솔직하지 못할 수도 있다. '우리의 서비스/계획이 마음에 드십니까?'와 같은 예/아니오 질문을 하는 대신 '무엇이 잘 되었습니까?', '무엇이 좋으십니까?'와 '무엇이 잘 되지 않았습니까?', '무엇이 좋지 않으십니까?'라고 물어봐라.
- 장애 형제자매의 관점을 경청하고 이해하도록 노력해라. 여러분의 관점에서 반응하고 대답하지 말라.
- 형제자매는 '내용 전문가'가 될 수 있고, 여러분의 장애 형제자매('사례', '고객' 또는 '소비자'와 반대로)에 대한 정보를 공유할 수 있다.

- 형제자매는 팀이 중요한 개인중심 정보를 얻을 수 있도록 서로 지원할 수 있다.
- 장애 관련 정책 및 프로그램에 대하여 알기 위해(그것을 옹호하기 위해), 국립 장애인 단체의 온라인 공공 정책 'action center'를 이용하라.

Chapter 10

위기 대비 / 부모님과의 의논 / 가족 간의 의견 조율 / 장거리 거주 시 돌봄 / 법률계획 / 적절한 지원 선택 / 재무계획 / 주거계획 / 지원 네트워크 / 서류 정리 / 동의서 / 참고자료

_299

Emily Holl
&
Don Meyer

미래계획

Emily Holl & Don Meyer

자신과 부모님, 장애 형제자매의 미래에 대해 걱정하는 것 이상으로 성인기 형제자매를 잠 못 들게 하는 몇 가지 문제들이 있다. 다음과 같은 생각들은 자주 악몽으로 나타나곤 한다.

- 예상치 못한 순간에 부모님께서 돌아가시면 나의 장애 형제자매는 어디로 가야 하지?
- 내가 결혼해서 꾸린 가족이 나의 장애 형제자매와 함께 지내는 것을 괜찮아할까? 정말 짧은 기간이라고 해도?
- 재정 준비는 적절하게 이루어지고 있는가?
- 재정적인 '안전망'이 없다면, 내 장애 형제자매를 돌볼 자금을 어떻게 마련할 수 있을까?
- 내가 장애 형제자매를 지원하는 동안 나의 슬픔은 어떻게 다뤄야 할까?

이러한 걱정을 확인하고, 도움이 될 만한 정보를 모으는 것은 걱정과 잠 못 드는 밤들을 줄이는 데 큰 도움이 될 수 있다.

수년 동안, 우리는 장애인과 가족이 미래를 위한 계획을 수립하는 것을 돕기 위해 그들과 함께 일해 왔다. 우리가 만나온 형제자매는 '악몽에 이름 붙이기'가 도움이 된다는 사실을 알아냈다. 일어날 수 있는 최악의 상황의 시나리오를 확인하는 것은 형제자매가 깊은 우려의 목소리를 내도록 돕고, 최악의 시나리오를 속 시원히 터놓으면서 안도를 찾는 것을 도와준다. 더 중요한 것은 형제자매가 제일 두려워하는 상황에 대한 시나리오에 이름을 붙이면서 구체적이고 사실에 근거한 걱정을 확인할 수 있다는 것이다("나는 우리 부모님께서 돌아가셨을 때 내 동생이 갈 곳이 없을까 봐 두려워. 내가 그와 계속 함께 살아야 하고, 그를 평생 돌봐야 하는 게 두려워"). 걱정에 이름을 짓는 것은 형제자매가 그러한 상황을 피하도록 도와주는 지원과 해결책을 발견하고 계획할 수 있게 해주는 시작점이 될 수 있다. 일어나지 않기를 바라는 상황이 무엇인지 아는 것은, 여러분이 바라는 결과를 이루어내기 위한 절차를 밟아 나가도록 돕는 강력한 도구가 될 수 있다.

형제자매를 위한 팁

때로는 일어나지 않기를 바라는 상황에 대해 묘사하는 것이 도움이 된다. 잠깐 시간을 내어 여러분의 장애 형제자매에 대해 생각할 때 미래에 일어나지 않기를 바라는 것들에 대해 적어보아라.

_____

_____

_____

_____

_____

_____

_____

_____

_____

_____

_____

_____

_____

〈 성격유형별 미래계획 〉

우리는 장애 형제자매와 많은 시간을 함께 해야 한다.

그럼에도 불구하고 우리가 장애 형제자매에 대한 미래계획을 부모님과 의논하기는 쉽지 않은 일이었다.

걱정을 확인하는 것은 가족의 대화를 촉진하고, 대화를 나누면서 가족은 악몽이 일어나는 것을 막기 위해 정보를 공유하고 함께 계획을 세운다. 예를 들어, 형제자매는 장애 관련 서비스를 받을 수 있는 자격 기준, 그 서비스를 지원받는 방식, 또는 서비스 수혜를 유지하기 위해 가족의 자산을 어떻게 배분해야 하는지[1]를 잘 알지 못한다. 적절한 재정 준비가 되어있지 않은 상태에서 갑작스럽게 부모님이 돌아가신다면 정보의 부족은 '악몽 시나리오'로 이어질 수 있다. 우리는 부모님께서-형제자매가 모르는 사이에 선의로-재정 준비를 해두어 장애 형제자매가 정부의 혜택과 서비스를 받지 못하게 된 경우를 많이 보았다.

의료부조(Medicaid)와 장애인 서비스 지원 시스템을 잘 아는 전문가와 함께 적절한 재정 준비를 함으로써, 정부 혜택으로 충당하지 못하는 비용을 충당할 수 있는 개인연금과 서비스 두 가지 모두를 유지할 방법을 찾을 수 있다.

그러나 모든 걱정이 재정에 대한 것만은 아니다. 예를 들어, 누구나 견뎌야 하는 가장 강력한 걱정 중 하나는 부모님의 죽음이다. 장애가 있는 가족 구성원은 그 힘든 시기 동안 지원이 필요하며, 형제자매는 그들 역시 슬픔을 극복할 시간, 공간, 지원이 필요하면서도 지원을 제공해야 하는 상황에 처할 가능성이 크다.

---

1. 역자주: 복지로 사이트에 가면 자산 현황에 따른 서비스 검색 가능 <복지서비스 모의 계산기 이용> http://bokjiro.go.kr/gowf/wel/welsvc/imtcalc/WellmtCalcMain.do

1. 위기 대비

'최악의 시나리오'를 피하기 위해서는 잠재적 악몽이 일어나기 전에 가족 구성원이 그들의 걱정에 대해 논의하는 것이 중요하다. 또한 이러한 계획은 장애를 가진 가족 구성원과 다른 가족 구성원, 특히 형제자매의 바람을 고려하는 게 중요하다. 결국, 형제자매는 부모가 더는 지원할 수 없을 때 장애 형제자매가 필요한 지원을 받아 그들이 원하는 삶을 살아갈 수 있도록 도와주는 계획을 수행하는 사람이 될 것이기 때문이다.

미래에 대한 가족의 바람은 계획이 없는 것보다 계획이 있어야 실현될 가능성이 훨씬 더 크다. 당연한 소리가 아닌가? 하지만 생각해보자. 부모의 죽음에 대비한 지원 계획이 없다면, 장애인은 아무런 준비 없이 긴급 보호시설에 배치되거나 자신이 선택하거나 자신의 요구에 적합한 환경이 아닌 곳에 배치될 가능성이 크다. 미래의 재정 문제가 다뤄지지 않은 경우, 형제자매는 재정적인 도움을 줄 수 있는 위치에 있든지 아니든지 간에 개인 자원을 이용하거나 주거 배치 혹은 기타 지원 서비스에 대한 정부 혜택을 얻거나 확장하기 위해 고심해야 할 수 있다.

심사숙고한 미래계획은 무엇보다도 장애인 본인이 정의한 높은 삶의 질을 얻는 데 필요한 것을 포함한다. 또한 본인의 필요뿐만 아니라 형제자매를 포함한 나머지 가족의 필요도 고려해야 한다. 좋은 계획은 가족이 그것을 실현하기 위해 취해야 할 조치도 고려한다.

때때로 장애인이 자신의 목표(예: 혼자 혹은 룸메이트와 함께 사는것, 직장을 구하는 것)를 달성하는 데 도움이 될 수 있는 지원이나 서비스를 즉시 이용할 수 없는 경우가 있는데, 이런 경우에는 대기명단에 이름을 올리는 것이 중요하다. 한편으로 장애인과 가족은 그들의 꿈을 이루기 위해 창조적이어야 하고, 새로운 기회를 만들어내기 위해 서비스 제공자와 협력해야 한다. 오늘날 많은 서비스 제공자는 장애인의 특별한 요구에 초점을 맞추고 이를 충족시키는 혁신적이고 개별적이며 비용 효율적인 프로그램을 만들기 위해서 가족과 함께 일하기를 열망하고 있다. 미래에 대한 계획을 세우는 과정에서, 가족은 이전에는 고려해보지 않았을 가능성을 발견하고 그 가능성이 실현되도록 서비스 제공자들과 협력하고자 조치를 취할 수 있다.

연구를 통해 우리는 성인이 된 장애 자녀가 가능한 오랫동안 자신과 함께 살기를 바라는 부모가 많다는 것을 발견했다. 이러한 자상한 부모가 깨닫지 못하는 것은(혹은 직면하는 것을 견딜 수 없는 것인지도 모른다), 자녀가 자신보다 더 오래 산다는 사실이다. 이런 가능성을 무시하고 자녀를 돌볼 수 없는 시기까지 계획을 세우지 않을 때, 부모는 잠재적으로 모든 자녀의 미래에 위기 상황을 만들어낸다.

우리는 또한 부모가 아직 살아 있어서 성인기로의 전환을 도울 수 있고, 그들과 애정 어린 관계를 지속할 수 있을 때, 장애 성인이 가정으로부터 독립하면 훨씬 더 잘 적응한다는 사실을 알게 되었다. 마찬가지로, 모든 가족 구성원이 참여하여 장애 관련 이슈를 잘 아는 전문가의 안내에 따라 법적, 재정적

계획을 신중하게 세운다면 앞에서 설명한 많은 함정에 빠지는 것을 막을 수 있다.

연구에 참여한 한 형제자매는 다음과 같이 말했다.

"부모님께서 연로해져서 사후를 고려하시기 시작했을 때, 우리는 장애 형제자매와 함께 가족회의를 했어요. 이 회의에서 아버지가 '이제 네가 네 자매를 지켜야 할 때다.'라고 선언했고, 그때부터 우리를 위한 아버지의 유언장과 재정 준비를 의논하기 시작했어요. 과정은 힘들었지만, 꼭 필요한 대화였어요."

2. 부모님과의 의논

많은 부모는 장애가 있는 자녀를 더는 돌볼 수 없는 시기를 계획하지 않는다. 여기에는 몇 가지 이유가 있다. 자신의 죽음이나 미래의 병든 모습을 생각하는 것은 상당한 불안을 가져오는데, 특히 장애를 가진 자녀를 위해 수십 년간 돌봄을 제공해온 부모의 경우는 더욱 그러하다. 흔히 이 역할은 힘들지만 보람이 있었고, 그들의 삶에 의미를 더해주었다. 또한 아주 솔직히 말해서 많은 부모는 다른 누군가가 자신이 해온 돌봄을 대신하거나 그 돌봄이 자신의 기준을 충족하는 것을 상상하기 어려울 수도 있다.

또한 부모는 종종 다른 자녀와 이런 문제를 논의하는 것을 꺼린다. 부모는 자신이 장애를 가진 자녀를 돌보는 것이 당연한 일이라고 느낄 수도 있지만, 형제자매에게 그것을 기대하는 것은 어려운 일이다. 많은 형제자매는 직장에 다니고, 그들 자신의 가족도 돌봐야 하기 때문이다. 하지만 대부분의 형제자매는 장애를 가진 형제자매의 삶에 관여하기를 원하며, 많은 형제자매는 언젠가는 장애 형제자매의 주요 돌봄인이 될 것이라고 예상한다.

계획 수립의 또 다른 장벽은 장애에 대한 인식 부족과 발달장애 성인을 위한 적절한 지역사회 서비스 및 지원의 선택지가 제한되어 있다는 것이다. 우리가 개최한 몇몇 집단 토론회를 통해 부모는 발달장애를 가진 가족에 대한 주거 선택지가 가족과 함께 사는 것 외에는 요양원뿐이라고 생각한다는 것이 드러났다. 일리노이주에서 한 비극적인 사건이 있었다. 매우 쇠약해진 병든 어머니가 발달장애를 가진 아들이 자신이 죽은 후 요양원에 들어가는 것을 원치 않는다는 이유로 아들을 총으로 쏜 것이다. 미래계획을 수립하려고 철저히 조사한다면 생각보다 선택지가 많이 있음을 알게 될 것이다. 준비가 되어 있다면, 이런 비극적인 일은 일어나지 않을 것이다.

형제자매는 가족의 미래계획을 세우는 데 중요한 역할을 할 수 있다. 가족들 간의 공개적이고 솔직한 이야기 나누기가 그 출발점의 핵심이다. 첫 번째이자 가장 중요한 것은 장애인 당사자가 원하는 것과 할 수 있는 것을 가족이 고려해야 한다는 것이다. 둘째로, 가족은 재정적인 자원뿐만 아니라 다른 친척, 친구, 이웃과 같은 사회적 자원을 포함하여 그들의 자원 목록을 수집할 필요가 있다. 셋째로, 가족은 어떤 공공기관의 혜택과 서비스가 이용 가능한지, 장애인의 목표와 바람을 충족시키기 위해 그것들을 어떻게 받을 수 있는지를 고려할 필요가 있다.

가족이 미래를 위한 계획을 세우도록 하는 단 하나의 '계기'는 없다. 다만, 우리는 많은 형제자매가 가족 행사(휴일, 가족 모임 등)를 미래에 대한 논의를 시작하는 기회로 사용한다는 것을 발견했다. 부모를 참여시키는 또 다른 방법은 다른 가족들이 참여하고 있는 미래계획에 대한 지역 교육 행사에 부모를 초대하는 것이다. 예를 들어, 일리노이주에서는 'The Arc[2] of Illinois'가 성인기 자폐성장애인의 형제자매인 변호사가 실시하는 법률 및 재정 계획에 관한 행사를 연중 개최한다. 애리조나 대학교(University of Arizona)는 가족이 미래계획을 세우는 것을 돕기 위해 개인중심과정(Person-Centered Process)을 사용하는 교육과정을 개발했다. 이것은 http://tinyurl.com/ ssg- roadmap 에서 찾을 수 있다.

여러분의 주에서 어떤 서비스를 이용할 수 있는지 알아보려면, 그 주의 'The Arc' 모임과 장애인을 위한 서비스를 제공하는 지역단체에 문의하면 된다. 가족의 미래계획 논의가 있을 때, 그 과정을 작고 다루기 쉬운 덩어리로 쪼개는 것은 도움이 된다. 어떤 과제가 '너무 크다'거나 '너무 복잡하다'고 느껴지면, 특히 복잡한 삶을 살아가고 있는 경우, 우리 대부분은 그 과제를 성취할 의욕을 갖기 어렵다.

또 다른 전략은 미래에 대한 계획에서 다루어져야 한다고 생각하는 주

---

2. 역자주: National Association for Retarded Children이라는 협회로 현재 명칭은 The Arc

요한 전반적인 쟁점에 대해 기록을 하는 것이다. 여기에는 주거, (부모님의 죽음으로 인한)슬픔, 취업, 서비스 이용하기 등이 포함될 수 있다. 이 전략의 근본적인 목적은 여러분의 걱정, 알게 된 지식, 새로 생기는 궁금증을 기록하는 것이다. 다른 가족 구성원도 똑같이 하도록 격려하고, 이러한 걱정을 여러분 논의의 토대로 삼아라. 이것은 모든 사람이 미래에 대한 생각과 걱정을 문서화하고 정리할 수 있는 좋은 방법이고, 계획을 세우는 과정에서 각자의 '목소리'를 듣고자 하는 방법이다. 장애 형제자매가 글을 쓰는 데 어려움이 있다면, 가족이나 서비스기관 종사자가 고민과 선호도를 표현하고 문서화하는 데 도움을 줄 수 있는 방법을 찾아보아라. 개인별 서비스 계획과 이를 갱신하기 위한 정기적인 회의가 있다면, 이 시간을 미래계획에 그들의 요구나 목적을 전달하는 기회로 삼아라.

형제자매를 위한 팁

장애인의 미래를 위한 계획은 팀워크를 포함한다. 일단 부모님께 계획을 세울 필요가 있다고 설득한 후 가족 구성원, 특히 장애가 있는 형제자매의 의견을 존중하며 포함해야만 한다. 또한 여러분은 지역사회에서 이용 가능한 서비스와 지원에 대해 배울 필요가 있고, 미래에 일어날 수 있는 좋은 가능성 및 나쁜 가능성을 모두 고려해야 한다. 여러분의 가족이나 다른 사람들이 특별히

> 옹호한다면, 어떤 새로운 서비스가 만들어질 것인가? 정부 예산이 삭감될 경우 서비스 제공은 어떻게 변경될 수 있을까? 여러분의 주에서 장애 서비스를 지원하는 정책을 보호하기 위한 옹호의 노력에 어떻게 참여할 수 있을까? 앞으로 여러분이 사랑하는 사람(장애인)의 안전을 보장하기 위해서 지금 여러분이 가지고 있는 자원으로 할 수 있는 것은 무엇이 있을까? 이러한 요소를 고려하는 것은 여러분과 여러분의 가족이 현명한 선택을 할 수 있게 해줄 것이다.

3. 가족 간의 의견 조율

때때로, 다양한 가족 구성원은 앞으로의 계획에 대한 서로 다른 의견을 가지고 있다. 이러한 의견 불일치는 재정 문제, 장애가 있는 형제자매를 위한 최선의 선택지에 대한 의견 차이 또는 지속적인 가족 내 갈등 일 수 있다. 재정 문제에 대한 이견은 종종 유언장과 가족 자산의 분배에 관한 것이다. 신탁이 있다면 누가 신탁을 관리할지, 돈을 어떻게 쓸 것인지에 대한 갈등이 있을 수 있다. 만약 가족이 장애 형제자매를 돌보는 형제자매에게 돈을 줄 것이라면, 다른 가족 구성원 사이에서는 그 돈이 현명하게 사용되고 있는지에 대한 불신이 있을 수도 있다. 이렇게 자금을 감독하고, 자신에게 무슨 일이 일어날 때를 대비하여 차선의 계획을 세우는 역할을 맡은 형제자매에게는 추가적인 부담이 주어질지도 모른다.

많은 가정에서 특히 어려움을 겪는 것은 안전, 위험을 감수할 권리, 성장할 수 있는 권리, 성장 및 더 큰 독립의 기회, 장애인의 삶의 질 사이의 적절한 균형을 찾는 것이다. 장애를 가진 가족 구성원은 더 독립적으로 살기를 원하는 반면, 부모는 그것이 안전하지 않다거나 자녀가 독립적인 생활을 할 능력이 없다고 생각할 수 있다. 부모는 심지어 장애 자녀가 집에서 떨어져 지내는 어떤 환경도 거부할 수 있다. 부모와 형제자매는 최상의 주거시설에 대한 의견이 다를 수 있으며, 부모는 흔히 서비스 기관 종사자와 기관에서 운영하는 프로그램에 대해 애정 어린 보살핌이 부족하거나 학대의 가능성이 있을 거라고 걱정한다.

"한 아버지가 장애를 가진 딸 Janet에게 신탁을 남겼어요. 그가 죽은 후 어머니는 재혼했고, 어머니는 새 남편과 함께 딸 Janet을 사설 거주시설에 맡기기 위해 그 자금을 사용하기로 결정했어요. Janet의 자매, Eileen은 Janet이 지역사회에 있는 소규모 독립 주택에 살아야 한다고 생각했기 때문에 매우 화가 났어요. Eileen은 사설 시설에 있는 Janet을 만나는 것조차 금지했던 어머니를 고소하는 데 실패했어요. 만약 가족이 더 나은 미래에 대한 계획을 세우고 몇 년 전에 그 문제를 논의했다면, 이 이야기는 비극적인 결과를 가져오지 않았을지도 몰라요."

다른 경우, 형제자매끼리 미래계획에 대해 의견이 다를 수 있다. 우리가 개발하고 운영 중인 'Future is Now!'라는 연수에서 우리는 다음과 같은 상황에 직면했다.

"세 자녀의 부모님께서는 돌아가셨고, 두 남매는 다운증후군인 동생 Tom이 어디에 살 것인가에 대해 걱정했어요. Tom은 누나와 함께 살기를 원했고, 형은 그것이 좋은 해결책이 될 것이라고 동의했어요. 그러나 누나는 정규직으로 일하고 있고, 배우자와 자녀가 있어 Tom과 함께 사는 것을 원치 않았어요. 연수 기간 동안, 우리는 가족이 갈등을 이겨내고 모두의 마음에 드는 대안적인 주거 배치를 고안하는 데 도움을 주었는데, 그것은 Tom이 룸메이트와 함께 지원 주거 주택에 사는 것이었어요."

형제자매를 위한 팁

만약 가족이 사이가 좋고, 문제를 잘 해결해왔다면, 가족 모임을 만들어 미래계획을 논의하라. 만약 상당한 불협화음이 발생한다면, 토론을 이끌어 가는 데 도움이 될 수 있는 '촉진자'를 찾거나 채용하라. 이 사람은 중립적이고 지지적인 온 가족의 친구이거나, 사회복지사, 치료사, 또는 장애인 관련 서비스를 제공하는 지역단체에서 일하는 사람일 수 있다. 흔히, 협력기관에 이러한 역할을 수행해줄 수 있는 촉진자가 있다.

4. 장거리 거주 시 돌봄

요즘은 한 명 이상의 가족 구성원이 먼 곳에 사는 경우가 많다. 이것은 특히 형제자매에게 해당한다. 경제적 이유로, 또는 단지 새로운 곳을 탐험하고 싶다는 이유로 종종 하나 또는 몇 개의 주 경계선을 넘어서 이사를 한다. 떨어져 지내면서 친밀함을 유지하는 것은 어려울 수 있다.

형제자매와 장애인에게 지리적 거리는 독특한 도전이다. 형제자매는 장애 형제자매로부터 떨어져 몇 년, 심지어 몇십 년 동안 살 수도 있다. 그들의 관계가 정서적으로 가까울 때조차도, 형제자매는 자주 일상생활과 관련된 쟁점들을 놓치곤 한다. 멀리 살고 있는 형제자매가 갑자기 장애 형제자매를 돌보아야 한다면 이것은 문제가 될 수 있다. 형제자매가 장애 형제자매의 일상에 관한 모든 것을 알 가능성은 적다.

거리로 인해 생기는 어려움 중 일부를 완화하기 위해 사용할 수 있는 전략이 있다. 치매협회(Alzheimer's Association)는 장거리에 있는 치매 가족을 돌보는 데 유용한 추천사항을 제안하는데, 이는 형제자매에게도 도움이 될 수 있다.

① 돌봄을 받는 사람을 위한 자원을 파악하고 그것을 사용한다.

② 방문할 때마다 돌봄 요구를 재평가한다.

③ 의사소통 창구를 계속 열어둔다.

④ 관련 정보를 수집하고 손쉽게 이용할 수 있도록 보관한다.

⑤ 스스로에게 친절하게 대한다.

이러한 제안에 대한 자세한 내용은 http://tinyurl.com/ssg-alz에서 확인할 수 있다.

형제자매는 멀리서 여러 가족 구성원을 위한 돌봄을 관리해야 할 수 있다(4장 참조). 이러한 경우라면 구조화를 하는 것이 도움이 된다. 좋은 방법으로는 구글 공유문서 또는 이와 유사한 보안 클라우드 기반 사이트와 같이 모든 가족 구성원이 쉽게 접근할 수 있는 공간에 복용약, 의료 정보 및 직원 이름에 대한 정보를 보관하는 것이다. 또 다른 방식은 가족과 계속 대화하는 것이다. 먼 거리에서 돌봄을 제공할 때는 연락이 끊어지기 쉽기 때문이다. "눈에서 멀어지면 마음도 멀어진다."

형제자매를 위한 팁

가족 방문, 휴가, 특별한 행사 시에 주요 정보 목록을 갱신하는 시간을 가져라. 가능하다면 IT기술을 사용해 보라. 예를 들어, Skype나 Facetime과 같은 무료 서비스를 사용하여 화상 통화를 하는 것은 도움이 될 수 있다. 낯익은 얼굴을 보는 것은 가족 구성원 중 장애를 가진 사람이나 치매가 있는 고령 부모가 다른 사람들과 교류하는 데 도움을 줄 수 있다.

5. 법률계획

장애인을 위한 법 관련 계획은 법적 의사결정을 하는 데 필요한 지원에 초점을 맞춰야 한다. 이러한 의사결정을 내리고, 미래를 계획하고, 다양한 선택지를 논의할 때에는 장애인의 요구와 능력을 고려해야 한다.

각 주는 미래계획 시 개인의 의사결정에 영향을 미칠 수 있는 법률적 문제(예: 건강관리 대리인 및 성년후견인)에 대한 자체적인 세부 법률을 가지고 있다는 걸 알아야 한다. 아래에 제시된 정보는 여러분 형제자매의 미래를 계획할 때 고려해야 할 몇 가지 법적 문제에 대한 기초적인 이해를 제공하기 위한 일반적인 개요다. 이것을 법률 자문으로 여겨서는 안 되며, 여러분의 주에서 법률 고문과 상담을 하는 대신에 아래의 글에 의존해서는 안 된다. 우리는 결코 변호사나 법률 전문가가 아니기 때문에, 어떤 법적 결정을 내리기 전에 여러분의 주에서 법을 집행할 수 있는 인증된 전문가와 대화하는 것이 필수적이다.

대부분 주에서 일단 만 18세가 된 개인은 더이상 '미성년자'로 여겨지지 않으며, 성인으로서 법에 따라 결정을 내릴 수 있는 특정한 권리와 책임을 갖는다. 법적으로 성년이 된다는 측면은 장애를 가진 가족 구성원에게는 두려울 수 있지만, 이를 가족과 친구의 지원을 받아 자립을 증진시킬 수 있는 기쁜 기회로 삼을 수도 있다.

- **시민으로서의 권리:**
  - 동등한 보호 및 정당한 법적 절차
  - 언론과 표현의 자유
  - 종교적 표현의 자유
  - 투표권
  - 개인정보 보호권
  - 집회의 자유권
  - 잔인하고 비인간적인 처벌로부터의 자유
  - 법원 및 법정대리인 접근
  - 재산의 계약·소유·처분권
  - 동등한 교육 기회
  - 동등한 고용 기회
  - 결혼할 권리·출산할 권리·양육할 권리

가족 전체가 장애를 가진 가족 구성원을 돌보기 위해 어떤 법적 선택이 가능한지 최대한 이해해야 한다. 장애인의 가족을 위한 많은 법적 도구들이 존재하며, 무엇이 가족에게 가장 적합할지 결정하는 것이 중요하다. 다음은 몇 가지 예다.

❶ 의사결정 지원

의사결정 지원은 장애인 당사자가 최종적인 의사결정자가 되고, 자신을 위한 의사결정을 내리기 위해 다른 사람들로부터 지원을 받을 수 있도록 해준다.

의사결정이란 우리 모두가 시간이 지남에 따라 배우게 되고, 생애에 걸쳐 연습하는 기술이다. 우리가 하루 동안 입고, 먹고, 수행하는 것은 대부분의 사람이 터득하는 중요한 의사결정이다. 이제 이러한 것과 여러분의 형제자매가 성인기 삶에서 필요로 하는 그 밖의 결정에 대해, 그런 의사결정을 내리는 데 필요한 지원에 대해 생각해보라. 때때로 장애인은 그들의 삶에 대한 의사결정을 연습할 기회를 누리지 못한다. 가족은 의사결정 기술을 가르치고, 사랑하는 누군가가 자기결정적인 삶을 살 수 있도록 준비시키는 과정에서 중대한 역할을 수행할 수 있다.

이 문맥에서 자기결정이란 장애인이 어떻게 살기 원하는지에 대한 의사결정을 하는 데 요구되는 정보와 지원을 제공하는 것이다. 그러기 위해서는 당사자가 자신만의 의사결정을 내릴 수 있도록 그 당사자가 이해할 수 있는 방식으로 정보를 제공해야 한다. 그것은 또한 여러분이 동의할 수 없는 결정을 하더라도 허용하고, 그 결정을 존중하는 것을 의미한다. 심지어 부정적인 결과를 초래하는 결정이라는 것을 알면서도 여러분의 형제자매의 의견을 존중하는 것은 그가 경험을 통해 배우도록 역량을 강화하는 것을 의미할 수도 있다. 이런 경우에 자기결정은 또한 장애 형제자매가 부정적인 결과를 통해 배워가도록 돕기 위해서 여러분이 함께 있어야 한다는 것을 의미한다. 요컨대 우리는 모두 종종 실패로부터 많은 것을 배우며, 그것은 우리가 온전한 인격체로 성장하는 것을 돕는다.

의사결정은 하나의 과정이며, 어떤 결정은 빠르고 쉽지만 다른 결정은 복잡해서 충분히 생각하는 데에 오랜 시간이 걸리기도 한다. 중요한 의사결정을 내릴 때 많은 사람은 조언이나 안내를 구하기 위해 그들이 신뢰하는 사람에게 의지하는데, 이것도 독립적인 삶의 일부이다. 그러나 때때로 장애가 있는 당사자가 도움을 청할 때 다른 사람은 그 당사자가 의사결정을 내릴 능력이 없다고 가정하기도 한다. 개인의 의사결정 능력은 또한 시간에 따라 변할 수도 있다. 시간, 경험, 환경, 연습의 기회는 의사결정을 배우는 과정의 모든 부분이다. 가족은 의사결정을 지원하는 과정에서 중요한 존재다. 장애 형제자매가 자신을 위한 의사결정을 내리도록 여러분이 지원할 수 있는 방법에 대해 생각해보라.

❷ 성년후견제(Guardianship) 및 그 밖의 대안

장애가 있는 가족 구성원에게 법적 지원을 제공하는 데에는 여러 가지 방법이 있다. 후견인 지정은 그중 하나이지만 그것이 결코 유일한 선택지는 아니며, 이를 선택할 때는 신중해야 한다.

국립 후견인협회(National Guardianship Association)에 따르면, "성년후견제 수립은 개인으로부터 상당한 권리를 빼앗을 수 있으므로, 후견은 다른 대안이 비효과적이거나 불가능하다고 증명된 후에만 고려되어야 한다."

한 가족이 장애를 지닌 사랑하는 이의 독립과 선택, 권리를 보호하면서 동시에 대부분의 필요한 영역에서 의사결정 지원을 조정할 수 있도록 해주는 성년후견제의 대안에는 다음과 같은 것들이 있다.

- 대리 수령인(Representative payees)
- 위임권(Power of attorney)
- 건강관리 대리권(Health care surrogacy/proxy)
- 신탁(Trusts)
- 장기 재산 위임권(Durable powers of attorney for property)
- 장기 건강관리 위임권(Durable powers of attorney for health care)
- 연명치료 거부 사전 의향서(Living wills)
- 지역사회 옹호 시스템(Community advocacy systems)
- 공동 예금계좌(Joint checking account)
- 사례/돌봄관리(Case/care management)
- 지역사회 기관/서비스(Community agencies/services)

● 대리 수령인

대리 수령인이란 정부 혜택을 관리하는 것을 돕는 개인이나 단체이다. 어떻게 사회보장 연금(Social Security)이나 생계보조비(Supplemental Security Income)를 분배할 것인가를 결정하는 것이 대리 수령인의 책임이다. 대리 수령인은 반드시 수령 당사자를 대신해서 사용한 모든 금액을 기록해야 하며, 서류와 입출금 내역서 및 폐기 수표를 사회보장국(Social Security Administration)에 일 년 단위로 제출해야 한다.

한 개인이 사회보장 혜택을 법적으로 관리하는 위임권은 정부가 인정하지 않는다. 따라서 대리 수령인 지명을 해야 하는데, 이를 위해서는 개인이 지역의 사회보장 사무실에 직접 지원서를 제출해야 한다. 대리 수령인은 자신의 개인적인 비용이나 필요를 위해 돈을 사용할 수 없으며, 자신의 서비스를 위해 비용을 청구할 수 없다.

● 위임권

위임권은 수탁자(trustee)라고 불리는 사람이 누군가―이 사람을 수혜자(beneficiary)라고 부른다―를 대신하여 법적, 경제적 의사결정을 행사할 권한을 부여받을 때 발생한다. 예를 들어, 이 사람은 은행 계좌를 관리하는 것을 도울 수 있고, 청구서를 지불하는 것을 도울 수 있다. 위임권은 전반적으로 적용될 수도 있고, 가령 특정 은행 계좌에 대해서만 권리를 갖는 것처럼 어떤 특정한 영역만을 다룰 수도 있다. 수탁자는 은행이나 재정 기관과 같은 전문 신탁 관리자일 수도 있고, 친척과 같은 개인일 수도 있다. 어떤 경우에는 전문 수탁자와 개인 모두가 수탁자로 지명될 수도 있다. 수탁자는 자금을 적절하게 분배하기 위하여 개인의 재정적 상황뿐만 아니라 그 사람의 희망 및 요구 역시도 이해해야 한다.

위임권과 성년후견제의 주된 차이점은 후견인이 있는 경우 그 사람은 의사결정 역량이 부족하다고(혹은 무능하다고) 선언되는 반면, 위임권 아래서는 그 사람의 의사결정 능력이나 역량과 관련된 판결이 전혀 없다는 것이다. 또한 위임권은 당사자에 의해 언제든 철회되거나 변경될 수 있다. 문서화된 서류는 위임권자의 역할과 의무, 장애인을 대신하도록 위임권을 허용받은 특정한 유형의 의사결정을 구체화한다. 위임권을 가지고 있는 신탁 관리자는 수표 서명, 법적 문서 서명, 심지어는 의료에 관한 법적 문서 서명 등의 과제를 수혜자를 대신하여 수행할 수 있다.

그러나 개인의 정부 혜택과 관련하여 미국 재무부(US Treasury Department)나 사회보장국은 위임권을 인정하지 않는다. 따라서 여러분이 사회보장 혜택을 받는 수혜자에 대한 위임권을 가지고 있다면, 수혜자의 대리 수령인이 되기 위해 신청서를 제출해야 한다.

● 건강관리 대리권

건강관리 대리권이란 개인이 스스로 건강관리에 대한 의사결정을 할 수 없게 된다면, 가족이나 가까운 친구와 같이 믿을 수 있는 누군가가 그 사람을 위한 건강관리 의사결정을 할 수 있도록 지정하게 하는 문서이다. 건강관리 대리권을 가진 개인을 수탁자라고 부른다. 건강관리 대리 문서의 수탁자는 수혜자를 위해 실제적인 의사결정을 내릴 수 있는 사람이다. 건강관리 대리권의 목적은 건강관리 제공자가 개인의 희망사항을 따르도록 하기 위함이다. 지명된 친구나 가족의 의사결정은 그것이 당사자의 의사결정과 마찬가지로 반드시 지켜져야 한다.

건강관리 대리권을 수립하고자 할 때, 여러분은 여러분의 형제자매가 모든 건강관리에 대한 의사결정을 하도록 할지, 아니면 특정 건강관리에 대한 의사결정을 하도록 할 것인지를 선택해야 한다. 여러분은 또한 설명을 통해 형제자매의 바람과 요구를 직접 구체화할 수도 있다. 건강관리 대리권은 자발적이며, 여러분의 형제자매는 언제든지 건강관리 제공자에게 구두 혹은 서면으로 그것을 취소할 수 있다. 비록 건강관리 대리권이 법적인 형식을 취하지만, 그것을 이행하거나 제출할 때에 변호사가 필요하지는 않다. 건강관리 대리권은 수혜자를 대신하여 의료 법률 문서에 서명할 권리만을 부여하는 위임권에 우선한다. 즉, 만약 여러분의 형제자매가 수술을 받아야 한다면, 건강관리 대리인은 의사결정을 내리고 "네, 수술을 진행해주세요."라고 말할 수 있는 반면에, 위임권을 가진 사람은 수술과 관련된 모든 법적 문서에 서명해야 할 것이다. 대체로 건강관리 대리인과 위임권을 가진 사람은 동일인이다.

● **성년후견제**[3)]

의사결정 지원과 달리, 대리 의사결정(또는 대체 의사결정)은 장애인을 대신하여 다른 누군가가 의사결정을 하는 경우이다. 성년후견제도와 그 제도의 대안은 다른 사람이 장애인을 위하여 법에 따라 의사결정을 하도록 하는

---

3. **역자주**: 한국에서도 2013년부터 성년후견제 시행

대리 의사결정의 모든 유형이다.

후견인이란 법에 따라 한 개인을 대신하여 의사결정을 내리도록 지명된 사람이다. 후견인은 자신이 지원하고 있는 사람(피후견인이라고도 한다)을 대신하여 행동할 수 있는 책임과 권리를 가진다. 법원이 볼 때 한 개인의 이익을 가장 잘 반영할 수 있다고 여겨지는 18세 이상의 사람은 누구나 후견인이 될 수 있다.

후견인의 책임

국립 후견인협회는 다음과 같이 후견인의 책임을 목록화했다:

후견인은 한 개인의 목표, 요구, 선호를 확인하고 옹호한다. 선호(preferences)가 선택의 분명한 표현인 반면에, 목표(goals)는 후견을 받는 사람에게 중요한 무언가이다.

A 첫째, 후견인은 그 사람에게 원하는 것을 물어야 한다.

B 둘째, 만약 그 사람이 원하는 것을 표현하는 데에 어려움이 있다면, 후견인은 그 사람이 자신의 목표, 요구, 선호를 표현할 수 있도록 최선을 다해 도와야 한다.

C 셋째, 오직 그 사람이 도움을 받아서도 자신의 목표와 선호를 표현할 수 없을 때만 후견인은 그 사람이 원하는 것을 결정하기 위해 그 사람과 친숙한 다른 사람으로부터 조언을 구해야 한다.

D 마지막으로, 오직 그 사람의 목표와 선호가 확인될 수 없을 때만, 후견인은 그 사람의 최대 이익을 위하여 의사결정을 해야 한다.

후견인은 개인이 자신에게 영향을 주는 모든 의사결정에 최대한으로 참여할 수 있도록, 그 개인이 할 수만 있다면 모든 문제에 대해서·자신의 이익에 따라 행동할 수 있도록, 가능한 최대로 자신의 역량을 개발하거나 회복할 수 있도록 격려해야 한다.

성년후견제의 유형 결정하기

만약 여러분이나 다른 가족 구성원이 장애 형제자매의 후견인을 법원에 청원하는 것을 고려 중이라면, 여러분의 형제자매로부터 어떠한 권리가 사라지는지를 이해하는 것이 중요하다. 성년후견(Total Guardianship)에서 후견인은 자신의 의사결정 권한에 제한이 없다. 이것은 장애인 당사자의 무능력에 대한 법원의 심판이 필요하다. 국립 후견인협회에 따르면 법원이 후견인을 선임할 때, 후견을 받는 사람의 다음과 같은 권리들[4]이 제거될 수 있다:

- 거주지 결정
- 의료 행위에 대한 동의
- 임종에 대한 의사결정
- 운전면허 획득
- 부동산 관리, 매도, 매수
- 화기나 무기의 소지 및 획득
- 계약 체결 또는 소송 제기

---

4. "What Is Guardianship?" 국립 후견인협회, http://tinyurl.com/ssg-guardianship2.

- 결혼
- 투표

반면에, 한정후견(limited guardianship, 부분적 후견이라고도 알려진)은 장애인이 의사결정에서 지원이 필요할 것 같은 특정한 영역을 구체화한다. 이것은 장애인이 후견인에 의해 특정된 영역을 제외한 삶의 영역에서 의사결정 권한을 유지할 수 있도록 한다. 국립 후견인협회의 실천지침은 다음과 같이 진술한다:

"개인 및 자산의 한정후견이 성년후견보다 선호된다…[그리고]…후견인은 피후견인이 자신의 개인적, 경제적 문제를 관리할 수 있는 능력을 개발하거나 회복할 수 있도록 지원해야 한다."(국립 후견인협회, p.21)

장애가 있는 사랑하는 이를 위해 성년후견제가 필요한지 아닌지를 고려할 때, 모든 유형의 후견제도를 고려하고, 장애인 및 그 가족과 함께 일을 한 경험이 있으면서, 여러분의 형제자매의 최고 이익을 유념해줄 것이라고 신뢰하는 법적 전문가와 상담하는 것이 중요하다. 일부 가족은 장애가 있는 가족구성원을 보호하고자 하는 바람으로 성년후견에 이끌리는 경향이 있을 수 있다. 하지만 보호하려는 의도가 한 개인의 삶, 삶에 대한 의사결정권을 제한할 수도 있다. 많은 주에서 후견인을 선임하기 위해서는 법적 절차를 개시해야 하고, 장애인 스스로 의사결정을 할 수 없으며, 주에서 그 개인을 대신하여 의사결정을 내릴 후견인을 선임해야 한다고 주장하는 후견심판청구서를 제출해야만 한다. 법원은 후견인의 필요 여부를 결정하고, 누가 후견인의 역할을 할 것인지를 결정하는 심판과정을 진행한다(여러분이 사는 주에서의 진행 과정에 대해 알아보기 위해 변호사와 상담하라).[5]

그 법정 절차의 결과는 전형적으로 a) 심판청구 기각, b) 성년후견 승인, c) 한정후견 승인일 것이다. 만약 성년후견이 승인된다면, 장애인은 자신의 법적 의사결정 능력을 빼앗긴다. 때로는 성년후견을 얻는 과정이 기타 덜 제한적인 선택지에 비해 상황을 다루기 쉽다. 일부 가족에게는 성년후견이 필수적일 수도 있다. 어떤 주에서는 성년후견이 가장 빠르고 쉬우며 비용이 덜 드는 유형의 후견제이다. 한정후견에 지원하는 것은 변호사의 지원이 필요할 수도 있고, 성년후견에 지원하는 것과 달리 더 시간 소모적이고 비용이 더 많이 들 수 있다. 그러나 한정후견은 여러분의 장애 형제자매에게 의사결정을 할 수 있는 권한을 주면서 안전을 보장하는 알맞은 정도의 지원을 제공하여 보다 적절한 균형을 유지할 수 있다.

---

5. **역자주**: 한국에서는 지역 '발달장애인지원센터' 혹은 '성민성년후견지원센터'에 문의

성년후견제 정의

다음의 정의는 국립 후견인협회의 실천지침(2000년 채택, 2013년 제4판 발행, http://tinyurl.com/ssg-standards)에서 발췌된 것이다.

- 재산 관리인(Conservator): 일부 혹은 모든 재정적인 의사결정을 내리는 데에 도움이 필요하다고 법원이 판단한 사람을 대신하여 그러한 결정을 내리도록 권위 있는 법원에 의해 선임된 개인 혹은 법인.

- 특정후견인(Emergency/Temporary Guardian): 그 권한이 일시적이고 일반적으로 비상시에만 선임되는 후견인.

- 친족후견인(Family Guardian): 혈연이나 혼인으로 맺어진 사람을 위한 후견인으로 선임된 개인. 대부분의 경우에 당사자와 갈등이 없으며 기꺼이 하고자 하는 능력이 있는 가족이 있을 때, 법원은 그 가족 구성원을 후견인으로 선임하기를 선호한다. 법원이 승인하면 친족후견인은 피후견인의 돌봄 시간 및 비용에 대해 피후견인으로부터 합리적인 보수를 지급받을 수 있다. 친족후견인은:

1. 국립 후견인협회를 통해 유용한 자원을 인지하도록 격려되어야 한다.
2. 후견인을 위한 윤리강령을 따라야 한다.
3. 후견 사무를 수행할 때 국립 후견인협회 실천지침을 따라야 한다.

- 외부후견인(Foreign Guardian): 다른 주나 관할에서 선임된 후견인.

- 성년후견인(Guardian): 일부 혹은 모든 개인적인 의사결정을 내리는 능력이 부족하다고 법원이 판단한 사람을 대신하여 그러한 결정을 내리도록 권위 있는 법원에 의해 지명된 개인 혹은 법인. 이 용어는 재산 관리인 및 공인된 사립 혹은 공립 수탁자(trustee)를 포함한다. 모든 후견인은 법원에 보고를 해야 한다.

- 자산후견인(Guardian of the Estate): 개인의 재산과 관련한 일부 혹은 모든 권한과 권리를 소유한다.

- 개인후견인(Guardian of the Person): 개인의 개인적 문제와 관련하여 법원에서 승인한 모든 권한과 권리를 소유한다.

- **한정후견인**: 개인이 자신 혹은 재산을 돌보는 데에 필수적인 과제, 모두는 아니더라도 일부를 수행하는 능력이 결핍되었다고 법원이 판단한 이후, 또는 그 사람이 자발적으로 한정후견인을 선임해줄 것을 청원한 이후에 법원의 명령에 의해 특별하게 지정된 권리 및 권한을 행사하도록 법원에 의해 선임된다.

- **임의후견인(Pre-Need Guardian)**: 후견인이 필요하기 이전에 공식적으로 지명된 후견인.

- **대기후견인(Standby Guardian)**: 최초로 지명된 후견인의 죽음, 무능력, 사임, 혹은 일시적인 부재나 이용이 어려운 상황에서 별도의 과정 없이 즉각적으로 후견인으로서 효력을 발휘하는 개인, 단체, 기관.

- **후임후견인(Successor Guardian)**: 이전 후견인의 죽음이나 사임에 따라 후견 사무를 수행하도록 선임된 후견인.

6. 적절한 지원 선택

성년후견제와 다른 대안에 관한 의사결정은 큰 결정이다. 장애 형제자매를 포함한 여러분의 가족 모두는 이러한 모든 선택지에 대한 대화를 나누고, 가족의 상황에 가장 효과적인 선택지를 찾아내야 한다. 또한 다양한 사람이 다양한 역할을 할 수 있다는 것을 명심하라. 예를 들어, 어떤 가족은 두 형제자매가 미래의 공동후견인이 되도록 결정하였다. 또 다른 가족은 수학과 돈에 관해 매우 밝은 형제가 있어, 자매는 건강관리 대리인이 되어 위임권을 갖는 대신, 그는 재정 의사결정자가 되었다.

❶ 성년후견제 관련 질문

● 성년후견제의 장점과 단점은 무엇인가요?

성년후견제에는 장점과 단점이 모두 있다. 일단 스스로 의사결정을 할 수 없는 사람을 보호할 수 있다는 것은 명백한 이점이다. 그러나 후견인은 한 사람의 권리들을 빼앗을 수 있고, 많은 주에서 이것은 투표권과 같은 중요한 시민권을 포함하고 있다. 다양한 주의 투표권과 성년후견제에 대한 더 많은 정보를 얻고 싶다면, http://tinyurl.com/ssg-vote에 접속해 국립 장애인권 네트워크(National Disability Rights Network)에서 상담하라.

● 왜 어떤 사람들은 법적 성인이 되었는데도 후견인이 필요한가요?

대부분의 주에서 개인은 공식적으로 18세에 성인이 된다(그러므로 스스로의 후견인이 된다). 이 시기에 일부 장애인의 부모는 성인 자녀의 후견인으로 남기 위해 법원에 청구한다. 이후에 만약 후견인의 전환이 부모에서 형제자매로 이루어진다면, 성년후견이 여전히 최선의 선택인지, 아니면 후견제의 대안이 더 나은지에 대해 고민할 필요가 있다.

● 어떻게 부모에서 형제자매로 성년후견제를 전환하나요?

부모에서 형제자매로의 성년후견제 전환은 몇 가지 방법으로 이루어질 수 있다. 한 가지 방법은 부모 후견인이 살아 있는 동안에 전환하는 것이다. 이것은 부모 후견인을 물러나게 하고, 형제자매 후견인이 새로운 영구 후견인이 되는 과정을 갖춤으로써 이루어질 수 있다. 이것은 법정 절차를 통해 이루어진다.

또 다른 방법은 부모 후견인이 사망하거나 후견인으로서 자신의 의무를 수행할 수 없는 경우 후견인을 인계받을 대기후견인을 지명하는 것이다. 대기후견인은 부모의 사망 시 후견인 책임의 자연스러운 전환을 가능하게 한다. 만약 대기후견인이 후견인의 사망 전에 정해지지 않은 경우, 법원은 자동적으로 가족 구성원에게 후견 사무를 넘기지 않으며, 가족이 법원에 청구하지 않는다면 그 당사자는 주립 성년후견 사무소의 피후견인이 될 것이다. 부모가 아직 살아 있는 동안 대기후견인을 추가하기 위해서는 법원에 후견인 수정을 위한 후견심판청구를 신청해야 한다. 변호사와 법원 모두에 의해 진행되어야 하는 이 양식은 대기후견인뿐만 아니라 현 후견인에 관한 정보를 요구한다. 대기후견인은 365일 동안 선임된다. 이 기간이 끝날 때쯤, 대기후견인은 영구 후임후견인이 되기 위해 지원을 해야 한다.

어떤 가족은 부모 후견인과 형제자매 후견인을 공동후견인으로 지정한다. 그러나 공동후견인은 수혜자에 관한 모든 의사결정에 대해 둘 다 동의해야 하기 때문에 문제가 될 수 있다는 것을 알아야 한다. 이는 응급 의료 처치가 필요한 상황에서 두 공동후견인 모두에게 연락이 닿지 않으면 필요한 처치를 제공하는 것이 지연될 수 있다는 것을 의미한다. 심지어 사소한 의사결정이라도 논쟁을 초래할 수 있으며 의사결정을 지연시킬 수 있다.

법률과 진행 과정이 각각의 주마다 다르다는 것을 꼭 기억하라. 구체적인 법률이 무엇인지 확인하기 위해 여러분이 사는 주의 후견제도 의회, 권리옹호 기구(Protection & Advocacy Center, P&A)에 연락하라. 더 많은 정보를 원한다면, 국립 후견인협회(http://www.guardianship.org/index.htm)나 국립 장애인권 네트워크(http://ndrn.org) 웹사이트를 방문하면 된다.

- 성년후견제를 신청하기 위해 법원에 가고 법률가를 만나야 하나요?

성년후견제를 신청하는 것에 있어서 법률가 참여에 관한 필요는 주마다, 지역마다 다양하다. 때때로 변호사가 검인 법원(probate court)에 필요한 서류를 제출해야 한다.

● 부모가 유언장에 성년후견제에 관한 자신의 의사를 작성해두어야 하나요?

후견인이 자신의 유언장에 후견 역할을 맡을 다른 사람을 지명하였다고 해도 법원이 이를 받아들일 것이라는 보장은 없다. 유언장에 지명된 사람은 검인 법원에 가서 선임을 받기 위한 지원서를 제출해야 한다. 만일 부모가 자신의 유언장에 후견인으로서 누군가를 지명하기를 원한다면, 총 세 명, 즉 주 추천인과 두 예비 추천인을 선정할 것을 권한다.

형제자매를 위한 팁

만약 여러분의 가족이 미래에 부모에서 형제자매로 성년후견제(또는 성년후견제의 대안)를 전환하기로 결정했다면, 나중보다는 지금 곧바로 실행하는 것을 고려하라. 대부분의 가족은 부모가 사망하거나 더 이상 이러한 법적 역할을 수행할 수 없을 때까지 기다린다. 그러나 이 역할을 더 빨리-부모가 아직 건강하고 참여할 수 있을 때-전환함으로써 장애가 있는 가족 구성원과 그 형제자매는 부모가 그들을 지원해주기 위해 곁에 머무는 동안 이 새로운 역할에 적응할 수 있다. 이것은 모두가 마음의 평화를 얻게 하며, 모든 형제자매가 이러한 역할을 전환하고자 애쓰는 동시에 (부모님의 죽음 혹은 병듦으로 인한)슬픔, 상실과 싸워야 하는 위기 상황을 피하게 해줄 수 있다.

Katie의 이야기

문제에 대해 논의를 하지 않은 결과로 끔찍한 이야기를 갖게 된 형제자매를 만난 이후, 우리 가족은 미래를 계획하고자 모임을 시작했다. 첫 모임에서 우리는 부모님께서 돌아가신 후에 오빠와 내가 여동생의 공동후견인이 될 것이라는 계획을 알게 되었다. 부모님이 오빠나 여동생, 나에게 동의를 구하는 것을 잊어버렸기 때문에, 이것은 우리에게 뉴스거리였다. 물론 우리는 이것을 고려하기로 동의했고, 나의 가족은 다양한 범위의 쟁점에 대해 논의하기 시작했다.

나의 부모님은 그녀가 18살이 되었을 때 여동생의 후견인이 되기로 결정했다. 그러나 그녀는 계속 성장하고 배우고 있으며, 우리는 그녀가 미래에도 언제나 성년후견인이 필요하지는 않을 수 있음을 깨달았다. 나는 부모님을 안심시키기 위해 여동생의 성년후견이 되어야 한다는 압박을 느끼고 있다. 하지만 여동생의 엄마가 되고 싶지는 않다. 나는 여동생의 후견인이 되는 것이 우리의 자연스러운 형제자매 관계를 바꿔놓을까 걱정되고, 자매로서 그녀를 계속 지원하고 싶다. 결과적으로 우리는 무엇이 우리 가족에게 최선인지, 나의 여동생을 지원하기 위한 최선의 방법이 무엇인지를 알아내기 위해 모든 선택지를 조사하는 과정에 있다. 우리와 마찬가지로 장애가 있는 여동생이 원하는 것에 대한 더 나은 이해를 얻고자 여동생을 대화에 참여시키고 있다. 이것은 우리 미래의 모든 부분을 위해 매우 중요하긴 하지만 어려운 대화이다.

7. 재무계획

여기서는 여러분과 가족이 미래를 준비하면서 드러나게 되는 몇 가지 재무적인 고려사항의 일반적인 개관을 제공하고자 한다. 법적인 고려사항에 관한 정보처럼 아래의 자료는 전문적 지침을 의미하지는 않는다. 재무계획에 관한 모든 의사결정은 장애인 및 그 가족과 함께 일을 한 경험이 있는 전문적인 재무설계사의 도움을 받아야 한다.

재무계획은 미래에 장애인을 지원하기 위해 필요한 비용과 재정 준비에 초점을 둔다. 그것은 여러분의 부모님(아마도 다른 가족 구성원)이 돌아가셨을 때 그들의 금전, 자산, 재산에 일어날 일에 대한 계획을 포함한다. 어떤 사람은 재무계획이 금전이 많은 경우에만 중요하다고 생각한다. 하지만 우리의 경험으로부터 그건 전혀 사실이 아니라고 이야기해줄 수 있다. 재무계획은 장애 형제자매의 서비스에 필요한 자금이 되는 주/연방의 복지혜택(의료부조 등)에 더하여 여러분의 가족이 가지고 있는 모든 자산을 보호하는 것이다.

여러분과 여러분의 가족이 미래를 위한 재무계획에 착수했을 경우, 정부의 지원 서비스를 받을 자격을 얻기 위해 여러분이 사는 주에 맞추어 무엇을 충족시켜야 하는지를 이해해야 한다. 이것이 우리가 재무계획을 실행할 때에 여러분이 사는 주의 법률과 규정에 친숙한 전문가의 도움이 필수적이라고 이야기하는 이유이다. 예를 들어, 어떤 주에서는 정부 자금의 장애 서비스를 받을 자격을 얻고자 할 때 장애인의 은행계좌에 예금된 금액과 다른 자산 가액에 제한이 있다. 사망 시 장애가 있는 친척에게 유산을 남겨준 선의의 조부모나 훌륭한 이모는 사실상 그(장애인)가 필요한 지원이나 서비스를 받을 수 있는 자격을 잃도록 만들 수 있다(이런 상황을 피하기 위한 정보와 관련해서는 특별수요신탁(Special Needs Trusts)에 관한 부분을 먼저 읽어라).

의료부조와 다른 정부 자금을 위한 요구는 주마다, 나라마다, 도시마다, 지역마다 다양하다(그러한 이유로 계획에 있어서 전문적인 도움이 필요하다). 의료부조 제도와 여러분이 사는 주의 지원과 서비스 비용을 충당해주는 정부 혜택들에 대해 더 알고자 하면, 장애 서비스를 위한 자금을 관리하는 정부기관의 웹사이트에 방문하면 된다. 각 주는 약간씩 다른 이름을 가지고 있지만, 건강과 인적 서비스(human service)에 자금을 제공하는 어떤 기관에서든 '장애'와 같은 키워드를 검색하는 것으로 시작하는 것이 좋다. 여러분은 또한 서비스에 대한 주 시스템을 다루는 방법에 관련된 정보와 자원을 찾기 위해 여러분이 사는 주의 The Arc 지역 지부에 연락을 취해볼 수도 있다(몇몇 지역 지부의 이름이 다양하므로, 온라인에서 'The Arc of [여러분이 사는 주]'라고 검색하라).[6]

여러분과 부모님이 얼마나 많은 자금과 자산을 가졌는지에 상관없이 유언장을 만드는 것은 중요하며, 경험이 많은 변호사의 도움을 얻는 것을 추

---

6. 역자주: 한국에서는 경우 읍면동 주민센터의 장애인 복지관련 서비스 담당자를 통해 정보 수집 가능

천한다. 유언장은 사망 시 여러분의 재산을 어떻게 하기를 원하는지를 서술하는 법적인 문서이다. 유언장을 만듦으로써 여러분은 여러분의 재산이 여러분의 바람에 따라 처분될 것이라고 확신한다. 이것은 또한 상속계획(estate planning)이라고도 불리며, 이는 한 사람이 자신의 죽음 이전에 자신의 재산을 어떻게 할 것인지를 결정하는 것을 의미한다. 재산은 부동산 및 그 이외의 것으로 구성될 수 있으며, 현금, 은행 계좌, 주식과 채권, 보석, 자동차, 다른 가치 있는 개인 소유물이 포함될 수 있다. 여러분의 모든 형제자매뿐만 아니라 부모님이 유언장을 만드는 것도 중요하다. 그 유언장에서 가족은 장애인에게 남기고자 하는 모든 자산을 특별수요신탁에 맡겨야 한다고 주장할 수 있다 (특별수요신탁의 구체적인 이름을 표시해야 한다).

유언장을 만들기 위해 여러분은 장애가 있는 사람의 가족과 일을 해본 경험이 있는 변호사를 찾을 필요가 있다.

> 모든 사람은 유언장을 작성할 필요가 있다. (Katie Arnold)

나는 비영리단체에서 일하고 있으며 돈을 많이 벌지도 못하고 자산도 많지 않다. 나는 부모님께서 유언장을 작성하시는 것이 중요하고, 그분들이 나의 자매에게 재산을 증여하기 위해 특별수요신탁에 가입하시는 것이 중요함을 알고 있었다. 그러나 나는 그것이 나에게 문제가 될 거라고는 전혀 생각하지 못했다. 만약 내가 죽게 되었을 때, 미혼에 자녀도 없다면 나의 자산은 부모님께 가장 먼저 가고, 그때 부모님도 살아계시지 않는다면, 나의 형제자매가 나누어 갖는다는 것을 장애인의 형제자매 학술대회(Sibling Conference)에서 배웠다(주마다 법이 다르니 여러분의 주의 법을 보아라). 만약 부모님과 내가 예기치 못하게 죽게 된다면 무슨 일이 일어날지 궁금했다. 나의 매우 적은 자산이 나의 자매에게 직접 증여됨으로써 그녀가 받는 혜택(수당)은 위험해질 것이다. 나는 유언장을 작성하고 나의 자산이 그녀의 특별수요신탁으로 입금되어야 함을 구체적으로 적는 것이 중요함을 바로 알아차렸다.

형제자매를 위한 팁

특별 요구 변호사 연합(Special Needs Alliance)를 통해 장애 영역과 공적 혜택(수당)(public benefits) 분야에서 일하는 변호사를 찾아라(이 장의 마지막 부분에 제공되는 자료에서 더 많은 정보를 참조하라).

❶ 특별수요신탁(Special Needs Trusts)

◦ 특별수요신탁 개념

특별수요신탁은 장애인이 정부로부터 받는 혜택과 서비스를 보호하고자 고안된 신탁이다. 신탁은 한 명 이상의 사람(신탁관리자)이 다른 사람(수익자)의 혜택을 위해 자산을 소유하고 관리하도록 허락받은 관계를 기술하고 있는 계획서다. 신탁에 가입할 때, 여러분은 신탁관리자로 지명한 사람이 신탁 관리 시 준수해야 하는 구체적인 조항들을 포함 시킬 수 있다. 선임된 신탁관리자는 수익자-지금의 경우에는 여러분의 장애 형제자매-의 옹호자가 되어야만 한다. 여러분이 지명한 사람이 죽거나 신탁관리자의 임무를 수행할 수 없을 경우를 대비하여 후임 신탁관리자도 지명해야만 한다.

특별수요신탁의 기금은 수익자의 '특별한 필요'나 '추가적인 필요'를 위해 사용될 수 있다. 실제로 이는 음식이나 주거지(shelter)가 아닌 상품 및 서비스를 포함한다. 이는 교통비, 전화, 교육, 케이블방송, 인터넷, 건강보험, 여가 및 여행, 개인 건강용품, 의류와 같은 것을 포함하지만 이것에만 한정되는 것은 아니다.

◦ 특별수요신탁 장단점

여러분이 확신할 수 있는 특별수요신탁의 장점은 여러분의 장애 형제자매가 유산이나 추가적인 자산을 받으면서 정부의 혜택도 계속 받을 수 있다는 것이다. 즉, 신탁자산은 장애 형제자매의 자산으로 포함되지 않기 때문에 자산 한도에 엄격한 의료부조와 장애인연금과 같은 프로그램의 자격을 잃지 않는다. 또한 특별수요신탁 책무와 자산관리에 대한 하나의 체계를 제공한다.

특별수요신탁의 단점은 신탁을 설립하고 운영하는 데 비용이 든다는 점이다. 또 다른 단점은 그 개인이 신탁자산에 직접적인 통제를 갖지 못한다는 것이다. 게다가 만약 신탁 재산이 음식이나 주거지를 위해 사용된다면, 그것은 생계보조비 혹은 다른 정부 혜택을 감소시킬 수 있다. 또한 자기 출연 신탁(first party trust, 수익자인 장애인의 자산에 의해 설립된 신탁)이 갖는 단점은 그 수익자가 사망했을 때 기금이 다른 사람에게로 가기 전 정부가 그 수익자의 서비스를 위해 발생한 비용을 변상 받고자 신탁으로부터 자산을 취할 수 있다는 것이다. 신탁 기관이 신탁수익자의 자산보다는 타인의 자산에 의해 설립된 경우에는 그렇지 않다.

◦ 특별수요신탁 가입 절차

가족 구성원 혹은 제3자가 특별수요신탁에 가입하는 방법은 다양하다. 가장 일반적인 방법은 유언장의 일부로 이를 포함하거나 변경 가능한, 혹은 변경 불가능한 생전신탁(living trust)에 가입하는 것이다. 예를 들어, 여러분의 장애 형제자매를 위한 신탁이 어머님의 유언장에 작성된다면 어머님이 사망할 때까지는 효력이 발생하지 않을 것이다. 변경 가능한 생전신탁은 여러분의 장애 형제자매(즉 수익자)가 살아 있는 동안뿐 아니라 사망 후에도 자산을 관리하거나 분배하는 것이 가능하다. 상황이 변화되면 언제든지 취소하거나 수정할 수 있다. 특별수요신탁은 유언장에 이름을 적는 것과 같은 방식으로 변경 가능한 생전신탁의 일부로 가입될 수 있다(즉, 그 내용은 변경 가능한 신탁에 포함되어 효력이 발생하며 특별수요신탁에 가입하게 된다). 변경 불가능한 생전신탁은 증여자가 살아 있는 동안 장애인에게 자산의 공급과 양도를 허락한다. 이 유동적인 자산은 또한 증여를 받을 수 있으므로 친구나 가족 구성원의 기부가 가능하다. 마지막으로 모든 친척이나 친구는 그들의 유언장에 수익자로서 기존 특별수요신탁의 이름을 적을 수 있다.

다른 유형의 특별수요신탁-자기 출연 신탁으로 불리는-수익자의 자산으로 설립될 수 있다. 이 유형의 신탁은 특별수요신탁이 없는 개인이 유산을 상속받을 때 설립될 수 있다. 그 개인의 재산과 공적 혜택을 유지하기 위해서는 부모, 조부모, 법원 혹은 재산 관리인이 상환신탁(payback trust)을 설립하거나 65세 이하 장애인 신탁에 속해야 한다. 수익자는 사회보장법의 장애 정의에 해당하는 장애를 가지고 있어야만 하며 반드시 60세 이하이어야 한다. 그 장애인의 사망 시 자기 출연 신탁에 남아있는 자금은 다른 사람에게 지급되기 전에 우선 그 장애인에게 제공된 서비스 비용으로 의료부조에 변상해야 한다.

신탁의 다른 유형은 집합특별수요신탁(pooled special needs trust)으로, 많은 사람이 함께 그들의 자산을 신탁에 위탁하고 몇몇 장애인에게 혜택을 주는 것이다. 이 방법에서 자산은 모두 집합되어 투자되며 수익자는 총 집합

신탁에서 자신의 투자금의 몫을 토대로 자금을 받는다. 집합신탁은 그것을 관리하는 기관과 그 기관이 세운 요구조항에 따라 다양하다. 집합특별수요신탁에 대한 정보는 이 장의 마지막 부분에 참고자료를 참조하기 바란다.

◦ 신탁관리자

신탁관리자는 신탁의 자산을 운용하고 관리할 수 있는 개인 혹은 기관이다. 그러기 위해서 신탁관리자는 그 신탁의 기간과 목적을 지켜야만 한다. 신탁관리자는 친구 혹은 가족 구성원이나 은행 혹은 변호사와 같은 전문 신탁관리자일 수 있다. 또 다른 선택사항은 공동 신탁관리자로 가족 구성원 혹은 전문가를 선정하는 것이다.

> **형제자매를 위한 팁**
>
> **소문을 내라! (by Katie Arnold)**
> 비록 나의 부모님께서 자매를 위한 특별수요신탁을 마련하셨지만, 우리는 다른 가까운 가족과 친구에게 그들의 유언장에 나의 자매에게 상속하겠다는 말을 하지 말라고 소문낼 필요가 있음을 깨달았다. 그렇지 않으면 그녀의 공적 혜택에 부정적인 영향을 미칠 것이다. 나의 자매는 특별수요신탁이 있으며, 그것은 자산 한도 점검대상이 아니므로 그녀의 혜택을 보호해준다는 사실을 그들에게 알렸다. 친척에게 나의 자매에게 주려는 어떤 자금도 그녀에게 직접 주기보다 그 신탁에 맡겨야 하고, 그 신탁의 구체적 이름을 포함해야 함을 설명했다.

8. 주거계획

주거계획은 장애인이 성인으로서 어디서 살 것인지에 중점을 둔다. 이는 혼자서 살거나, 자신의 가족(자신이 이룬 가정의 가족)과 함께 살거나, 가족 구성원 혹은 친구와 살거나, 필요한 돌봄의 정도에 따라서 최소제한적 환경인 시설 혹은 주립 주거시설에서 사는 것을 포함한다.

비용이 적절하며 접근성이 좋고 이용 가능한 주택을 구하는 것이 누군가에게는 어려울 수 있다. 향상된 건강관리와 지역사회 중심 지원 및 서비스 덕택으로 장애인이 이전보다 오래 살기 때문에 자신의 집이 있는 지역사회에서 살기를 원하는 장애인의 숫자는 증가하고 있다. 이는 권장할만한 추세이지만 비용이 적절한 주택을 찾는 것을 훨씬 더 어렵게 만든다.

대다수의 발달장애인(몇몇 연구에서 70-75%로 추정)은 가족 구성원과 함께 산다. 만약 이 가족 구성원에게 무슨 일이 발생하거나 주거계획이 없는 경우, 발달장애인은 긴급 입소된다. 흔히 긴급 입소는 부적합할 뿐 아니라 부적절하다. 주거계획은 적절하고 지원적인 환경에 장애인이 배치되도록 법적 보호 장치를 제공한다.

❶ 주거유형 탐색

인터넷과 지역 장애인 서비스 기관의 도움으로 여러분은 지역사회, 행정구역, 주 내 주거유형에 대해 배울 수 있다. 장애인을 위한 서비스를 감독하는 지역기관이나 사례관리자 혹은 서비스 코디네이터는 유용한 다양한 기회를 이해할 수 있도록 종종 도울 수 있다. The Arc의 주 지부 또한 지역 주거시설 서비스 제공자를 찾는 데 도움을 줄 수 있는 좋은 자원이다. 일부 주에서는 장애인에게 서비스를 제공하는 정부기관이(아마 의료와 복지서비스 부서와 연계하여) 다양한 시설의 공석을 추적하는 한편, 주거지를 찾고 있는 사람 전체의 대기명단을 가지고 있을 수 있다. 해당 부서에 확인해보는 것은 좋은 생각이다. 마지막으로 여러분은 미국 주택도시개발부의 웹사이트(http://tinyurl.com/ssg-hudhousing)에서 장애인을 위한 정부 보조 주택[7]에 대한 정보를 찾을 수 있다.

일단 여러분이 주거 선택지를 정했다면, 대기명단이 있을지라도 장애 형제자매와 함께 다양한 장소를 방문해라. 여러분은 거기에 거주하고 있는 사람들을 만나고 그들이 거기서 사는 것을 얼마나 좋아하는지를 살펴볼 수 있다. 여러분과 여러분의 형제자매 모두를 위한 장소를 찾을 때 여러분은 그곳이 적합한지 여부를 더 잘 이해할 수 있을 것이다.

❷ 대기명단 등재

주거 서비스가 유용하지 않을 때 사람들은 대기명단에 이름을 올린다. 현재 전국의 수많은 사람이 주거 배치를 위해 대기명단에 이름이 올려져있다. 대기명단을 위해 연락을 하고 여러분의 상황을 갱신하는 과정은 주마다 다양하다. 주거 알선을 위한 목록에 여러분의 장애 형제자매를 포함하는 방법을 찾기 위해서 여러분이 사는 주의 장애인 서비스 제공 정부기관 웹사이트에 방문하거나 전화를 걸어라. 장애 형제자매 이름이 대기명단에 올려져 있는지, 서비스 이용 순서가 다가오고 있는지를 확인해라. 최소한 일 년에 한 번 대기명단의 순서를 파악하고, 그 상태를 유지하고 대기열에서 앞쪽으로 옮겨가는 데 필요한 것이 무엇인지를 파악하기 위해 점검해라.

---

7. 역자주: 한국에서는 LH 한국토지주택공사 https://www.lh.or.kr/에서 정보를 찾을 수 있음

> **형제자매를 위한 팁**
>
> 대기명단의 앞 순서가 되려면 몇 년이 걸릴 수 있으므로 여러분이 거주지의 변화가 필요하다고 예상하기 전일지라도 장애 형제자매를 일찍 명단에 등록해라. 장애 형제자매가 이사할 준비가 되기 전에 명단의 앞 순서가 되지 않을 가능성이 있다.

9. 지원 네트워크

계획을 수립하는 것을 방해하는 또 다른 장벽은 우리만이 이러한 쟁점을 고심한다고 느끼는 것이다. 계획 수립 시 느끼는 정서적 상태와 우리가 인식하는 미래에 대해 쉽지 않아 보이는 장벽을 고려하면 이해할만하다. 형제자매는 미래를 위한 지원을 얻고 계획을 세우고자 종종 다른 가족 구성원(다른 형제자매, 고모, 이모, 삼촌, 사촌 등)에게 연락한다. 일부 형제자매는 이러한 접근이 역량을 강화하고 생산적이라는 것을 알게 되는 반면 어떤 이는 거의 성공하지 못하거나 부분적 성공만을 이룬다. 그런 경우 정보를 찾고 지원망을 구축할 수 있는 다른 방법은 이러한 쟁점을 처리하고 있는 장애인의 형제자매를 찾는 것이다. SibNet, 형제자매 리더십 네트워크(Sibling Leadership

Network), 전국의 다양한 주립 형제자매 기관이 그 예이다.

또한 미래계획 이슈를 논의하기 위해 서비스 제공자가 돕고 있는 장애인의 형제자매를 만날 기회를 얻고자 형제자매는 서비스 제공자와의 접촉을 고려할 수도 있다. 마지막으로 형제자매는 지원을 찾고자 종교기관, 고용주, 시민단체와 같은 다른 지역사회 단체와 접촉할 수 있다.

형제자매를 위한 팁

지원망 구축에 대해 말하자면 형제자매가 종종 핵심 역할을 한다. 형제자매는 그들 자신과 장애 형제자매를 위한 광범위한 지원망을 구축하는 경향이 있다. 흔히 형제자매는 장애 형제자매를 몰, 영화관, 음식점, 공원으로 데려가는 역할을 한다. 뉴욕, 애플턴, 위스콘신과 같은 곳이나 그 외의 장소에서 형제자매는 장애 형제자매와 다른 형제자매 짝들(sibling pairs)과 함께 즐길 수 있는 게임, 공원에서 영화관람, 야구경기와 같은 재미있는 야외 활동을 계획한다.

10. 서류 정리

　　때때로 형제자매의 진단, 의료관리, 서비스와 관련된 모든 기록물과 서류는 압도적으로 많은 문서작업처럼 보일 수 있다. 그러나 이 정보가 언제 필요할지 모르기 때문에 그것을 안전한 장소에 보관하는 것은 중요하다. 오래된 기록물의 일부는 더이상 쓸모가 없는 것처럼 보이고, 결코 필요하지 않을 것이라고 느낄 수 있다. 그럼에도 불구하고 여러분은 미래에 그들을 참조할 필요가 있기에, 만약을 위해 그것을 보관하는 것이 가장 좋다.

　　여러분과 다른 중요한 사람이 정보를 저장하고 필요할 때 접근할 수 있는 파일 캐비닛, 책상 서랍, 화재에 안전한 금고와 같은 구체적인 장소 혹은 보안 장소를 지정해라. 가장 중요한 서류는 복사본을 만들고 다른 가족 구성원에게 그 복사본을 주거나 특별한 보관을 위해 은행 금고에 보관해라. 여러분은 또한 온라인으로 중요한 서류를 안전하게 보관하고 쉽게 접근할 수 있도록 해주는 점점 더 이용이 편리해지는 서비스를 탐색할 수도 있다.

　　은행 금고에 대한 주석: 비록 이러한 금고가 중요한 서류를 보관하기에 가장 안전한 장소처럼 보일지라도 만약 여러분이 죽는다면 여러분이 금고에 보관한 정보에 다른 사람이 접근하기가 쉽지 않다. 모든 주는 사망 시 금고에 접근권을 주는 절차에 대한 다양한 법을 가지고 있다. 어떤 경우에 금고의 내용물은 한 사람이 사망하자마자 봉해져서(비록 금고를 공동으로 소유할지라도) 조세 당국에 평가를 받을 수도 있으며, 그때는 그것을 개봉하기 위한 법적

절차가 필요하다.

11. 동의서

동의서는 장애인과 관련된 모든 정보, 가족이 장애인의 미래에 대해 의사 결정한 내용 모두를 포함하는 문서이다. 그것은 가족이 따르게 될 로드맵 역할을 한다. 적절한 내용이 유지되도록 가끔 이 문서의 갱신을 계획하라. 여러분의 형제자매, 가족의 요구와 관심은 수년간 변화할 것이고 동의서의 내용은 이를 반영해야만 한다.

● **동의서는 무엇을 포함해야 하는가?**

◦ 비상연락 정보: 여러분 형제자매의 주치의, 복용약에 대한 정보 및 다른 중요한 정보. 어떤 정보를 포함할지를 결정하기 위하여 부모님과 자신에게 무슨 일이 생겼을 경우에 공유해야 할 정보가 무엇인지, 혹은 장애인 당사자의 일상적인 돌봄에는 참여하지 않지만 나서서 도와줄 수 있는 믿을만한 사람이 누구인지를 생각해보라. 사건 발생 후의 24시간을 견뎌내고 장애가 있는 가족 구성원을 지원하기 위해 여러분 혹은 다른 사람에게 필요한 정보는 무엇인가? 스트레스 상황에서 장애인을 진정시키고 편안하게 해주는 팁이나 전략들을 포함하는 것도 고려해라.

◦ 배경 정보: 가족문화를 포함하는 가족력 및 장애 형제자매의 강점과 선호도, 의사소통 양식, 습관, 일과처럼 여러분의 가족과 장애인에 대한 일반적인 정보, 또한 가족 구성원의 생활에서 중요한 대인 관계들을 포함한다.

◦ 주택, 교육, 직업 및 기타 정보: 장애 형제자매의 거주지, 다녔던 학교, 직장에 대한 간단한 이력-뿐만 아니라 미래의 주택, 교육, 직장에 대한 생각과 바람들.

◦ 건강과 의료 정보: 알레르기, 복용약, 주치의 연락처 및 의료보험 정보.

◦ 재정 정보: 장애 형제자매가 소유한 돈과 그것을 관리하기 위해 필요한 지원에 대한 정보. 또한 그 형제자매를 위해 가입된 신탁에 대한 정보.

12. 참고자료

◦ Factor, A., E. DeBrine, J. Caldwell, K. Arnold, J. Kramer, T. Nelis, and T. Heller. The Future is Now: A Future Planning Training Curriculum for Families and Their Adult Relatives with Developmental Disabilities. Chicago: RTTCDD, 2010.

이 교육과정은 장애 성인 및 가족에게 미래를 함께 계획하기 위해 갖추어야 할 의사소통 기술과 정보를 제공하는 워크숍이다. 워크숍 동안 참가자는 이미 계획을 수립한 동료 멘토의 지원과 함께 계획 수립의 정서적 및 제도적 장벽을 극복하는 법을 배운다. 그들은 미래에 대한 그들의 꿈을 제시하고, 그 꿈을 실현하기 위해 요구되는 단계들을 판별한 동의서를 준비한다. 미래계획에 대한 이 혁신적인 접근은 시카고에 있는 일리노이 대학교(University of Illinois)의 '고령 발달장애인 재활 연구 및 훈련 센터(Rehabilitation Research and Training Center on Aging with Developmental Disabilities)에 의해 개발되고, 실행되고, 평가되었다. 이것은 기관, 가족센터, 옹호 집단에 훌륭한 자료이다.

º Iris Media and Martine Sheehan. My Life Book: Future Planning for People with Developmental Disabilities. Eugene, OR: IRIS Media, 2004.

이 활동집/DVD 세트는 가족이 미래를 위한 계획을 충분히 생각하고 설계하도록 돕기 위해 만들어졌다. 포함된 DVD는 미래계획 수업에 참석하고 중요한 삶의 결정을 내리는 과정을 시작한 네 가족의 이야기를 따라간다. 가족과 돌봄인에게 그들의 삶에 대한 중요한 정보를 기록할 수 있는 영구적인 공간을 제공하는 사용이 편리한 스크랩북 형태의 워크북이 비디오와 함께 구성되어 있다. 포함된 CD는 가족이 스크랩북을 인쇄하고 업데이트하도록 해준다. 장애 아동 부모는 이 프로그램을 그들의 자녀와 함께 사용하면서 중요한 정보를 기록하고 미래를 위한 계획 도구로써 사용할 수 있다. 프로그램은 또한 미래계획에 대한 강의를 하고자 하는 그룹 리더나 강사가 사용할 수도 있다. 부가적인 정보 및 구매를 위해서는 http://tinyurl.com/ssg-mylife를 방문해라.

- The Special Needs Alliance(SNA)

877-572-8472

http://specialneedsalliance.org/home

특별 요구 변호사 연합(SNA)은 장애 및 공적 혜택 법률 업무를 전담하고 있는 변호사가 모인 전국 단위의 비영리단체이다. 장애인, 그 가족 및 자문위원은 장애법률 영역 업무에 중점을 두고 있는 인근의 변호사와 연결해주는 특별 요구 변호사 연합에 의존한다.

- Cents and Sensibility: A Guide to Money Management for People with Disabilities. King of Prussia, PA: Pennsylvania Assistive Technology Foundation and Widener University, 2013.

http://www.nasddds.org/uploads/documents/Financial_Education_Booklet.pdf

장애 성인을 위한 이 무료 다운로드 출판물은 여러분이 생계보조비와 같은 정부 혜택을 놓치지 않도록 예산, 저축, 재무계획에 대한 기본을 다룬다.

- Walther, Mike. "7 Financial Planning Mistakes Special Needs Families Should Avoid." Friendship Circle(blog). March 14, 2013. http://www.friendshipcircle.org.blog/2013/03/14/7-financial-planning-mistakes-special-needs-families-should-avoid(축약주소: http://tinyurl.com/ssg-planning)

자폐성장애 형제가 있는 자산관리사가 작성한 이 블로그 기사는 가족이 하는 일반적인 재정계획 실수와 그것을 피하는 방법에 대한 개요를 서술한다.

- "Guardianship and Alternatives for Decision-Making Support." Washington, DC: National Health Care Transition Center, 2012. http://gottransition.org/UploadedFiles/Files/FA_GTFinalComp-ToSend.Pdf (축약주소: http://tinyurl.com/ssg-guardianship3).

성년에 도달했다는 것은(대부분 주와 사법체계에서는 18세) 더는 미성년자가 아니라는 의미이다. Got Transition 웹사이트의 'Guardianship and Decision Making'에 있는 이 정보지는 18세가 되는 장애 청년의 건강관리를 위한 의사결정 지원 대안과 관련된 광범위한 개요를 제공한다.

- Possibilities: A Financial Resource for Parents of Children with Disabilities. Minneapolis, MN: Pacer Center, 2010. http://www.pacer.org/piblications/possibilities.

금융교육재단(National Endowment for Financial Education)과 PACER이 출판한 이 지침은 재무 기록을 정리하고, 돈을 관리하고, 빚을 다루고, 세금을 준비하고, 보험을 이해하는 등에 대한 팁과 정보를 제공한다. 각 섹션은 부가적인 자료로 연결되는 링크를 포함한다. 이것은 18세 이하 장애 자녀를 둔 부모를 위해 작성되었지만 장애 형제자매 및 가족과 관련된 재정을 더 잘 이해하기 바라는 형제자매에게도 유용한 정보이다.

집합특별수요신탁: 여러분 주의 집합특별수요신탁을 알아보기 위해서는 아래 기관 중 하나에 연락해라:

- Academy of Special Needs Planner:
http://www.specialneedsanswers.com
- The Arc
http://www.thearc.org
- The Center for Special Needs Trust Administration:
http://www.sntcenter.org
- The National PLAN Alliance:
http://www.nationalplanalliance.org

결론

Katie Arnold

Meghan Burke

Tamar Heller

Marilyn Jaffe-Ruiz

John Kramer

Angela Martin

Kitty Porterfield

Barb Sapharas

Rachel Simon

장애를 가진 형제나 자매가 있는 것은 도전과 보람을 동시에 느낄 수 있는 경험이다. 형제자매가 일생 동안 가지고 있는 걱정과 쟁점 중 어떤 것은 전 생애에 걸쳐 변하지만, 장애 형제자매와 다른 가족 구성원을 돌보고자 하는 요구와 자신의 행복 사이의 균형을 맞추기 위한 투쟁은 모든 생애 단계에서 중심이 될 것이다.

그것이 우리가 이 책을 출판한 이유다. 우리는 이 책이 정보, 자원, 여러분이 혼자가 아니라는 지식을 제공하는 데 도움이 되었기를 바란다.

이 책을 통해 우리는 가장 인정 많고, 단호하며, 재치 있는 형제자매에 대한 우리의 변함없는 존경과 경의를 전하고자 한다.

우리는 여러분의 생각을 듣고 싶다. 어떤 점이 유용했는지, 여전히 궁금한 점은 무엇인지, 다른 형제자매와 공유했을 때 도움이 될 수 있는 여러분만의 경험에서 알게 된 것은 무엇인지를 우리에게 알려주기를 바란다. 누가 아는가, 여러분의 피드백이 이 책의 개정판에 포함될 수 있을지! ssg@siblingsupport.org를 통해 우리에게 메시지를 남겨주기를 바란다.

부록

형제자매가 부모와 서비스 제공자에게 알리고 싶은 것

미국에는 건강, 발달, 정신건강상의 문제를 지닌 450만 명의 사람이 있으며, 이들 중 대부분에게는 형제자매가 있다. 장애인의 형제자매는 그저 무시당하기에는 너무나 중요하다. 그 이유는 다음과 같다:

- 이들은 장애 형제자매의 삶 속에 그 누구보다도 오랫동안 함께 할 것이다. 형제자매는 부모의 사후에, 특수교육 서비스가 아득한 기억으로 남게 된 이후에도 함께 할 것이다. 만약 형제자매에게 지원과 정보가 제공된다면, 그들은 장애 형제자매가 아동기부터 노년기에 이르기까지 당당한 삶을 살도록 도울 수 있다.

- 전 생애에 걸쳐, 형제자매는 고립, 정보요구, 죄책감, 미래에 대한 걱정, 돌봄처럼 장애자녀를 둔 부모가 경험하는 많은 문제를 공유한다. 형제자매는 또한 분노, 또래 문제, 수치심, 성취에 대한 압박 등을 포함하는 그들만의 독특한 쟁점에 직면한다.

장애인의 삶에서 형제자매가 감당해야하는 평생에 걸친 중대한 역할에도 불구하고, 가장 가족 친화적이라고 하는 기관조차도 형제자매를 자주 간과한다. 흔히 서비스 전달 시스템에서 문자 그대로 및 비유적 의미로 늘 대기실에 남겨지는 형제자매는 그 이상의 대우를 받을 만하다. 진정한 "가족 중심" 돌봄과 서비스는 기관이 기능적으로 정의하는 "가족" 내에 형제자매가 적극적으로 포함될 때 비로소 이루어질 수 있다.

형제자매 지원 프로젝트(Sibling Support Project)는 SibNet의 성인기 형제자매 메일링시스템(listserv)을 통해 형제자매가 부모, 다른 가족 구성원, 서비스 제공자에게 바라는 고려사항에 대해 논의하도록 촉구했다. 아래는 SibNet 구성원에 의해 논의된 주제와 형제자매 지원 프로젝트로부터의 제언이다:

❶ 자신만의 삶을 살 권리 인정하기. 전 생애에 걸쳐 형제자매는 장애 형제자매의 삶에서 수많은 역할을 수행한다. 형제자매가(그러한 역할에) 어느 정도로 기여했는지와 상관없이 그들은 자신의 삶을 살 기본적인 권리가 있다는 점을 항상 기억해야 한다. 부모와 서비스 제공자는 진솔한 상의도 없이 형제자매가 책임을 떠맡을 것이라고 가정해서는 안 된다. "우리 없이는, 우리에 관한 것은 아무 것도 없다(Nothing about us, without us)"라는 장애인 권리옹호자의 유명한 문구는 형제자매에게도 역시 적용될 수 있다. 결국 자기결정은 형제자매를 포함한 모두를 위한 것이어야 한다.

❷ 형제자매의 고민 인지하기. 부모와 마찬가지로 형제자매는 장애 형제자매가 가진 특별한 요구의 영향으로 다양한 양면적 감정을 경험한다. 이러한 감정은 부모, 다른 가족 구성원, 서비스 제공자에 의하여 예상되고 인지되어야 한

다. 형제자매 대부분은 장애 형제자매와 오래도록 함께 하기 때문에 이러한 고민은 시간에 따라 변화한다. 부모와 서비스 제공자는 형제자매의 전 생애에 걸쳐 계속 변화하는 고민에 대해 더 많이 알고자 해야한다.

❸ 형제자매를 향한 기대감 갖기. 가족은 자녀 모두에게 높은 기대치를 설정할 필요가 있다. 그러나 일부 형제자매는 스스로에게 비현실적으로 높은 기대치를 설정하고 장애 형제자매의 장애에 대처하며, 어떤 형제자매는 장애 형제자매의 장애에 어떻게든 보상해야 한다고 느낀다. 부모는 명확한 기대치와 조건 없는 지원을 제공함으로써 자녀를 도울 수 있다.

❹ 형제자매에게 일반적인 행동 기대하기. 대부분의 형제자매 사이에서 괴롭히기, 욕하기, 싸우기, 그 외의 갈등은 흔한 일이다. 심지어 형제자매 중 하나가 장애를 가지고 있는 경우에도 말이다. 부모는 형제자매의 서로를 향한 거친 행동이 거슬릴 수 있겠지만, 갈등 해결은 사회성 발달에 도움이 된다. 형제자매와 가끔 싸우면서 자란 다운증후군 아동은 외동으로 자란 다운증후군 아동과 비교하여 성인이 되었을 때 지역사회에서의 삶을 직면하는데 더 잘 준비된다. 형제자매 갈등이 얼마나 자연스러운 것인지 혹은 발달적으로 적절한 것인지와 상관없이 한쪽이 특별한 건강상 혹은 발달상 요구를 가지고 있을 경우 그것은 죄책감을 초래할 가능성이 크다. 갈등이 일어날 때 많은 형제자매에게는 이러한 메시지가 전달된다."네 형제자매를 내버려두렴. 너는 더 크고, 힘도 세고, 더 많이 알잖

니. 화해하는 것이 네가 할 일이야." 형제자매는 다른 아동과 마찬가지로 때로는 잘못된 행동을 하기도 하고, 화를 내기도 하며, 자신의 형제자매와 싸우기도 하며 살아갈 권리가 있다.

❺ **장애를 가진 가족을 향한 기대감 갖기.** 가족이 장애 아동에게 높은 기대를 가지는 것은 모두에게 도움이 된다. 장애자녀가 성인이 되면 형제자매는 그들의 삶에서 중요한 역할을 할 가능성이 높다. 부모는 장애자녀가 성인으로서 가능한 독립적인 삶을 사는데 필요한 기술을 배우도록 도와줌으로써 형제자매를 도와줄 수 있다. 부모는 집안일이나 개인적인 책임에 있어서 가능한 범위 안에서 장애자녀에게 장애가 없는 자녀와 똑같은 기대를 해야 한다. 똑같은 기대를 하는 것은 자립을 증진할 뿐 아니라 두 가지의 규칙-하나는 형제자매, 다른 하나는 장애 형제자매에게 적용되는 규칙-이 있는 상황에서 형제자매가 느끼는 분노를 최소화할 것이다.

❻ **안전한 환경에 있을 권리 인정하기.** 일부 형제자매는 도전행동을 보이는 형제나 자매와 함께 산다. 또 다른 형제자매는 스스로와 장애 형제자매에 대하여 자신의 나이에 맞지 않는 책임감을 느껴서 모든 사람을 곤란한 상황에 처하게 만든다. 장애 형제자매에게 안전한 환경이 중요한 만큼이나 형제자매도 그들만의 안전한 환경에 있는 것이 마땅하다.

❼ 다른 형제자매를 만날 기회 제공하기. 부모 대부분은 "혼자서 해낸다."는 생각, 즉 비슷한 환경에 있는 다른 부모로부터 도움을 받지 못한 채 장애 자녀를 양육한다는 것을 생각할 수조차 없다. 하지만 이런 일이 형제자매에게는 늘 일어난다. SibNet, SibKids와 같은 메일링 시스템인 Sibshops, 그와 유사한 활동은 부모가 일대일 프로그램(Parent-to-Parent) 및 그와 유사한 프로그램을 통해 얻는 상식적인 지원이나 인정을 형제자매에게 제공한다. 형제자매는 부모와 마찬가지로 그들이 독특한 즐거움과 고민을 가진 유일한 사람이 아니라는 것을 알고 싶어 한다.

❽ 정보 제공하기. 일생에 걸쳐 형제자매는 자신의 형제자매가 가진 장애, 장애의 치료와 영향에 관한 정보에 대해 지속적으로 변화하는 요구를 지닌다. 부모와 서비스 제공자는 유용한 정보를 형제자매에게 적극적으로 제공할 의무가 있다. 특정 장애나 질환을 대표하는 모든 기관은 부모와 그 외의 성인을 위한 자료 제작과 함께 형제자매 및 어린 독자를 위한 자료도 준비해야 한다.

❾ 미래에 대한 형제자매의 걱정 인지하기. 생애 초반부터 많은 형제자매는 미래에 자신이 장애 형제자매로 인해 지게 될 의무에 대하여 걱정한다. 부모는 다음과 같은 방법을 통하여 장애가 없는 자녀를 안심시킬 수 있다: 장애자녀의 미래 계획하기, 이러한 계획 수립 시 장애가 없는 자녀를 참여시키고 그들의 소리를 경청하기, 대안 고려하기, 성인으로서 형제자매의 개입 정도는 시간에

따라 변할 수 있음을 알기. 형제자매가 "대화의 장에 들어와서" 부모가 자신의 꿈을 응원하고 있다는 메시지를 일찍 알게 된다면 자신의 장애 형제자매의 미래에 관여하는 것은 의무가 아닌 선택이 될 수 있다. 형제자매와 장애 형제자매를 위해 그들은 자신의 삶에 대한 권리를 누려야 한다. 여기에는 형제자매가 성인기 장애 형제자매의 삶에 개입할 것인지에 대한 여부와 그 방법, 개입의 수준과 유형, 개입 기간에 대한 발언권이 포함된다.

❿ 형제와 자매 모두를 포함시키기. 대체로 자매가 나이 든 부모를 돌보는 가족 구성원이 되는 것처럼 일반적으로 성인기 자매는 부모가 더는 장애자녀를 돌보지 못할 때 그러한 역할을 한다. 형제를 포함시키고 형제자매 사이에 책임을 나누는 것에 대한 진지한 고민이 이루어져야 한다.

⓫ 의사소통하기. 부모와 자녀 사이의 원만한 의사소통이 항상 중요하긴 하지만 장애자녀가 있는 가정에서는 특히 중요하다. 적극적인 경청이 있는 저녁 시간은 가족 모두의 의사소통을 증진할 수 있다. 그리고 'How to Talk So Kids Will Listen and Listen So Kids Will Talk', 'Siblings without Rivalry'[1](모두 Adele Faber와 Elaine Mazlich가 집필)와 같은 도서는 자녀와의 의사소통에 대해 유용한 조언을 제공한다.

---

1. **역자주**: 한국에서는 '천사같은 우리 애들이 왜 이렇게 싸울까'로 출판

❿ 부모와 일대일 시간 보내기. 아이는 부모의 행동과 말을 통하여 자신의 부모가 한 사람으로서 자신에게 관심을 가진다는 것을 알게된다. 부모가 바쁜 일정 중에 시간을 쪼개어 장애가 없는 자녀와 동네 햄버거 가게를 가거나 쇼핑몰을 구경한다면 그것은 부모가 그들을 위해 "거기에 있다"는 메시지를 전달할 뿐만 아니라 광범위한 주제에 대해 대화를 나눌 훌륭한 기회를 제공할 것이다.

❸ 모든 자녀의 성취와 성과를 축하하기. 몇 년 동안 우리는 장애자녀를 떠날 수 없어서 심지어는 자녀가 졸업생 대표일 때조차 고등학교 졸업식에 참석하지 못한 부모를 둔 형제자매를 만났다. 우리는 또한 장애 형제자매의 필요로 인하여 결혼 계획에 영향을 받은 형제자매도 만났다. 한 자녀의 특별한 요구가 다른 자녀의 성취와 성과를 가려서는 안 된다. 모든 가족 구성원의 성취가 확실하게 인정받도록 가족은 가족휴식지원서비스를 찾고, 융통성을 갖고자 애쓰고, 창의적인 해결책을 찾으려고 노력할 필요가 있다.

❹ 실제 장애보다 부모의 관점이 더욱 중요함을 인지하기. 부모는 자녀의 장애 자체보다 장애에 대한 그들의 해석이 장애가 없는 자녀의 적응에 더 큰 영향을 미친다는 사실을 기억할 필요가 있다. 부모가 스스로를 위한 지원, 정보, 휴식을 추구할 때 그들은 장애가 없는 자녀에게 회복력, 건강한 태도와 행동의 본보기가 된다.

❺ "가족"의 정의에 형제자매 포함하기. 교육기관, 건강 돌봄기관, 사회서비스 기관의 대부분은 가족 중심 서비스를 제공하고자 하지만 장애인과 가장 오랫동안 관계를 맺게 될 형제자매를 계속해서 간과하고 있다. 형제자매가 필요한 관심과 서비스를 받을 때 기관은 "부모 중심"이 아닌 "가족 중심" 서비스를 제공한다고 주장할 수 있을 것이다.

❻ 형제자매에게 적극적으로 관심 두기. 부모와 기관은 치료실 방문뿐만 아니라 정보제공 회의, 개별화교육계획 회의, 개별화가족지원계획 회의, 전환계획 회의에 형제자매를 초대(요청이 아니라)해야 한다. 형제자매는 서비스 제공자가 대답할 수 있는 정당한 질문을 하고, 현명한 의견과 관점을 가지고 있으며, 장애 아동을 위한 팀에 긍정적인 공헌을 할 수 있다.

❼ 형제자매로서 삶에 대해 더 배우기. 가족에 관심이 있는 사람이라면 누구나 형제자매와 그들의 걱정거리에 관심을 가져야 한다. 부모와 서비스 제공자는 형제자매 토론회를 진행거나 형제자매가 쓴 책이나 그들에 관한 책을 읽는 Sibshop을 개최함으로써 "형제자매로서의 삶"에 대해 배울 수 있다. 형제자매 토론회 운영 지침은 형제자매 지원 프로젝트와 Sibshop 교육과정을 활용할 수 있다. 형제자매 관련 도서에 대한 서지정보를 보려면 형제자매 지원 프로젝트 웹사이트에 방문하라.

❶⓭ 형제자매에게 특화된 지역 프로그램을 개발하기. 여러분의 지역사회가 부모의 일대일 프로그램이나 유사한 부모 지원 활동을 진행하고 있다면, 다음은 아주 적절한 질문이다: 왜 형제자매를 위한 활동은 없지? 부모와 마찬가지로 형제자매는 "통하는" 사람과 대화를 나누는 것에서 도움을 얻는다. Sibshops, 학령기, 미취학 아동기, 청소년기, 성인기 형제자매를 위한 프로그램이 늘어나고 있다. 200개가 넘는 Sibshops와 기타 형제자매 프로그램의 데이터베이스를 가진 형제자매 지원 프로젝트는 어떻게 형제자매를 위한 지역 프로그램을 개발할 것인지 대하여 교육적 및 기술적인 지원을 제공한다.

❶⓮ 자문위원회와 가족에 관한 정책에 형제자매 참여하기. 형제자매를 위한 회의 좌석을 마련하는 것은 회의에 독특하고 중요한 관점을 제공해줄 것이며, 형제자매의 안녕에 대한 기관의 고려를 반영하는 것이다. 형제자매가 갖는 중요 역할에 기반하여 정책을 개발하는 것은 형제자매의 고민과 기여가 가족을 향한 기관의 책무 중 일부임을 확신하도록 도울 것이다.

❷⓪ 형제자매 서비스에 재정적 지원하기. 통합교실 친구 중 누구도 장애 아동의 사회성 발달에 있어서 형제자매보다 더 큰 영향을 주지는 못한다. 형제자매는 평생 자신의 형제자매에게 "전형적인 발달의 역할 모델"이 된다. 앞서 언급했듯이 형제자매는 자신의 장애 형제자매의 인생에서 가장 오랫동안 함께 할 것이다. 부모보다도, 확실히 그 어떤 서비스 제공자보다도 말이다. 냉혹하게도 형제

자매 대부분은 자신의 미래와 장애 형제자매의 미래를 떼려야 뗄 수 없다. 그럼에도 불구하고 형제자매가 평생에 걸쳐 필요한 정보, 기술, 지원을 얻도록 돕는 지원 프로젝트에 대한 재정지원은 거의 이루어지지 않고 있다. 정부 기관은 부모가 더는 그러지 못할 때 장애인의 안녕에 개인적 관심을 가지고 그들을 옹호할 가족 구성원에게 투자하는 편이 좋다. 한 자매가 이렇게 말했듯이 말이다. "우리는 부모님께서 더는 형제자매를 돌보지 못하시게 될 때 그들을 위한 돌봄인이 될 것입니다. 장애인을 위한 복지에 관심을 가지는 사람이라면 누구든지 우리에게 관심을 가져야 합니다."

저자

Katie Arnold는 형제자매 리더십 네트워크의 첫 번째 상임이사이다. Katie는 2007년 그 단체를 설립한 이후로 형제자매 리더십 네트워크에 관여해왔으며, 다양한 역할로 수년 동안 형제자매 리더십 네트워크에 헌신하고 있다. Katie는 뉴저지에서 자랐으며 발달장애가 있는 Patrice를 포함한 오형제 중 둘째이다. 그녀는 일리노이 대학교(University of Illinois)-시카고캠퍼스에서 장애와 인간발달로 석사학위를 취득하였다. 그녀는 장애와 인간발달 연구소(Institute on Disability and Human Development)에서 지역사회 교육 책임자로 일하면서, 그곳에서 다양한 주제에 대한 교육과 연수를 제공하고 있다. Katie는 장애인권 신장을 위한 그녀의 헌신을 인정받아 2009년 올해의 UIC 인도주의상, 2011년 올해의 시카고 비영리기관 전문가상, 2013년 일리노이 소재 The Arc로부터 전국 리더십상을 포함하여 다양한 상을 수상했다. Katie는 남편 Gray와 시카고에 살고 있으며, 남편도 장애옹호가이다.

Meghan Burke는 일리노이 대학교(University of Illinois)-얼바나샴페인캠퍼스 특수교육과 조교수이다. 그녀는 밴더빌트 대학교(Vanderbilt University)에서 특수교육전공으로 석사와 박사학위를 취득하였다. 그녀의 연구 분야는 가족-학교 협력, 장애정책, 장애인의 가족이다. Meghan은 장애인의 형제자매에 관한 몇 개의 논문을 출간했다. 이전에 Meghan은 장애학생을 위한 유아교사였다. 무엇보다 중요한 것은 그녀가 다운증후군을 가진 Ryan을 포함한 오 형제의 맏이라는 점이다.

Tamar Heller는 일리노이 대학교(University of Illinois)-시카고캠퍼스 장애와 인간발달학과의 교수이며 학과장이고 일리노이주 발달장애 우수대학센터의 책임자이다. 그녀는 고령 발달장애 재활연구 및 훈련 센터(Rehabilitation Research and Tranining Center on Aging with Developmental Disabilities)를 총괄하고, 가족지원과 장애인 건강 증진 중재를 기획하고 있다.

Tamar는 150편 이상의 출판물을 출간하였고 가족지원 중재와 정책, 자기결정, 건강증진, 발달장애인의 노화와 관련하여 주요 학회에서 많은 논문을 발표하였다. 그녀는 4권의 저서를 공동편집하고 공동집필했으며, 학술지 Technology and Disability, American Journal on Mental Retardaton[2], Journal of Policy and Practice in Intellectual Disabilities 특별호를 편집했다.

Tamar는 장애 대학센터 협회(Association of University Centers on Disabilities)의 차기 협회장이다. 형제자매 리더십 네트워크의 공동 창립자로 그녀는 운영위원회 위원이다. 그녀는 2009년 The Arc/일리노이 자폐성장애 프로그램의 공공정책상, 2002년 국제 지적장애 연구 협회(International Association for the Scientific Study of Intellectual Disabilities) 지적장애 분과로부터 생애

---

2. **역자주**: 현재 학술지명은 American Journal on Intellecual and Developmental Disabilities

연구성과상, 2009년 지역사회 지원 서비스 파트너상을 받았다. 그녀는 2005년 백악관 고령화학회 대표자였다.

Marilyn Jaffe-Ruiz는 페이스 대학교(Pace University) 리엔하드 간호대학 간호학과 명예교수이며 그곳에서 학장과 교무처 부처장을 역임했다. 그녀의 관심 분야는 리더십, 교육, 정신의학적 정신건강 간호, 문화적 역량, 지적장애인 및 발달장애인의 형제자매와 가족이다. 그녀는 학부와 대학원에서 강의를 했다. 페이스 대학교에서 Marilyn은 다양성에 대한 프로젝트팀을 이끌었고 지적장애인 및 발달장애인의 가족에 영향을 미치는 쟁점들에 대한 출판물을 출간하고 강의를 했다. 그녀는 발달장애를 가진 형제자매가 있으며 1984년 이후로 장애인의 형제자매를 위한 서비스를 개발하는 뉴욕시 장애아동지원협회(Association for the Help of Retarded Children New York City, AHRCNYC)에서 리더 역할을 하고 있다. 그녀는 맨하탄과 브롱크스에서 충분한 서비스를 받지 못하는 이들에게 주요 건강 돌봄과 특별한 돌봄을 제공하는 연방정부의 승인된 건강센터인 ACCESS 지역사회 건강 센터(ACCESS Community Health Center)의 센터장이다.

John Kramer는 2008년부터 지역사회 통합 연구소(Institution for Community Inclusion)의 선임연구원으로 일하고 있다. John은 일리노이 대학교(University of Illinois)-시카고캠퍼스에 있는 고령 발달장애 재활연구 및 훈련 센터에서 근무하면서 장애학으로 박사학위를 받았다. 그의 박사학위논문은 지적장애인 및 발달장애인과 형제자매 사이의 상호지원 역할에 대한 것이었다. John은 형제자매 리더십 네트워크, 매사추세츠 형제자매 리더십 네트워크, 일리노이 형제자매 지원(Supporting Illinois Brothers and Sisters)의 공동 설립자이다. 그는 부인, 딸과 함께 매사추세츠에 살고 있다.

Angela Martin은 미시간의 디트로이트에 있는 웨인 주립대학교(Wayne State University)의 발달장애 우수대학 미시간센터, 발달장애연구기관(Developmental Disabilities Institue)의 지역사회 지원 전문가이다. 그녀는 웨인 주립대학교에서 사회복지학석사를 취득하였다. Angela는 자원개발, 교육과정 설계, 자기결정, 개인중심계획, 가족지원, 리더십/자기옹호에 대한 훈련 프로그램 분야에 경험이 있다. 그녀는 개인과 가족의 역량강화, 장애인 서비스와 지원의 질에 중점을 둔 지역 및 주 차원의 몇 가지 프로젝트를 관리하고 있다.

발달장애를 가지고 태어난 막내 동생은 그녀의 일, 특히 자기결정과 관련된 일에 강력한 기반을 제공한다. 그녀는 자기결정을 향한 풀뿌리 운동 단체인 자유를 향한 미시간 파트너(MichIgan Partners for Freedom)의 창립멤버이다. Angela는 형제자매 리더십 네트워크의 주협회인 미시간 형제자매 지원과 통합(Michigan Supporting and Including Brothers and Sisters)의 공동설립자이다.

Kitty Porterfield는 학교와 지역사회를 연결하는 상담을 제공하는 Porterfield & Communications의 파트너이다. 그녀는 학교 지도자를 위한 두

권의 서적의 공동저자이다: Why School Communication Matters and Why Social Media Matters: School Communication in the Digital Age. 이전에 Kitty는 페어팩스 카운티 공립학교들의 의사소통을 담당하였으며, 그곳에서 미국 교육부(Department of Education)와 국토안보부(Department of Homeland security)로부터 표창을 받는 등 다수의 상을 수상하였다. Kitty는 형제자매로서의 경험을 글로 적고(가장 최근 작품은 Thicker Than Water: Essays by Adult Siblings of People with Disabilities이다), 이따금 부모나 다른 형제자매에게 강의도 한다. 그녀는 세 명의 자녀가 있으며, 다섯 손주의 자랑스러운 할머니이다. 그녀는 버지니아 북쪽에 살고 있으며 재즈를 사랑하고, 기회가 있을 때마다 극장에 간다. 그녀의 형제 John은 뉴욕 로체스터에 있는 그룹홈에서 살고 있다.

Barb Sapharas는 37년 이상 언어치료사, 기관 종사자 개발 전문가, 지원행정가/사례조정가처럼 다양하게 발달장애 분야에서 일하고 있다. 그녀는 또한 노트르담 대학(Notre Dame College)의 겸임교수이며 다음과 같은 과목을 가르치고 있다: 재활프로그램의 원리, 자기결정 원칙, 지역사회 지원 원칙. Barb은 클리브랜드 주립대학교(Cleveland State University) 언어병리학과에서 학사와 석사학위를 취득하였다.

수년에 걸쳐 그녀는 지역과 전국에서 기관 종사자, 가족, 지역사회 파트너, 자기옹호자에게 다양한 주제로 연수를 제공했다: 의사소통, 권리, 개인중심 사고와 계획, 현명한 의사결정과 동의, 집단촉진. Barb은 또한 Michael Smull이 이

끄는 개인중심실제를 위한 학습공동체(Learning Community for Person Centred Practices)의 멘토이다.

그녀는 두 명의 형제가 있다. 그녀의 가장 어린 남동생 Nick은 뇌성마비를 갖고 있으며 45세 때 세상을 떠났다. 형제자매로서 그녀의 경험은 사람들이 자신의 목소리를 갖고 삶의 모든 영역에서 그 목소리를 내도록 지원하는데 열정을 불러일으켰다.

Rachel Simon은 수상 경력을 지닌 저자이며 다양성 및 장애 관련 쟁점에 대한 미국의 유명한 연사이다. 그녀에게는 The Story of Beautiful Girl, Riding the Bus With My Sister의 베스트셀러라는 명칭이 붙는다. 두 권은 모두 북클럽과 학교 독서프로그램에서 자주 선정된다. Rachel의 작품 Riding the Bus With My Sister는 영화로 각색되었으며, Angelica Huston이 감독하고 Rosie O'Donnell과 Andie McDowell이 주연을 맡았다. 그녀는 보건복지부(Department of Health and Human Services)로부터 장애 분야의 공로를 인정받아 Secretary Tommy G. Thompson Recognition Award를 수상했고, 델라웨어 예술국(Delaware Division of the Arts), 펜실베니아 예술협회(Pennsylvania Council of the Arts), Ludwig Vogelstein 재단으로부터 창의적 작가상을 수상했다. 그녀는 Barn and Noble Discover 신예 작가상에 두 번이나 선정된 유일한 작가이다. Rachel은 델라웨어 윌밍턴에 살고 있으며, www.fachelsimon.com을 통해 만날 수 있다.

편집자

Emily Holl은 사회복지사이며, 작가이고, 2003년부터 장애분야에서 일하고 있는 형제자매이다. 그녀는 모든 연령대의 형제자매 및 가족과 자기관리, 미래계획, 지원 공동체와 같은 쟁점에 대해 일해오고 있다. Emily는 또한 학회, 학교, 대학교, 이외에도 정부, 부모, 기타 지역사회 모임에서 형제자매의 쟁점에 대해 강연을 하고 있다. 그녀는 미국 지적장애인 및 발달장애인협회의 학술지 Inclusion, Positive Thinking과 Thicker Than Water: Essays by Adult Siblings of People with Disabilities에 형제자매에 대한 글을 투고하고 있다. 그는 형제자매 리더십 네트워크 구성원이며 sibsNY의 창립멤버이다. Emily는 콜롬비아 대학교(Columbia University)에서 작문분야로 예술학석사를 취득하고 뉴욕 시립대학교(City University of New York) 실버만 사회복지대학에서 사회복지학석사를 취득하였다. 그녀는 남편, 아들과 함께 뉴욕의 브루클린에 살고 있으며, 브루클린 근처에 살고 있는 형제를 지원하고 있다.

Don Meyer는 시애틀에 기반을 둔 킨더링 센터의 형제자매 지원 프로젝트 책임자이며, 1990년부터 형제자매에게 지원과 정보를 제공하고 있다. Don은 장애 아동의 어린 형제자매를 위한 프로그램인 Sibshops의 창시자로 가장 잘 알려져 있다. 현재 8개 국가에 450개 이상의 Sibshops이 있다. Don은 또한 전 세계 수백 명의 형제자매와 그들의 또래를 연결해주는 SibKids, SibTeen, SibNet

온라인 공동체를 만들었다. 인기 있는 연사인 Don은 장애 아동의 형제자매, 아버지, 조부모에게 워크샵을 열고 미국 전역과 8개국에 Sibshop 모델에 대한 연수를 제공한다. Don은 장애 아동의 아버지, 형제자매, 조부모를 위한 서비스를 개척한 워싱턴 대학교(University of Washington)에서 확대가족지원(SEFAM, Supporting Extened Family Member) 프로그램을 개설했다. Don은 다수의 서적(Sibshops, Living with a Brother or Sister with Special Needs[3], Uncommon Fathers, Views from Our Shoes, The sibling Slam Book)의 책임저자 혹은 편집자이다. Don은 형제자매 리더십 네트워크의 자랑스러운 일원이다.

---

3. 역자주: 한국에서는 <특별한 욕구를 가진 형제들을 위한 길라잡이>로 출판

번역자

김유리(특수교육과 교수): 지적장애가 있는 여동생을 둔 언니. 한 나라의 특수교육과 복지 수준은 나이들어가는 장애인의 모습을 통해 드러남을 믿기에 장애인의 의미있고 건강한 삶을 위한 서비스에 대해 고민하고 있다.

진은총(특수교사): 행복 가득한 그림을 그리는 진리 작가의 둘째 언니. 매일 정해진 시간, 최선을 다해 일과를 해내는 동생을 우리 집의 작은 칸트라고 부른다. 영감의 원천은 가족들과 자폐성 장애인 동생이라고 생각한다.

장세진(특수교사): 청각장애가 있는 동생을 둔 언니. 자신의 정체성에 대한 고민과 동생을 향한 마음을 "Wounded healer(Coy)" 곡으로 만들어 음원 사이트에 발매했다. 장애인의 형제자매를 위한 심리지원에 관심이 있다.

임수지(특수교사): 지적장애가 있는 두 살 터울 여동생과의 미래를 준비하는 언니. 오손도손 평화롭게 늙어가는 자매를 꿈꾼다. 같은 꿈을 가진 형제자매 모두를 진심으로 응원하고 있다.

세상의 편견을 넘어
세상에 울림을 주고 싶은 사람들이 모였습니다.

장애를 가진 형제자매와 함께 하는 삶.
특별한 기쁨이
그리고 때로는 외로움이 있는 그 여정을
넘어울림은 함께 걷고 싶습니다.

<장애 형제자매와 동행하기: 형제자매를 위한 안내서> 출간으로
첫 번째 열매를 맺은 넘어울림은
앞으로 장애인과 그 가족을 향한 옹호와 지원에 대해
함께 고민하고 소통하며 또 다른 열매를 맺고자 합니다.

그 소중한 여정에 여러분을 초대합니다.

E MAIL : num_awoolim@naver.com

블로그 주소 : https://blog.naver.com/num_awoolim/

카카오톡 채널 : http://pf.kakao.com/_eXgxlT

인스타그램 : http://instagram.com/num_awoolim/